ESSAI
SUR
LE VÊDA

OU

ÉTUDES SUR LES RELIGIONS

LA LITTÉRATURE

ET LA CONSTITUTION SOCIALE DE L'INDE

Depuis les temps primitifs jusqu'aux temps Brahmaniques

OUVRAGE POUVANT SERVIR

d'introduction à l'étude des littératures occidentales

PAR

ÉMILE BURNOUF

Professeur à la Faculté des Lettres de Nancy.

PARIS

DEZOBRY, Fd TANDOU ET Cie, LIBRAIRES-ÉDITEURS

Rue des Écoles, 78

—

1863

ESSAI

SUR

LE VÊDA

PARIS. — IMPRIMERIE DE J. CLAYE
RUE SAINT-BENOÎT, 7

PRÉAMBULE

Ce livre est une Introduction et rien de plus. Mais, comme les sujets dont il traite ont été exposés à l'ouverture d'un cours public qui doit embrasser plusieurs années et plusieurs nations, il pourrait servir de préambule aux histoires de toutes les littératures indo-européennes.

Ce qu'il renferme a été professé devant un auditoire comprenant des personnes de conditions et de religions diverses, désireuses de s'initier à la connaissance de l'Orient. C'est assez dire qu'il ne s'adresse pas aux savants, lesquels n'auraient rien à y apprendre. Puisse-t-il seulement obtenir leurs suffrages!

Du reste, ce n'est pas un livre de seconde main. Le *Rig,* qui est le premier des quatre **Védas,** est le texte sur lequel il roule perpétuellement. Les trois autres Recueils indiens, le *Sâma*, le *Yajur* et l'*Atarva*, pourraient être l'objet d'un exposé complémentaire.

Nous avons voulu montrer à quelles graves questions touche notre sujet. Ayant pour but de les exposer et non de les résoudre, nous ne portons sur la doctrine des Indiens aucun jugement absolu. Nous avons pris la plume avec la ferme résolution d'écarter de nous tout préjugé, tout système, afin de laisser à chacun sa liberté, en sauvant la nôtre. On chercherait donc vainement ici les opinions personnelles de l'auteur en matière de religion, de politique ou de philosophie; elles y seraient déplacées. C'était assez pour lui de vouloir comprendre les Hymnes et en saisir la portée. Que d'autres, chacun à son point de vue, les jugent.

VALEUR ET PRONONCIATION

DE QUELQUES LETTRES EMPLOYÉES DANS CE VOLUME

	PRON.	VAL.		PRON.	VAL.
u	ou	उ	t	t	ट
ú	oû	ऊ	ṭ	th	ठ
ṛi	ri	ऋ	ḍ	d	ड
æ	aï	ऐ	ṇ	n	ण
k̇	kh	ख	p‘	p h	फ
ġ	gh	घ	b̆	bh	भ
ċ	tch	च	w	ou	व
c̈	tchh	छ	ç	ç	श
j	dj	ज	ṡ	ch	ष
ñ	n	ञ	l̤	l	ऴ
ṭ	th	थ	ṅ m	n	·
d̆	dh	ध	ṣ	s	:

Toutes les autres lettres se prononcent comme en français.

Voyez, pour les citations, la traduction du *Ṛig-Véda*, par M. Victor Langlois, aux volumes et aux pages de laquelle nous renvoyons, et que nous avons rarement modifiée.

CHAPITRE I

NOTIONS GÉNÉRALES

La race des Aryas de l'Inde, de qui émane la littérature sanscrite, était tombée depuis plusieurs siècles dans un profond avilissement, suite naturelle de la servitude. L'administration de l'East India Company a beaucoup fait pour la relever à ses propres yeux et pour lui rendre son ancienne dignité ; le gouvernement de la Reine continue cette œuvre de résurrection dans des conditions nouvelles et plus heureuses. Eclairés par des savants nombreux et d'une grande autorité, les administrateurs anglais ont compris le sens des dernières insurrections : ils savent aujourd'hui que les descendants des anciennes castes, surtout ceux des castes supérieures, attachés au brâhmanisme, ne nourrissent point contre les Européens une haine irréconciliable et peuvent même au jour donné devenir pour nous un point d'appui, quand ils se seront convaincus qu'ils sont de la même race que nous et qu'ils descendent des mêmes ancêtres. Les peuples d'une race étrangère à la nôtre sont reconnus pour être les vrais adversaires des Européens comme ils ont été naguère les oppresseurs des Aryas : les plus hostiles d'entre eux ne sont pas les Mongols, bien que, venus les derniers, ils aient perdu plus que tous les autres en voyant leur empire détruit par les Anglais; mais les Mongols, barbares à leur arrivée dans l'Inde, avaient tout gagné à s'y établir, s'étaient civilisés au contact des antiques religions âryennes, et voyaient dans les Européens des hommes plus civilisés encore auxquels le commandement semblait appartenir par droit de nature; en effet les Anglais joignaient la force qui remporte les victoires à la supériorité morale que donne une haute civilisation. Mais les descendants des anciens envahisseurs, ceux qui depuis l'an 1000 avaient hérité de Mahmoud de Gazna et des Afghans, et les fils de ces Arabes fanatiques qui dès le septième siècle s'étaient établis sur l'Indus, en un mot les Hindus de religion musulmane, voient d'un tout autre œil les chrétiens de l'Occident : il n'y a pas de transaction possible entre l'islam et le christianisme ; la haine profonde et cachée de tout mahométan contre ce qui porte le nom chrétien, s'exalte d'autant plus ici que, à une incapacité politique incurable et irritée, les musulmans joignent l'orgueil du Koran et le ressentiment de plusieurs conquêtes dont chacune les a abaissés d'un degré.

L'établissement des oppresseurs musulmans réduisit les Aryas de l'Inde au même état où nous avons vu les Grecs avant qu'ils eussent recouvré leur indépendance, et où gémissent encore les chrétiens du Levant. L'arrivée des Européens, et surtout la conquête anglaise, marqua pour eux l'ère du salut, parceque, malgré des actes oppressifs et imprudents qui ne peuvent s'absoudre, elle apporta dans la péninsule l'esprit chrétien.

L'histoire de l'Inde depuis l'apparition des étrangers sur son sol, a été racontée par des écrivains de diverses langues d'une manière authentique ; nous en possédons la chronologie. Mais ces histoires, écrites au point de vue particulier des peuples pour qui elles ont été faites, ne donnent sur les populations âryennes du pays, sur leurs religions, leurs traditions, leurs écrits, que des renseignements incomplets et tout à fait insuffisants. De sorte que l'histoire littéraire de l'Inde depuis le septième siècle de notre ère, n'est guère plus claire que celle des siècles antérieurs ou des époques les plus reculées.

Toutefois le grand nombre d'ouvrages indiens de toute sorte que l'Angleterre a recueillis et que l'Europe possède, permet déjà d'en fixer les grandes divisions et les périodes principales. Ces périodes, établies par une méthode semblable à celle des géologues, commencent elles-mêmes à se ranger dans l'histoire générale du monde, au moyen de synchronismes fournis surtout par les Chinois et par les Grecs, et des ères usitées en Orient.

Les édits du roi Piadasi (Priyadarçin) lus et interprêtés par Prinsep, nous montrent que le buddhisme florissait dans l'Inde au troisième siècle avant notre ère. La relation de Mégasthènes, ambassadeur de Séleucus à la cour du roi *Candragupta* (Σανδρακοττος) vers l'année 295, prouve que cette religion y existait à côté du brâhmanisme et que dès cette époque des couvents de religieux buddhistes y étaient établis. On a lieu de croire qu'en l'année 327 Alexandre le Grand trouva le buddhisme dans les vallées supérieures des affluents de l'Indus, appelées aujourd'hui Panjâb, et dès longtemps habitées par des peuples âryens, chez qui la constitution brâhmanique ne s'était pas régulièrement établie.

Enfin si la connaissance des écrits buddhiques du Nord a dû laisser longtemps indécise l'époque du Buddha, les traditions et les livres du Sud ne laissent guère de doute à cet égard : on s'accorde généralement aujourd'hui à placer la mort de Çàkyamuni en l'an 544 ou 543 avant notre ère, trente-cinq ans avant l'expulsion des Tarquins. On doit ajouter que ce réformateur a vécu très-longtemps, et qu'il a commencé de bonne heure sa prédication. Celle-ci se reporte donc au commencement du sixième siècle et à la fin du septième. A cette époque la séparation de l'Inde et de la Perse était complète ; les Aryas ne se rencontraient presque plus dans les hautes vallées de l'Indus, ou du moins n'y formaient qu'une faible minorité. Car dans les inscriptions de Persépolis les habitants de ces contrées orientales sont désignés par le nom de *Dahyus*, mot qui dans le Vèda désigne les ennemis acharnés des Aryas.

La réforme buddhique fut surtout morale : ses conséquences politiques se manifestèrent à peine du vivant du Buddha ; les rois ne mettaient point d'obstacles aux prédications d'un sage, fils du roi *Çruddôdana* et roi lui-même ; beaucoup de brâhmanes le suivaient, accueillaient et prêchaient sa doctrine. Quant au côté purement religieux de cet enseignement, il différait si peu de l'enseignement des brâhmanes, que l'antique panthéon brâhmanique a passé tout entier dans le buddhisme. Une réforme essentiellement et pour ainsi dire exclusivement morale, suppose une civilisation qui a duré longtemps ; elle ne naît pas à l'origine d'un peuple, mais lorsque un peuple a assez vécu pour que les doctrines dont il vivait aient produit tout leur effet, épuisé leur mérite, et soient devenues impuissantes. On ne saurait comparer le buddhisme à une hérésie, comme celle d'Arius ou de Manès, ou à une réforme comme celle de Luther, qui portaient sur des points de doctrine ou de discipline. Il est plutôt comparable, dans son origine et dans ses causes, à la grande révolution tentée chez les Juifs par le christianisme et accomplie par lui dans l'empire romain dissolu. La haute portée morale des prédications de Jésus ne peut échapper à personne ; il n'en est pas de même des conséquences politiques qu'on en a tirées depuis ; et quant au fond métaphysique du christianisme, non-seulement il ne s'y trouve qu'en germe, mais il ne contredisait pas les doctrines des Juifs telles qu'elles sont contenues dans la Bible. Or imaginerait-on aisément que la venue du Christ fût tombée par exemple cinq cents ans plus tôt et eût eu quelque succès, lorsque les mœurs des Israélites et celles des Romains et des Grecs avaient encore leur vigueur ou commençaient à peine à sortir de leur berceau ?

Du reste les plus anciens d'entre les Sûtras buddhiques, ceux qui remontent au troisième ou même au deuxième concile, prouvent surabondamment que le bràhmanisme était parvenu à son entier développement politique et religieux et que moralement il était en voie de décadence. Il faut donc admettre que ce vaste établissement théocratique existait depuis plusieurs siècles dans toute sa plénitude lors de la venue du Buddha. Une portion considérable de la littérature sanscrite doit appartenir à cette période ; la langue sanscrite elle-même la caractérise. Le drame est sans doute postérieur à Çâkyamuni, au moins dans les pièces qui sont entre nos mains ; mais l'épopée doit remonter au commencement même de la période bràhmanique : et par là nous ne voulons pas dire que les immenses poèmes épiques de l'Inde aient été faits alors avec les dimensions qu'ils ont aujourd'hui ; nous ne parlons que des épopées primitives qui en forment le noyau.

La constitution bràhmanique, si étonnante par son ensemble, par le lien indissoluble de tous ses éléments, suppose une longue période d'élaboration.

Il en est de même de la langue sanscrite, dont les règles, fixées par Pànini, sont le résultat évident d'un long travail antérieur accompli par les hommes les plus éclairés de la race àryenne, et d'une concordance qui a demandé beaucoup de temps pour s'opérer. Cette période forme le passage de l'idiôme *védique* à la langue *sanscrite* ou parfaite. Elle répond aussi au développement de la puissance des Aryas dans la presqu'île de l'Inde. C'est le vrai moyen âge de cette contrée. L'épopée en a conservé de nombreuses traditions, les unes purement politiques, comme celle de *Paraçu-Râma* ou de la lutte des bràhmanes et des xatriyas, les autres héroïques et guerrières, comme la grande expédition de *Râma-candra* vers le Sud et la lutte prodigieuse des *Kurus* et des *Pañcâlas.* Cette dernière, qui fait le sujet du *Mahâbârata* se passe au nord-ouest de l'Inde et semble se rapporter au temps où les Aryas n'étaient descendus que depuis peu dans les vallées du Gange. L'autre, objet propre du *Râmâyaṇa,* suppose un accroissement considérable, en nombre et en forces, de ces mêmes Aryas, puisque Ràma les conduisit jusqu'au promontoire le plus méridional et dans l'île de Ceylan. Or on sait que de ce jour les Aryas sont demeurés les maîtres de ces vastes contrées.

Que l'on considère combien de temps a duré le moyen âge européen. Si on lui donne pour limites approchées d'une part la prise de Constantinople par les Turks et la découverte du Nouveau monde, de l'autre l'époque de Clovis, sa durée est d'environ mille ans. Or les peuples barbares qui employèrent ce temps à se civiliser étaient de la même race que les Aryas de l'Inde et, comme la suite l'a prouvé, doués des mêmes aptitudes ; ils succédaient à une civilisation toute faite qu'ils pouvaient s'approprier en se l'accommodant ; la religion même avait reçu des Pères de l'église grecque et de l'église latine ses développements dogmatiques essentiels. Et cependant mille années ont été nécessaires à ces peuples pour atteindre ce que nous appelons l'âge moderne, c'est-à-dire l'époque où les langues, les lettres, les arts, les sciences, la politique, la civilisation en un mot, sont entrés dans leur développement normal et indépendant. Les Aryas de l'Inde faisaient tout par eux-mêmes : nul secours du dehors, nulle tradition à recevoir qui fût propre à les éclairer ; nul passé où ils pussent trouver, hors du leur, les principes d'une civilisation quelle qu'elle fût. Les hommes de race jaune ou noire, nommés *Dasyus* dans le Nord-ouest de l'Inde et *Singes* dans les régions du Sud conquises par Râma, semblent avoir été dépourvus de toute religion, de toute forme sociale, et avoir été dès l'abord inférieurs en toutes choses à la race blanche des Aryas. Il est donc bien difficile d'admettre que la conquête de l'Inde jusqu'à Ceylan, le perfectionnement de la constitution brâhmanique, la formation du sanscrit, le développement et la concordance des dogmes religieux, se soient accomplis en peu d'années et n'aient pas exigé plusieurs siècles.

C'est pendant ce moyen âge que s'est développé tout cet ensemble de doctrines fondées sur le Vêda et dont nous avons un tableau si vaste et si détaillé dans la collection des *Brâhmanas*, livres qui peuvent être à plus d'un titre comparés à ceux des grands docteurs de notre moyen âge occidental. C'est aussi vers le commencement de cette période qu'a dû être recueilli et fixé le texte du Vêda : car il eût été impossible de faire des commentaires et de discuter utilement sur des textes qui n'auraient existé que dans la mémoire des hommes et n'auraient eu par conséquent ni fixité ni autorité.

Si l'on réunit en une seule les deux périodes dont nous venons de parler, à savoir celle du brâhmanisme pur antérieur au Buddha et celle que nous appelons moyen âge, c'est demeurer en deçà de toute vraisemblance que d'en fixer la durée à huit ou neuf cents ans. On arrive ainsi à une antiquité, réduite en quelque sorte à sa plus simple expression, et qui fixe, au plus tard, vers le quinzième siècle avant J.-C. l'établissement des Aryas dans la presqu'île du Gange.

Le moyen âge a été précédé par la période védique proprement dite. Elle comprend une série d'années dont il sera probablement toujours impossible de fixer les limites, même d'une façon approximative. On lui donne ordinairement une durée de trois siècles ; mais cette hypothèse ne repose sur aucune raison sérieuse, puisque des hymnes du Vêda, composés dans des familles indépendantes les unes des autres, peuvent souvent être contemporains, comme ils peuvent aussi être séparés par un grand nombre d'années. Toutefois il est incontestable d'une part que les plus récents d'entre eux ont été composés dans les vallées gangétiques vers les premières années du moyen âge indien, et, de l'autre, que les plus anciens l'ont été au nord-ouest des vallées de l'Indus. Entre ces deux points l'intervalle géographique est considérable : il comprend tout l'Indus moyen avec ses affluents. Or c'est dans ce pays même que le plus grand nombre des hymnes ont été composés ; beaucoup d'entre eux signalent une population établie ou du moins faisant effort pour défendre et assurer son établissement. Le séjour des Aryas dans cette contrée, qu'ils ont quittée dans la suite pour celle du Gange, mais non d'une façon absolue, a été évidemment prolongé ; leur mouvement vers le sud-est a été lent et progressif, entrecoupé de temps d'arrêt plus ou moins longs et sans cesse retardé par la lutte qu'ils avaient à soutenir contre les indigènes. Enfin, l'examen comparatif des hymnes du Rig-Vêda, préalablement rangés dans leur ordre de succession (pour ceux du moins qui comportent un tel classement), fait ressortir un travail intérieur de théologie philosophique, résultat de méditations profondes, et un progrès qui demande évidemment plusieurs années pour s'accomplir. On peut donc affirmer que le séjour des Aryas dans le Panjàb a duré longtemps et probablement plusieurs siècles.

On voit par un grand nombre d'hymnes que les chantres de la période vèdique avaient été précédés par d'autres chantres plus antiques, qui étaient à la fois leurs ancêtres et les fondateurs de leurs cultes. Ces chefs de famille, dont la réalité n'est pas moins historique que celle de leurs descendants, semblent avoir vécu les uns au nord-ouest du Panjàb, dans le pays de Kaboul et de Péshawer, les autres plus loin encore dans la même direction. De sorte que l'ensemble des traditions vèdiques signale une période primitive d'une longueur absolument indéterminée, période à laquelle les chantres du Vêda ont toujours soin de rapporter leur origine et celle de leurs cérémonies. Ces traditions, se dirigeant toujours vers le nord-ouest, nous font nécessairement sortir du bassin de l'Indus, et, par les cols élevés de l'Hindu-Kô (Caucase indien), nous obligent à descendre dans ces autres vallées, dont les eaux se réunissent pour former le cours principal de l'Oxus et se rendaient jadis à la mer Kaspienne. De l'extrémité la plus orientale de ce dernier bassin, de ce point qui forme le noyau central des montagnes de l'Asie, la Bactriane s'étendait vers l'ouest dans les vallées de la rive gauche du fleuve; la Sogdiane occupait la droite et une partie des plaines du Yaxarte. Aucune tradition védique ne remonte au-delà de ces contrées; aucune ne s'avance plus loin vers le nord, que nous savons en effet avoir été occupé par des races étrangères aux Aryas. Au contraire, les pays au sud et au sud-ouest de la Bactriane étaient, au temps du Vêda, occupées par des peuples dont les traditions se reportent, elles aussi, au bassin du *Çuġda* (Sogdos) et du *Báġdi* (Bactros). En effet les Mèdes et les Perses rapportaient directement à ces contrées leur origine et celle de leur religion; leurs croyances, leur langue, leur figure avaient de frappantes analogies avec celles des Aryas védiques; enfin l'*Avesta* n'est guère moins ancien que le Vêda lui-même. — Beaucoup de traditions grecques et italiques, ainsi que les plus anciennes croyances des peuples de l'Occident, se rattachent également à l'Asie et viennent de l'est; il en est de même de leurs langues, de leurs noms, des noms de leurs montagnes et de leurs rivières.

Il y a donc un ensemble de lignes dont la direction est donnée par les traditions et qui concourent vers un même point de convergence. Le lieu où elles paraissent se rencontrer est la région de l'Oxus et du Yaxarte.

Au delà de ce point central, qui est en même temps le lieu d'où les populations âryennes se sont dispersées dans trois directions, toute recherche est inutile; car leurs plus anciens écrits, le Vêda et l'Avesta, ne mentionnent aucun lieu antérieurement habité par leurs ancêtres, ne font allusion à aucune tradition plus antique. De plus, les traditions âryennes contenues dans ces livres sont pures de toute influence étrangère : ni les races noires ou jaunes que les Aryas védiques rencontrèrent à l'est et au sud-est, ni celles du Touran situées au nord, ni les peuples sémitiques fort éloignés vers le sud-ouest, n'y ont laissé de traces. Les questions concernant les relations primitives de ces peuples avec les Aryas tendent donc à se résoudre par la négative. Ou bien il faudrait admettre que entre l'époque où les premiers hommes vivaient ensemble, ne composant qu'une seule et même famille, et celle où vivaient dans la Sogdiane et la Bactriane les ancêtres des Mèdes, des Perses et des Indiens, il s'est écoulé un temps si long, il s'est accompli de telles révolutions dans les esprits, que l'oubli le plus absolu du passé s'est étendu sur l'Asie. Cette supposition est peu vraisemblable : car nous voyons les peuples de race âryenne, à peine en possession d'un principe philosophique, chercher aussitôt à le développer et à l'appliquer ; et nous voyons aussi qu'ils ont conservé religieusement le souvenir des premières inventions utiles et des plus antiques institutions de leur race. Nous sommes donc portés à conclure que les Aryas ont été dès l'origine indépendants des autres races humaines. Si l'on veut à toute force qu'il y ait une unité primitive, il faut admettre comme vraisemblable que la séparation s'est faite dans une extrême antiquité, lorsqu'il n'y avait encore aucune notion religieuse, aucun principe de civilisation, et lorsque la langue primordiale était si rudimentaire qu'elle n'a laissé, entre les noirs, les jaunes et les blancs, pour ainsi dire aucun élément commun. Mais nous ne voyons pas ce que la science et l'humanité peuvent gagner à cette hypothèse; et nous nous arrêtons, dans notre étude, là où le Vêda lui-même s'arrête, c'est-à-dire aux traditions des vallées Caucasiques.

CHAPITRE II

DES PRINCIPALES QUESTIONS QUE SOULÈVE LA LECTURE
DU VÊDA

Venons au Vêda. Le nom que se donnaient les auteurs des hymnes est celui d'*Aryas*. Ce mot ne désigne ni une classe d'hommes, ni une cité, ni un peuple, mais une race. Or nous voyons que ce nom est celui que se donnaient aussi à eux-mêmes plusieurs peuples étrangers à la vallée de l'Indus, qui se rattachaient, suivant leur éloignement géographique, soit à la Bactriane soit plus généralement à l'Asie. Ce mot s'est conservé jusqu'à nos jours dans cette région située au sud de la Kaspienne et qui a porté tour à tour les noms d'Airyana, Airyaka, Ἀριανή, Iran et Irak; et si l'on veut le suivre dans la direction de l'occident, on le retrouvera sur plusieurs points de l'Europe et jusque dans le nom de l'Irlande, ou terre des Ires c'est-à-dire des Aryas. La séparation de la famille des Aryas en plusieurs branches était accomplie à l'époque où furent composés les hymnes du Vêda : car aucune des traditions soit occidentales, soit iraniennes (mêdo-perses) ne s'avance jusqu'à la vallée du Sindh, tandis que celles du Vêda remontent au contraire vers la région de l'Oxus. Mais nous verrons plus bas que les hymnes vêdiques doivent être considérés pour la plupart comme antérieurs à l'Avesta, malgré sa haute antiquité, parce que l'antagonisme religieux qui s'éleva entre les Mèdo-perses et les Aryas de l'Inde et dont l'Avesta est fortement empreint, aussi bien que la doctrine brâhmanique, ne se laisse pas même soupçonner dans le Vêda.

On pourra donc admettre comme suffisamment établie l'antériorité du Vêda par rapport aux écrits les plus antiques de tous les autres peuples aryens, et regarder ce livre comme le plus ancien monument de notre race.

La langue dans laquelle furent composés les hymnes du Vêda n'est pas celle des livres brâhmaniques, moins encore celle des livres buddhiques. Cette dernière, qui dans le sud est le pâli, sorte d'italien de la langue des brâhmanes, était, dans l'Inde, l'idiôme populaire, nommé *prâkrit;* l'on conçoit en effet que, cette réforme morale devant s'accomplir dans la nation toute entière et surtout dans les castes inférieures appelées pour la première fois à jouir de l'enseignement religieux, la prédication dut parler à ces classes déshéritées un langage qu'elles employaient elles-mêmes et non une langue savante qu'elles eussent à peine comprise. Cette dernière était celle des castes supérieures, et portait le nom de *saṅskṛita,* c'est-à-dire faite de toutes pièces, parfaite. C'est à la fois la langue sacrée, scientifique, littéraire et officielle de la période bràhmanique. Le pràkrit était-il déjà parlé dans le peuple au temps où se forma la langue sanscrite, ou bien dériva-t-il immédiatement de l'idiôme vêdique? C'est une question qui ne nous semble pas encore suffisamment élucidée, bien loin qu'elle soit résolue, et qui ne se rattache que subsidiairement à l'étude du Vêda. En effet, quel que soit le rapport historique du sanscrit et du pràkrit, il n'en est pas moins certain que l'un et l'autre ont leur origine dans la langue des Hymnes et que celle-ci leur est de beaucoup antérieure. La langue vêdique a-t-elle été en usage dans l'Inde elle-même? Il n'y a pas à en douter, puisque les Aryas la parlaient encore lorsqu'ils eurent franchi la Saraswatî et que c'est dans les vallées du Gange que furent composés les derniers hymnes. D'ailleurs les nombreux commentaires qui furent faits plus tard sur le Vêda, devenu l'Ecriture-sainte, sont en langue vêdique, et il est difficile de ne pas admettre que ce genre de littérature ait occupé plusieurs siècles.

Il reste donc que la langue du Vêda est antérieure à toutes celles que les Aryas de l'Inde ont parlées et qu'elle en contient les formes primitives. Au point de vue des études indiennes, le sanscrit n'est pas le dernier terme auquel doive s'arrêter la philologie ; cette science est forcée par sa nature même, de remonter plus haut et de s'appesantir sur le Véda : lui seul contient l'explication et du fond, et des formes premières, et des irrégularités de la langue classique.

Les relations que nous avons indiquées plus haut entre les traditions iraniennes et celles des vallées de l'Oxus existent de même entre les langues. Celle de l'Avesta, connue sous le nom de *zend*, se rapproche autant de la langue védique que l'italien de l'espagnol, mais avec cette différence que ces deux derniers contiennent un assez grand nombre de mots empruntés à des peuples étrangers par la langue et par la race, tandis que l'Avesta semble ne renfermer aucune racine, aucun élément grammatical venu du dehors ou étranger aux Aryas. Le perse des inscriptions achéménides, de beaucoup postérieur au zend, offre encore, autant qu'on en peut juger par des exemples si bornés, une extrême pureté : à ce point, que ces inscriptions, écrites en caractères inconnus, ont pu être lues et comprises avec le seul secours du sanscrit. Si l'Avesta est un peu postérieur au Véda et trouve dans ce dernier son explication grammaticale, et si d'un autre côté il est incontestable que le perse de Darius-Hystaspe procède du zend, il est évident par cela même que le Véda devient le centre de toute étude philologique ayant pour objet une langue âryenne quelconque de l'Asie.

Il en faut dire autant des langues de l'Europe.

Des peuples étrangers à la race âryenne se sont introduits dans l'Occident à diverses époques : mais pour l'Europe comme pour l'Iran, ces invasions datent des temps historiques. Y eut-il en Europe, en France par exemple, des populations établies avant l'arrivée des Aryas? C'est ce qu'il est difficile d'affirmer dans l'état actuel de nos langues et au point où leur étude est parvenue; ce problème devient même de moins en moins soluble, puisque les traces des idiômes locaux disparaissent chaque jour devant la langue commune. Nous ne parlons pas ici des antiques habitants de nos contrées, dont l'industrie a laissé des témoins antérieurs à la période géologique actuelle; puisque ces populations, qui ont précédé toute tradition, avaient entièrement disparu avant la formation du sol que nous habitons. Mais il est incontestable que la masse des mots usités en Occident est âryenne, soit qu'ils procèdent des Gréco-latins, soit qu'ils se rattachent au tronc germanique, soit enfin qu'ils proviennent d'une antique migration antérieure aux Pélasges eux-mêmes.

Les Aryas occidentaux ont-ils quitté le berceau primitif de leur race avant les Indiens et les Iraniens? La solution de ce problème ethnologique a été tentée de nos jours : mais vraiment nous ne croyons pas que l'étude comparée de ces peuples soit assez avancée pour qu'aucune conclusion à cet égard puisse être solidement établie. Le retard que les Aryas occidentaux ont mis à se développer ne prouve pas qu'ils soient partis les premiers, puisque les Aryas de l'Afghanistân et du Kaboul, qui étaient établis dans ces contrées au temps du Vêda, sont demeurés dans la barbarie et, en bien des choses, paraissent moins avancés aujourd'hui que ne l'étaient à cette époque les Aryas du *Saptasindu*. On comprend, il est vrai, que sur cette immense surface boisée, coupée du nord au sud par des fleuves, des montagnes et des mers, qui s'étend de la Bactriane aux rivages de l'Atlantique, les Aryas aient mis beaucoup de temps à développer les germes de leur civilisation et même ne soient sortis de leur état primitif que sous l'influence de leurs frères gréco-latins. Mais les mêmes raisons expliquent que, dispersés sur une aussi grande étendue de pays et pressés de besoins nouveaux, ces Aryas du nord aient vu leur langue se modifier rapidement et se séparer en peu de temps des formes primitives de la langue commune. On en peut dire autant des Gréco-latins : car les uns et les autres, éloignés de leur berceau et ne conservant plus avec lui aucune relation, ne pouvaient se retremper à leur source, et devaient bientôt se faire un idiôme indépendant et original. Il faut tenir un grand compte de l'écartement géographique des peuples âryens, quand on traite la question de leurs relations primordiales; autrement pourrait-on expliquer qu'il existât une telle différence entre le Grec et le Latin, que sépare à peine la mer Adriatique? Et nous sommes pourtant forcés d'admettre que la migration pélasgique fut commune à la Grèce et à l'Italie, qu'elle n'a pas précédé de beaucoup les temps héroïques, et qu'ainsi la séparation des deux langues n'a pas demandé beaucoup de temps pour s'accomplir.

Au contraire les Aryas du Gange sont toujours demeurés en relation avec ceux de l'Indus, et, par ces derniers, avec les Aryas du nord-ouest. Il en a été de même de ceux de l'Iran : les épopées indiennes et les faits de l'histoire mêdo-perse le prouvent surabondamment. On comprend d'ailleurs qu'il en ait été ainsi, quand on observe, sur la carte de ces contrées, qu'il n'y a ni une grande distance, ni une séparation profonde entre ces peuples et le berceau commun de la race âryenne; et que le Caucase indien, qui se prolonge au sud de la mer Kaspienne et vers le haut Euphrate, a pu sans interruption les conduire les uns chez les autres. En effet ceux qui ont habité des pays dépourvus de chemins savent que les chaînes de montagnes ne sont pas moins que les fleuves les conducteurs naturels des hommes. Cette facilité, cette continuité des relations entre les Aryas de l'Asie explique comment leurs langues sont demeurées si semblables entre elles et se sont si peu éloignées de la langue bactrienne d'où elles étaient issues.

Quoi qu'il en soit, le Vêda demeure comme un monument âryen antérieur à tout ce que les langues occidentales nous ont laissé de leurs anciens temps. Sans les racines et les formes contenues dans la langue des Hymnes, il est impossible de rendre compte des faits les plus vulgaires des idiômes grecs, italiques, germaniques ; par leur secours au contraire, il est peu de mots au sens primitif desquels on ne puisse remonter, peu de formes dont on ne puisse trouver l'explication. La langue védique doit donc être considérée comme le point central où convergent toutes les philologies particulières. Les faits contemporains sont là pour démontrer qu'il en est ainsi : en effet la *philologie comparée* n'est devenue une science réelle, ayant sa méthode, ses principes, ses lois générales, ses conclusions certaines, que du jour où l'étude déjà si féconde du sanscrit a été complétée par celle du Vêda. Depuis lors, cette science, entrevue par Leibniz et essayée sans succès à diverses reprises durant un siècle, non-seulement s'est fondée d'une manière définitive, mais s'est élevée à une hauteur d'où elle peut embrasser d'un seul coup d'œil toutes les langues de la famille âryenne. En un mot la philologie comparée a son point d'appui et son point culminant dans le Vêda.

Le livre des Hymnes nous fait assister à la naissance et à la formation des premiers cultes et des premières doctrines religieuses de notre race. Ces cultes, ces doctrines se sont développées plus tard dans le pays du Gange ; mais dans le Vêda elles en sont encore à leurs plus simples éléments. On ne peut même pas dire que sous leur forme védique elles appartiennent plus aux Indiens qu'aux autres branches de la famille âryenne. En effet ce qui constitue essentiellement la religion brâhmanique, c'est la conception métaphysique de Brahme, principe neutre éternel et inactif, d'où procèdent les personnes divines qui furent nommées *Brahmâ*, *Viṣṇu* et *Çiva*. Or non-seulement cette *trimûrti* ou triade n'existe en aucune manière dans le Vêda, sous cette forme à la fois complexe et analytique que le panthéisme indien lui a donnée; mais ses principaux éléments n'y sont pas même nommés. Les noms de Brahmâ et de Çiva ne s'y rencontrent pas; ce dernier, qui plus tard devint la puissance mystérieuse qui fait disparaître les êtres tour à tour, remplaça dans le panthéon des brâhmanes le *Rudra* védique; or ici Rudra, dont le nom veut dire le Pleureur, n'est pas autre chose que le chef des Vents, le génie de la tempête gémissante. C'est un personnage symbolique d'une signification toute physique, comme la plupart des autres dieux du Vêda. *Viṣṇu*, le Pénétrant, représente la station supérieure du Soleil, le soleil de midi, dont les rayons percent tous les corps et en pénètrent la profondeur : « les sages, dit *Médâtiti*, (I, 35) observent la station supérieure de *Viṣṇu*; leur œil est toujours tendu vers le ciel » pour connaître l'heure du sacrifice. L'idée d'un créateur ou, pour mieux dire, d'un producteur des choses est encore flottante ; elle n'est point fixée dans le nom de Brahmâ, qui date des temps postérieurs ; elle se partage entre plusieurs divinités que nous étudierons plus bas et qui se rapportent plus ou moins directement au soleil et au feu. Le mot *brahman* désigne la prière qui accompagne le sacrifice, et il ne semble pas avoir d'autre signification. Quant à la conception toute métaphysique d'un principe éternel et immuable, ou elle n'est pas dans le Vêda, ou bien elle ne fait que commencer à paraître et ne se présente pas avec un nom fixe et des caractères déterminés.

Le symbole et rien de plus, telle est la religion de la période vêdique. Les symboles de ces temps anciens ont rarement une valeur morale ; ils représentent, sous une forme humaine idéalisée, les forces qui engendrent les phénomènes naturels, soit ceux de la nature inanimée, comme le feu, la chaleur, la lumière, les mouvements de l'air et des astres, soit ceux de la vie dans les plantes et dans les animaux. Ils sont simples, par cela même qu'ils se rapportent le plus souvent à un ordre de faits sensibles bien circonscrit ; ils sont clairs, parce que, n'étant pas fondés sur les conceptions mystiques d'une théologie profonde, mais sur l'observation vulgaire des phénomènes, ils se tiennent toujours le plus près possible des apparences et portent ainsi avec eux leur explication. Il ne semble pas que, par une arrière-pensée quelconque, les premiers prêtres vêdiques aient rien voulu dérober aux assistants de l'intelligence et de l'interprétation des symboles : ces assistants, comme on le verra plus bas, étaient le plus souvent leurs fils, leurs femmes, leurs plus proches parents, quelquefois des hommes riches au nom desquels ils offraient le sacrifice ; l'hymne devait, dans les conditions d'un culte si simple, être simple lui-même, aider l'intelligence par sa clarté et non la dominer par une obscurité mystérieuse, que le peu d'autorité du prêtre ne comportait pas. Quoi qu'il en soit, la symbolique du Vêda l'emporte de beaucoup en clarté sur toutes les mythologies des peuples àryens : ce qu'un hymne laisse indécis, un autre hymne l'explique ; de sorte que le rapprochement des hymnes entre eux suffit presque toujours à l'interprétation complète des symboles.

Des symboles analogues à ceux des Aryas de l'Indus se trouvent à l'origine de tous les peuples de la famille, soit dans l'Avesta, soit chez les Grecs, les Italiens, les Germains, les Celtes ou les Scandinaves. Les noms des personnages divins n'y sont pas toujours les mêmes ; mais les fonctions sont partagées entre eux à peu près de la même manière. Dans le Vêda, les noms de ces divinités ne sont au fond que des mots ordinaires de la langue, des épithètes désignant le dieu par quelqu'un de ses caractères dominants. On conçoit que d'autres mots, chez les autres peuples, aient été employés pour exprimer les mêmes choses, et que ainsi des divinités identiques portent des noms divers. Toutefois plusieurs d'entre elles, surtout les plus anciennes, ont conservé les noms qu'elles avaient en Asie avant le départ des migrations qui les ont portées vers l'occident; et ces noms, consacrés et conservés par le culte, ont fini par perdre leur signification primitive et ont cessé d'être compris, tandis que la langue vulgaire subissait des transformations plus profondes. Il résulte de ces faits que les langues de l'Occident ne suffisent plus à en interpréter les symboles et qu'il faut remonter à la source primitive d'où ces langues et ces symboles sont également dérivés. Le Vêda lui-même n'est pas cette source, puisque ce n'est pas du *Saptasindu*, mais des régions du nord-ouest que les Aryas de l'Occident sont venus. Mais comme le Vêda est à la fois la forme la plus antique que nous possédions de la langue commune, et le seul livre où les symboles se présentent dans toute leur clarté, il est évident que, pour les vieux cultes àryens aussi bien que pour les langues, le Vêda est le point de départ auquel l'étude doit aboutir. Et de plus, comme un travail semblable doit être fait pour chacune de ces antiques religions, le livre des Hymnes est le centre où toutes les études particulières doivent se rencontrer.

De là naît une science, essayée depuis longtemps, mais qui n'a trouvé sa voie définitive que depuis la publication du Vêda : cette science est la *Mythologie comparée*, dont la *Symbolique* n'est qu'une partie et qui elle-même est de la plus haute importance pour l'*Histoire des Religions*.

Les Hymnes n'offrent qu'un tableau inachevé, une sorte d'esquisse des relations sociales chez les Aryas de l'Indus. Il paraît évident néanmoins qu'une organisation politique complète était encore inconnue chez eux : point de gouvernement central, soit démocratique, soit aristocratique, soit royal ; on ne cite pas dans le Vêda un seul prince ayant gouverné, même militairement, le *Saptasindu* tout entier ; on n'en cite aucun, même local, ayant des ministres et exerçant son autorité par des employés et des subalternes. Nulle administration, nul trésor public, nulle organisation judiciaire. Les Aryas semblent, çà et là, réunis en bourgades ; mais nulle part il n'est dit que ces réunions de familles fussent administrées par un conseil ou par un chef quelconque représentant la communauté. Le roi est un chef de guerre. Le nom de citoyen n'appartient pas à la langue du Vêda.

Les relations de famille sont au contraire fortement marquées dans le Vêda tout entier, dans les hymnes de toutes les époques. Ces relations sont celles qui se rencontrent à l'origine de tous les peuples âryens soit en Asie, soit en Europe. Elles s'expriment chez eux tous également par les mêmes mots : mais ce qui rend à cet égard l'étude du Vêda particulièrement profitable, c'est que tous ces mots, dont le sens est perdu dans nos langues occidentales, sont tirés de racines qui existent dans la langue des Hymnes et portent ainsi leur explication avec eux. Cette partie de la philologie comparée jette donc un grand jour sur l'état social de nos premiers aïeux et ajoute à l'histoire générale de la civilisation une page du plus haut intérêt.

A côté de la famille, déjà fortement organisée et tirant son unité des fonctions naturelles de chacun de ses membres, se montre une autre unité très-puissante, celle de la race. Toutes ces familles, indépendantes les unes des autres, se reconnaissent pour appartenir à une seule branche du genre humain; tous ces hommes, qu'aucun lien politique ne réunit, se donnent également le nom d'Aryas. Ils se reconnaissent entre eux non-seulement à la communauté des croyances religieuses, des cérémonies et des traditions, mais à la couleur de leur peau, au fin duvet qui la couvre, aux traits de leur visage, au nez droit, à la taille dégagée, à l'expression de leur regard, à leur intelligence même, en un mot aux caractères physiques et moraux qui les distinguent de leurs ennemis. Cette reconnaissance de la race est l'un des traits caractéristiques des peuples âryens, particulièrement de ceux de l'Asie. L'idée de leur supériorité, fortifiée du sentiment religieux et justifiée plus tard par la science théologique, est devenue l'un des principes des constitutions sociales et politiques chez tous les Aryas orientaux, et l'une des causes des tendances guerrières et conquérantes chez ceux de l'occident. Elle doit donc être étudiée avec un soin particulier sous sa forme primitive, dans le Vêda, par tous ceux qui s'occupent de l'histoire de la civilisation.

La métaphysique s'est élevée dans l'Inde brâhmanique à une hauteur qu'aucun autre peuple de la famille âryenne n'a dépassée, soit en Grèce, soit dans l'Occident. C'est ce que reconnaîtra tout esprit indépendant, préférant la vérité au système et ne reculant pas devant les clartés qui lui peuvent venir du dehors. Les Grecs, soit dans l'école d'Aristote, soit dans celle de Platon, qui procédait des anciennes doctrines des sages et surtout de l'enseignement pythagoricien, les Grecs ont égalé les Indiens par leur hardiesse philosophique, mais non dans la compréhension des grands problèmes du monde et de la nature humaine. On a lieu de penser, d'après leurs propres traditions, qu'à diverses époques, mais surtout au temps qui a précédé les guerres médiques, et plus tard dans Alexandrie, la science orientale ne fut pas étrangère au développement de l'esprit philosophique des peuples méditerranéens. On sait enfin que les modernes, sans exception, ont philosophé d'après les Grecs et reproduit, dans des conditions nouvelles, les systèmes que ces derniers nous avaient légués. Au contraire l'Inde brâhmanique ne semble pas avoir rien reçu du dehors en matière de philosophie; car les grandes solutions étaient données, les principaux systèmes étaient fondés à la fin de la période des Brâhmanas, qui fut le moyen âge de cette contrée, c'est à dire dans un temps où l'esprit philosophique des Hellènes ne songeait nullement à se dégager des symboles religieux.

Or tout le mouvement philosophique de l'Inde procède du Vêda. Il y a donc eu, dans le monde âryen tout entier, pour ainsi dire un courant d'idées qui, traversant les conceptions originales de chaque peuple, s'y est mêlé presque sans cesse et y a laissé çà et là des traces profondes. La source d'où il est sorti est dans le livre des Hymnes. Cette source est primordiale et n'en suppose aucune autre au dessus d'elle : car en lisant ces poésies, préalablement rangées dans leur ordre de succession par la philologie et d'après les données nombreuses et variées qu'elles renferment, on assiste à la naissance de cette antique philosophie et à ses premiers progrès ; on voit se dégager peu à peu du symbole agrandi la notion pure et métaphysique qu'il renferme, comme on avait vu naître et se former le symbole lui-même. Enfin l'on voit les grands problèmes posés tour à tour par des esprits supérieurs, qui s'émeuvent en les découvrant et se remplissent d'un enthousiasme vraiment philosophique en entrevoyant les premières solutions.

A ce titre, l'étude des Hymnes est d'un intérêt majeur pour les historiens de la philosophie.

La critique littéraire trouve dans le Vêda un sujet

grandiose, entièrement nouveau, proposé à ses méditations. Essentiellement différent de l'Ode et absolument étranger à la poésie lyrique, l'Hymne est la première forme littéraire que la pensée poétique ait revêtue dans la race âryenne. Elle précède de beaucoup non-seulement l'Ode, mais l'Epopée ; elle est séparée de cette dernière par un intervalle de temps indéterminé, mais certainement très-long. En effet, contemporain des premières cérémonies du culte, l'Hymne précède toute constitution sociale et politique ; il précède donc ce moyen âge héroïque où l'Epopée prend ses sujets et puise ses inspirations. Les traditions relatives à l'Orphée des Grecs pouvaient déjà mettre les critiques modernes sur la voie de cette loi importante du développement littéraire chez les peuples âryens. Mais les anciens hymnes de la Grèce sont tous perdus ; ceux que les Alexandrins ont composés, et que le nom d'*Orphiques* semble rattacher aux antiques traditions, portent la marque évidente d'une influence védique et ne procèdent pas moins des doctrines orientales que des sanctuaires de la Grèce ; il n'y a à tirer de leur étude aucune lumière pour le problème dont nous parlons. La découverte du Vêda jette un jour tout nouveau et singulier sur les temps primitifs de la poésie, sur la nature de l'Hymne, sur les conditions où il s'est produit, sur ses rapports avec l'Epopée et avec les genres littéraires des temps postérieurs. Si l'on admet que la race des Aryas est la seule vraiment littéraire de l'humanité, on doit observer aussi que le Vêda est l'unique monument qu'elle possède de sa plus ancienne littérature, que ce monument est authentique, qu'il offre un grand nombre d'hymnes d'une variété et d'une richesse surprenantes, et qu'enfin il a été suivi d'une période explicative dont nous possédons les écrits, où les renseignements les plus précieux sur les traditions, les rhythmes, la langue, la grammaire même de ces hymnes, sont accumulés. Ces courtes indications suffisent pour montrer de quel intérêt l'étude du Vêda peut être pour l'histoire de la Littérature.

— Un grand fait domine les considérations renfermées dans ce chapitre : langue, religion, relations sociales, conceptions philosophiques, formes littéraires, tout est original et primitif dans le Vêda. Rien n'y est emprunté à une civilisation antérieure ou à des peuples étrangers. L'âge précédent, auquel se reportent souvent les auteurs des Hymnes, est tout âryen ; ces hymnes ne laissent supposer aucune tradition, aucune idée venue de loin ou simplement du dehors. Toute influence étrangère aux Aryas date des temps postérieurs, souvent même des temps historiques.

Ce fait, d'une importance majeure et d'une haute portée, une fois constaté par la lecture des Hymnes, permet à l'esprit du lecteur moderne de se livrer avec une entière sécurité à l'étude approfondie de cet antique monument de nos ancêtres.

CHAPITRE III

LA LANGUE DU VÊDA ET LA PHILOLOGIE

L'étude comparative des langues est une science entièrement moderne, à laquelle ni les Grecs ni les Latins n'avaient songé : ce n'est pas que les éléments leur manquassent, puisque la seule comparaison du latin et du grec pouvait faire naître dans leur esprit l'idée qu'une telle science était possible, et leur indiquer même les traits généraux de la méthode à suivre. De plus les relations antiques et quotidiennes des Grecs avec beaucoup de peuples de l'Orient et de l'Occident aujourd'hui presque effacés, et plus tard la grande étendue de la domination romaine, qui touchait à des nations de langues très-diverses ou les comprenait même dans son sein, ces contacts nombreux et variés mettaient les anciens dans des conditions d'étude que nos philologues pourraient envier à juste titre. Pourtant quand on lit les grammairiens latins, on est étonné de la pauvreté de leur science philologique et de la fausseté des explications dont ils se contentent.

Le moyen-âge n'a rien fait non plus en ce sens. Les savants travaux de la renaissance ont porté principalement sur l'interprétation des anciens auteurs que l'invasion de l'Europe orientale par les Musulmans avait mis entre nos mains. Ce n'est que du jour où les peuples de l'Occident ont commencé à se mêler les uns aux autres et à étudier les langues de leurs voisins, que l'on a songé à les comparer entre elles et à tirer de cette comparaison une théorie. On peut attribuer aussi en partie la naissance de cette étude à l'influence exercée sur les esprits par la méthode d'observation et d'analyse, dont Bacon et Descartes venaient de poser les principes. Car c'est dans l'école cartésienne que naquit la philologie comparée, à la fin du dix-septième siècle et au commencement du siècle suivant. Leibniz fut le père de cette science, qui a mis un siècle à s'élaborer, et qui, entrant dans sa voie définitive à la fin du dix-huitième siècle, a pris depuis lors un accroissement comparable à celui de la physique ou de la chimie.

Dès le temps de Leibniz, on commença à constater d'une manière scientifique la filiation réelle des langues *néolatines* par rapport au latin et au grec : l'on voyait en effet que le plus grand nombre des mots italiens, espagnols, portugais ou français, sont venus de mots identiques appartenant au latin; il suffisait de lire, dans une de ces langues, une page d'un livre quelconque et de chercher l'origine de chacun des mots qu'elle contenait, pour s'apercevoir que ces mots étaient essentiellement latins et souvent même très-semblables aux mots antiques d'où ils étaient venus. Ainsi *mort, muerto, morte* trouvaient leur identique dans le latin *mors*; *vie*, *vida, vita*, dans le latin *vita*. Les différences se montraient parfois aussi plus profondes; mais on pouvait suivre pas à pas dans les vieux auteurs les transformations successives que le mot latin avait subies pour devenir enfin le mot moderne : ainsi, par exemple, *cité, ciudad, città* s'éloignent davantage du mot latin *civitas*; l'article indéfini français *on* eût été rapporté à *unus*, si l'on n'avait retrouvé dans ses formes antérieures (*om, hom*) le latin *homo* d'où il est venu véritablement. Ce travail étymologique s'étendant d'année en année, on vit s'établir solidement, malgré des erreurs de détail, cette proposition générale que les langues du midi de l'Europe sont nées du latin.

Mais les langues néolatines ne sont pas pures de tout mélange : le latin leur a fourni la plus grande partie de leurs mots, mais sans exclure entièrement toute influence étrangère. Non-seulement les langues de l'Espagne et de la Gaule, antérieures à la conquête romaine, ont laissé des représentants dans le français et dans les idiômes modernes de la péninsule; mais l'action des peuples du nord s'est étendue sur la Gaule et sur l'Italie après les grandes invasions, et celle des Musulmans s'est fait sentir dans la péninsule ibérique. Cette influence se reconnait évidemment à un certain nombre de mots dont le primitif appartient à ces langues venues du dehors et ne se trouve pas en latin : par exemple l'italien *benda*, l'espagnol *venda*, le français *bande*, reproduisent exactement l'allemand *band*, qui ne se rencontre pas dans la langue latine. La proportion de ces mots, dans chacune des langues du midi de l'Europe, indique la mesure dans laquelle l'action des idiômes étrangers s'est fait sentir sur l'idiôme préexistant.

Une étude toute semblable devait se faire, selon les fondateurs de la philologie, sur les langues des peuples du nord. Leibniz commença cette étude et traça la marche qu'elle devait suivre. On ne tarda pas à constater régulièrement l'indépendance des langues germaniques par rapport à celles du midi ; car non-seulement les mots germaniques qui s'étaient glissés chez les néolatins, mais une foule d'autres encore, étaient reconnus pour appartenir en propre aux idiômes allemands et pour n'avoir existé à aucune époque connue dans la langue latine. Le même fait se remarquait aussi avec la plus grande netteté dans les autres langues du nord, comme celles des Slaves, des Scandinaves, des Lithuaniens. Et comme les langues néolatines avaient entre elles de grandes analogies, on reconnut qu'il en existait de même entre ces idiômes du nord.

Dès ce moment, dans la première moitié du dix-huitième siècle, on put distinguer des *familles* de langues. On en reconnut deux principales en Europe, celle du midi et celle du nord. L'on apercevait déjà dans le gothique une ancienne forme des dialectes allemands, et l'on avait lieu de croire que cet idiome avait été parlé dans la région la plus orientale de l'Europe. Mais on commettait en même temps cette erreur, qui aujourd'hui même n'a pas entièrement disparu; de croire le latin venu du grec, et qu'ainsi, par l'intermédiaire des Romains, le grec avait été la souche des langues du midi. On était conduit à cette fausse opinion par ce fait, reconnu des Romains eux-mêmes, que la civilisation leur était venue de la Grèce; et l'on confondait ainsi deux questions, celle de l'origine des langues et celle du développement littéraire et politique des nations.

Les différences des objets sont toujours les premiers faits que constate la science; et quand l'analyse les a bien distingués, une synthèse vraiment scientifique les rapproche. La séparation des langues de l'Europe en deux familles primitivement indépendantes ne tarda pas à paraître moins profonde qu'on ne l'avait crue d'abord. A mesure que l'analyse devenait plus exacte et plus sûre, on découvrait entre elles des analogies plus nombreuses; des mots qui semblaient appartenir exclusivement au latin, étaient retrouvés dans l'allemand, avec des formes différentes dont on ne pouvait plus méconnaître l'identité primordiale. Ainsi dans le *brother* des Anglais et le *bruder* des Allemands on reconnaissait le *frater* des Gréco-latins; de même pour *hund*, *canis* et κυών ; pour *stern* (angl. *star*), *astrum* (*stella*) et ἀστήρ ; pour *haupt*, *caput* et κεφαλή ; et pour beaucoup d'autres mots. Ce qui frappa surtout les esprits fût que ces analogies portaient particulièrement sur les mots qui expriment les actes essentiels de l'homme, comme ceux de manger, de se tenir debout ou assis, les objets les plus communs, les relations naturelles de parenté, etc. D'année en année, le nombre des termes reconnus identiques dans les idiômes du nord et du midi allait grossissant ; et l'on ne tarda pas à en conclure légitimement que, dans un temps fort reculé, les peuples de l'Europe, aujourd'hui séparés, avaient dû vivre ensemble et parler un idiôme commun, ou qu'enfin ils n'étaient eux-mêmes que des rameaux détachés d'un même tronc. En effet cette communauté d'expressions ne pouvait s'expliquer que de deux manières : ou bien la souche de ces peuples était la même, ou bien, appartenant à des races différentes, ils avaient porté leurs langues respectives les uns chez les autres. Or cette dernière hypothèse était contredite par les faits de l'histoire et par les traditions les plus anciennes de l'Europe.

Quelle que fût la vérité sur ce point et quelque solution que l'on donnât du problème, il est évident que le problème lui-même était posé et que la philologie comparée avait pris pied dans l'ethnographie. A partir de ce jour il fut avéré que aucune question ne pouvait être résolue dans cette dernière science sans le secours de l'étude comparée des langues, et que l'un des moyens les plus sûrs de remonter à l'origine d'un peuple et de reconnaître sa race, était d'analyser à fond sa langue et de la rapporter à sa famille naturelle.

La géographie historique se trouvait également intéressée dans les solutions qui seraient données des problèmes philologiques. Car les migrations des peuples se reconnaissent aux traces de leur passage, laissées dans les langues des autres peuples et dans les pays qu'ils ont eux-mêmes parcourus. C'est ainsi que les Maures, qui ont entièrement disparu de l'Espagne, ont pourtant laissé des preuves évidentes de leur séjour dans cette contrée; et c'est la langue espagnole qui les fournit. A la vérité quelques réserves doivent être faites : en effet les peuples commerçants, les navigateurs par exemple, rapportent ordinairement chez eux des mots qu'ils vont chercher dans différentes parties du monde et qui demeurent ensuite d'un usage commun dans leur pays. C'est un fait qui se peut constater non-seulement dans les langues modernes de l'Europe, mais aussi dans les langues anciennes, comme le latin, le grec et l'hébreu. Mais ces mots, introduits comme par hasard dans une langue, y demeurent isolés et n'y ont point de famille ; de plus ils y sont toujours en petit nombre, et souvent l'époque de leur apparition peut être fixée historiquement. Au contraire une grande proportion de mots étrangers et surtout de formes étrangères, démontre une influence prolongée, générale, un mélange et par conséquent un séjour.

Lors donc que deux peuples différents parlent deux langues profondément analogues, dans lesquelles aucune influence étrangère ne se reconnaît, tout porte à croire qu'ils ont la même origine, que leurs ancêtres ont habité la même contrée et que certaines régions intermédiaires leur ont servi d'étapes lorsqu'ils allaient de leur berceau primitif à leur séjour actuel.

Le dix-huitième siècle élucida ces vérités générales et les porta à un tel degré de clarté qu'elles devinrent des principes universellement admis dans la science. Appliquées aux peuples de l'Europe, elles permirent de poser nettement la question à leur égard, et, d'après les nombreuses et profondes analogies de leurs langues, de demander enfin quels étaient leurs communs ancêtres et quel pays avait été leur berceau.

On remarqua de bonne heure que cette langue et cette demeure primitives ne pouvaient être cherchées en Europe. Cette contrée en effet est habitée par des populations plus ou moins anciennes, mais dans le passé desquelles on peut remonter très-haut. Les unes sont venues en Occident à des époques historiques : telles sont plusieurs d'entre celles qui faisaient partie de la grande invasion ; les autres, établies dans le nord depuis plus longtemps, se montrent séparées des peuples du midi et inconnues d'eux dès l'origine des traditions gréco-italiques. Il est possible de passer en revue aujourd'hui même les diverses branches des familles septentrionales, de l'Océan à la mer Noire, et des familles fixées dans toutes les presqu'îles méridionales de l'Europe : et l'on ne voit pas, dans tout l'Occident, une seule vallée signalée par le plus faible indice pour avoir été le point de départ et le commun berceau de nos langues. Ajoutons que les traditions sont séparées. Celles des peuples du midi conduisent vers l'Orient asiatique d'une manière évidente ; celles du nord nous y reportent également. Mais les unes et les autres, loin de converger vers un fleuve ou une montagne quelconque de l'est de l'Europe, semblent tendre vers l'Asie suivant des lignes parallèles constamment séparées par les chaînes centrales de notre continent. On peut même observer que la majeure partie des traditions grecques ont une forte inclinaison vers le sud, que quelques-unes se rattachent par la Phénicie à l'Asie, un très-petit nombre à l'Egypte et les plus importantes à la Crète et, par l'île de Carpathos (chemin des Cares), à l'Asie mineure. Celles du nord au contraire ne descendent jamais vers le midi et ne nous reportent pas plus bas que le bassin du Danube. Le parallélisme existe donc véritablement. On conçoit que, dès le siècle dernier, on ait compris qu'il fallait chercher en Asie le séjour primitif et la langue mère des Occidentaux.

Les seules langues orientales dont on eût alors une connaissance quelque peu approfondie, étaient l'hébreu et l'arabe, langues analogues, toutes deux d'une haute antiquité, surtout la première, et que les traditions de la Bible rattachaient d'ailleurs aux langues de la Phénicie, de la Khaldée et de l'Assyrie. Sur ces dernières on n'avait que des données extrêmement insuffisantes. Mais la situation géographique des bassins de l'Euphrate et du Tigre semblait se trouver sur le chemin des traditions occidentales ; et c'était là aussi que l'on plaçait l'Eden, berceau premier du genre humain d'après la tradition mosaïque. Ces idées préconçues, empruntées à une doctrine étrangère à la science, portèrent un certain nombre de critiques à chercher chez les Sémites, et particulièrement dans l'hébreu, la langue asiatique indiquée par les traditions et par la philologie. Mais à cette époque les lois fondamentales de la science étaient déjà fixées : on savait reconnaître les racines des mots et leurs formes essentielles ; on savait quelles transformations, quelles permutations étaient possibles dans les éléments des mots pour qu'un idiôme pût devenir un autre idiôme. Quand on en vint à soumettre la solution préconçue à ces lois désormais invariables, on ne vit plus, dans cette hypothèse, qu'une tentative impossible de réduire à une unité factice des faits qui n'avaient entre eux aucun rapport. Les efforts qui furent faits pour ramener à l'hébreu le grec, le latin et l'allemand, ne réussirent qu'à montrer d'une manière évidente la séparation des idiômes européens de ceux des Arabes ou des Hébreux. La classe des langues sémitiques fut dès lors reconnue pour être irréductible à l'autre, qui n'avait pas encore de nom, mais qui n'en était pas moins scientifiquement définie. La tentative avortée des hébraïsants avait toutefois séduit tant d'esprits et fait dans le public un si grand nombre d'adeptes, que les savants du dernier siècle crurent devoir user contre elle de toutes armes et la frapper même de ridicule. C'était le temps où l'on faisait venir *equus* d'*alfana* et Platon de Scaramouche. Ces étymologies d'un bas comique ne firent perdre à la science aucune partie de son autorité; elles ne retardèrent pas d'un jour ses progrès; mais elles rendirent les philologues plus circonspects et les engagèrent à chercher l'origine des langues par les voies naturelles, et non au hasard, par des chemins qui ne pouvaient aboutir.

L'homme qui sur la fin du dix-huitième siècle fit le plus pour remettre dans la bonne route la philologie comparée, fut Volney. Il vit dans le persan l'une des portes par lesquelles on pouvait pénétrer dans cet Orient, où l'on entrevoyait la solution du problème. Pénétré de cette idée qui ne manquait pas de justesse et que l'avenir devait féconder, Volney, las de persécutions, consacra une partie de sa vie à pousser en avant l'étude comparée des langues et fut, depuis Leibniz, l'homme du dix-huitième siècle qui fit le plus pour en développer la science. Ce n'est pas qu'il ait fait par lui-même de grandes découvertes; mais il compléta l'œuvre du siècle, qui avait été pour ainsi dire de déblayer le terrain en toutes choses et de le livrer net à ceux qui devaient y bâtir.

L'étude des langues en était à ce point où, la méthode étant à peu près définie, les problèmes posés et leurs conditions élucidées, on devait attendre du temps quelque fait nouveau, quelque découverte importante. Cette découverte fut celle du sanscrit.

Les Anglais venaient de s'établir dans l'Inde. Avec cet esprit de suite et cette prévoyance de l'avenir qui les caractérisent, ils comprirent que, s'ils voulaient fonder dans cette contrée un établissement durable, ils devaient d'abord s'enquérir des lois, des usages, de la religion et des traditions du pays. Warren Hastings, gouverneur au nom de la Compagnie des Indes, entra le premier dans cette voie, en faisant rédiger par onze brâhmanes le livre qu'il intitula *Code of gentu laws;* mais comme aucun de ses compatriotes ne connaissait encore la langue des brâhmanes, l'ouvrage fut d'abord traduit en persan, puis du persan en anglais et publié à Londres en 1776. Ce livre ne donnait aucun renseignement sur la langue des Hindous, soit anciens, soit modernes; le premier qui porta son attention sur ce point fut le doux et poétique William Jones. Cet esprit supérieur, venu à Calcutta en 1783, comprit aussitôt qu'un grand avenir pouvait être réservé à l'étude de l'Inde. Il fonda la Société asiatique du Bengale, dont les *Asiatics researches* ont tant fait pour introduire l'Europe dans la connaissance de l'Orient; il mourut en 1794. La première traduction directe du sanscrit fut celle de la *B̤agavad-gîtâ*, publiée dans l'Inde par Wilkins en 1785, et qui fut suivie de l'*Hitôpadêça* en 1787 et de *Çakuntalâ* en 1789. Ces ouvrages donnèrent aux savants européens les premières notions de l'Inde et de la langue sanscrite. Colebrooke et Wilson les développèrent singulièrement, le premier par différents ouvrages de critique et d'exposition, le second par la publication d'une grammaire et d'un dictionnaire qui parut en 1819.

Frédéric Schlegel introduisit les études indiennes en Allemagne dès l'année 1808, tandis que Chézy les inaugurait chez nous, les portait bientôt dans une chaire publique au Collége de France et préparait à l'Allemagne elle-même quelques-uns des savants les plus accrédités dont elle s'honore. Ce fut W. Schlegel et Bopp qui excitèrent dans leur pays cet élan vers les études orientales, qui a fait naître des indianistes et des philologues passionnés sur tous les points de son territoire.

Le sanscrit, c'est-à-dire la langue classique des brâhmanes, fut l'objet principal des études philologiques durant le premier tiers du siècle où nous sommes. Son introduction en Europe produisit une sensation facile à concevoir : en effet cette langue, prise en elle-même, portait des caractères d'antiquité que l'on ne pouvait méconnaître ; sa simplicité, sa régularité, sa clarté, la plénitude de ses formes, frappaient tous les esprits. Rapprochée des langues de l'Occident, par ses formes et par ses racines à la fois, elle n'attestait pas une influence directe de l'Asie sur l'Europe comme celle de l'arabe sur l'espagnol ou du turk sur le grec moderne ; mais c'était dans son fond qu'elle se montrait identique avec les langues du midi et avec celles du nord. Sa grammaire rendait compte d'un nombre surprenant de difficultés dans le grec et dans le latin ; ces deux langues, dont la haute antiquité était reconnue, semblaient n'être qu'un sanscrit modifié, amoindri, déformé. Or on admettait, ce qui est vrai en général, que les formes pleines précèdent historiquement les formes altérées ; on paraissait donc en droit de conclure que le sanscrit était cette langue mère des langues occidentales, que l'on cherchait depuis si longtemps ; et le grand problème philologique sembla résolu.

Plusieurs faits donnaient à cette hypothèse une valeur considérable. La tendance analytique de la science se trouvait satisfaite par la découverte d'une langue dans laquelle tous les éléments des mots ont une origine positive. Les racines de cette langue, depuis longtemps constatées par les philologues indiens, sont monosyllabiques ; un petit nombre d'entre elles n'avaient pas été ramenées à cette simplicité irréductible ; mais, soumises aux procédés de la science européenne, elles s'y trouvaient réduites de jour en jour. Ces racines, au nombre d'environ 3,000, ont en sanscrit une signification déterminée et presque toujours physique, lors même que dans le discours elles en ont pris une figurée. Cela frappait d'autant plus les esprits que dans les plus anciennes langues de l'Europe un grand nombre de racines ne s'expliquent pas par elles-mêmes et n'y offrent que ce sens figuré ou dérivé, qui indique un passé plus ou moins long.

Enfin la littérature de l'Inde, dans ses grands ouvrages, dont le nombre grossissait chaque jour et grossit encore aujourd'hui, offrait un ensemble étonnant de traditions très-analogues à celles des Gréco-romains et des peuples du nord, traditions poétiques, sacrées, ethnologiques, souvent claires par elles-mêmes et projetant une lumière inattendue sur celles de l'Occident.

Il ne fallait pas tant de raisons pour amener les philologues à cette conclusion que l'Inde était le berceau des peuples occidentaux, le point de départ de leurs langues, de leurs traditions, de leurs anciennes croyances religieuses et de leurs institutions. Il ne restait plus qu'à rassembler les rameaux épars de ce grand arbre indo-européen et à le faire voir dans son unité. Un nombre très-grand de philologues se sont partagé cette tâche en Allemagne, en Angleterre, en France, en Suède même, en Danemark et généralement dans toutes les parties de l'Europe : les uns s'occupant principalement des langues et en recherchant les anciens débris, les autres portant leur étude sur les traditions populaires, les réunissant, les interprétant d'après les données orientales. On ne se fait en général qu'une idée très-imparfaite de l'immensité du travail accompli en ce sens depuis l'apparition du sanscrit ; des progrès de la science philologique ; des horizons qu'elle a parcourus ou seulement ouverts ; des résultats théoriques ou pratiques auxquels elle est déjà parvenue.

L'attention, une fois appelée sur les langues indo-européennes, se porta naturellement aussi sur les autres idiômes : en est-il un seul, même d'une minime importance, qui ait totalement échappé à l'analyse? Le résultat de cette investigation universelle fut de partager scientifiquement les langues en autant de classes que leur nature l'exigeait, et de séparer d'une manière beaucoup plus profonde qu'auparavant les trois grandes familles de l'ancien monde, la famille mongole, la sémitique, et l'indo-européenne. Quant à la science elle-même, à la philologie comparée, elle existait dès lors avec ses lois fondamentales et ses propositions essentielles, tellement démontrées qu'elles ne laissaient plus l'ombre d'un doute.

Mais l'erreur fondamentale existait encore et ne

fait même aujourd'hui que commencer à se dissiper dans les esprits. Deux découvertes presque simultanées la firent disparaître : celle du zend et celle de la langue vêdique.

Anquetil Duperron avait donné en 1778 une traduction telle quelle de l'un des recueils sacrés de l'Inde, sous le nom d'Ezour-Vedam; mais une traduction, même excellente, sans le texte, ne pouvait fournir aucune donnée positive à la philologie. Les travaux de Colebrooke avaient aussi appelé l'attention des savants sur les doctrines de l'Inde et fait entrevoir l'importance du Vêda. Ce ne fut cependant qu'en l'année 1833 que l'on vit quelque chose du texte des Hymnes par le spécimen en vingt-sept pages qu'en publia Rosen. Ce court extrait suffit à modifier les conclusions précédemment acceptées et à faire soupçonner une période littéraire antérieure à celle des épopées indiennes, et un idiôme plus antique, auquel on donna le nom d'*ancien sanscrit*. La même année parut, après plusieurs articles insérés dans le Journal asiatique, le Commentaire sur le Yaçna par Eugène Burnouf. Anquetil Duperron le premier avait fait dans l'Inde la conquête des livres de Zoroastre. Il en avait donné une traduction française, faite avec le secours des Parsis. Le texte fut déposé à la Bibliothèque du Roi, avec une traduction sanscrite par Nériosengh. L'œuvre d'Anquetil, qui n'avait pu être qu'imparfaite, appelait une vérification : celle-ci était devenue possible, parce que l'on avait en Europe la connaissance du sanscrit et que l'on possédait l'interprétation de Nériosengh. Mais ce qui rendit les résultats plus sûrs et éleva cette étude à la hauteur d'une découverte, ce fut l'application qu'elle exigea des lois et des principes de la philologie comparée. Par là, en effet, fut restituée, selon sa grammaire et son lexique, la langue zende, sur laquelle des erreurs capitales avaient cours. On vit d'une part qu'elle était indépendante du sanscrit et qu'elle avait avec lui les plus étroites affinités; de l'autre que, venue de la même origine que lui, elle ne lui était point postérieure selon le temps. Les rapprochements perpétuels du zend avec les langues européennes, et les secours que celles-ci fournirent pour l'interprétation du Yaçna, établirent de même l'indépendance de ces langues par rapport aux idiômes de l'Inde et de la Perse, et firent voir que le celte, l'allemand, le slave, le latin, le grec, le zend et le sanscrit, sont des branches issues d'un tronc commun, mais qui ne tiennent l'une à l'autre que par ce tronc. Cette indépendance réciproque des idiômes indo-européens était confirmée par l'antagonisme évident du mazdéisme de Zoroastre et du brâhmanisme des Indiens. En même temps l'Avesta indiquait, par les mots *Çuġda* et *Bâġdi* (Sogdiane et Bactriane) et par les traditions qui s'y rattachent, dans quelle direction l'on devait chercher le pays d'où les Iraniens sont originaires.

Les derniers éclaircissements ne pouvaient plus être attendus que du Vêda lui-même et surtout du Rig-Vêda, le plus ancien des quatre recueils sacrés des Hindus. Le premier *áṣṭaká* fut publié par Rosen en 1838 ; deux traductions complètes parurent simultanément à Londres et à Paris de 1848 à 1851, l'une en français par M. Langlois, l'autre en anglais par Wilson ; le texte avec le commentaire de *Sâyanaáćârya* vient d'être livré au public par les soins de M. Max Muller aux frais de la Société asiatique de Londres.

La lecture du Rig-Vêda fit connaître un nombre considérable de faits ignorés ou seulement entrevus. On constata que le nom primitif de toute la race indo-européenne était celui d'*Aryas*; que les traditions du Vêda n'appartiennent pas aux régions du Gange mais à celles de l'Indus, et qu'elles se rattachent elles-mêmes, par des faits plus antiques, à une contrée située au nord-ouest de l'Indus par delà les grands monts d'où ses eaux descendent. Cette contrée n'est autre que celle de l'Oxus et du Yaxarte, au delà de laquelle ni les traditions du Vêda, ni celles de l'Avesta ne signalent plus rien.

Depuis que nous sommes en possession de ces grands ouvrages de l'Orient, la science philologique semble arrivée, quant aux langues de la famille âryenne, à ce centre primitif, à ce point de départ des populations qui les ont parlées. Cette idée, que chaque découverte nouvelle vient chaque jour vérifier, sert elle-même de guide aux recherches philologiques particulières. En effet, les études qui ont pour objet quelqu'un des idiômes âryens, soit anciens, soit modernes; les chronologies spéciales; les traditions locales de l'Asie moyenne et de l'Europe, convergent désormais vers ce centre oxien et se coordonnent régulièrement autour de lui.

D'ailleurs les nombreux savants qui s'adonnent à ces recherches, ne vont plus comme jadis à l'aventure, fondant des inductions spécieuses sur des analogies extérieures et fortuites, que la science sérieuse ne peut admettre. Les grands travaux de ces derniers temps n'ont pu aboutir qu'à la condition d'être dirigés suivant une méthode rigoureuse : cette méthode à son tour s'est dégagée des applications qu'on venait d'en faire ; de sorte que désormais la philologie peut connaître la valeur de ses affirmations, distinguer les résultats définitifs de ceux qui ne sont point encore démontrés, et, dans ces derniers, reconnaître le degré d'hypothèse que peut renfermer chacun d'eux.

Cette méthode n'est point une nouveauté; elle n'est pas propre à la philologie ; c'est la méthode commune de toutes les sciences d'observation. Elle ne s'engage dans une induction qu'après avoir soumis les faits à l'analyse, les avoir comparés dans leurs éléments les plus intimes, et les avoir classés selon leurs ressemblances et leurs différences. Cette méthode est donc celle de l'histoire naturelle, et ses inductions n'ont pas moins de valeur que celles de la physiologie. On peut même concevoir qu'elles en aient souvent une plus grande ; car la solidité des inductions croît avec la précision des analyses ; et l'analyse n'est jamais aussi exacte que quand elle peut atteindre les derniers éléments des objets. Or, ni les organes en anatomie, ni les corps en chimie, ni les phénomènes de la physique, qui contiennent toujours l'infini, ne peuvent être ramenés avec certitude par l'observation à leurs plus simples éléments. Il en est autrement dans l'étude des langues. Quand on a reconnu dans les mots les racines, les suffixes, les terminaisons et les autres parties que distinguent les grammaires et les dictionnaires, on doit encore décomposer chacune de ces parties des mots et faire une étude particulière de chacune des lettres dont elles se composent. Les lettres sont les derniers éléments du langage, lesquels ne peuvent être réduits à d'autres plus simples qu'eux-mêmes : à moins que dans l'articulation de chaque lettre on ne distingue encore les divers mouvements organiques qui concourent à en produire l'émission. Or, ces mouvements eux-mêmes, la philologie en tient compte dans le classement qu'elle fait des lettres en diverses catégories et dans la correspondance qu'elle reconnaît entre elles d'une langue à l'autre. Ce premier travail met au jour les lois relatives aux lettres ou *lois organiques*, qui sont le fondement de la philologie.

L'application de l'analyse à l'étude des langues réduit à des proportions beaucoup plus petites le matériel dont elles se composent; car on ne tarde pas à reconnaître que, comparés selon leurs racines et leurs autres parties, les mots d'une langue se rangent par familles naturelles; et que ces familles, une fois formées, ne diffèrent en somme que par les racines et par leur signification radicale; les suffixes, les préfixes et les formes grammaticales demeurent les mêmes et toujours en assez petit nombre dans une langue donnée. Par la comparaison des parties homologues entre les différentes familles de mots dans une même langue, on arrive à connaître et à formuler les *lois de dérivation* des mots dans cette langue. De sorte qu'un mot quelconque étant donné, l'on peut, par l'application de ces lois, reconnaître la racine d'où il dérive, et énoncer cette racine lors même qu'elle n'a pour représentant dans la langue que ce seul mot.

Quand plusieurs langues écrites ont subi ce long travail d'analyse, de comparaison et de classification des mots et de leurs éléments, la science procède à la comparaison des langues entre elles. Ce nouveau travail ne doit pas être moins analytique que le premier. La philologie en effet est comme l'anatomie, laquelle ne peut arriver à des résultats certains que si les rapprochements qu'elle établit entre les animaux ou les plantes s'étendent jusqu'à leurs plus faibles parties. Le philologue doit donc comparer avant tout les alphabets et, en se fondant sur des analogies évidentes, établir la correspondance des lettres d'une langue à l'autre. Il s'aperçoit bientôt que les alphabets ne sont qu'une expression des langues elles-mêmes, ou, comme on dirait en mathématiques, une *fonction;* et que deux peuples très-voisins l'un de l'autre et parlant deux langues très-semblables, peuvent avoir eu des besoins organiques notablement différents. Cette diversité, passant dans les alphabets, établit alors une correspondance inattendue et pourtant certaine entre des lettres qui semblaient au premier abord fort éloignées l'une de l'autre. Ainsi l'*s* sanscrit est reconnu pour correspondre le plus souvent à l'*h* zend et à l'*esprit rude* ou même *doux* des Grecs, tandis qu'il se retrouve intégralement en latin et dans les dialectes germaniques. Le *ç* sanscrit répond le plus souvent au *q* des Latins et au *x* des Grecs et devient souvent *h* dans le nord de l'Europe. Le *j* sanscrit répond soit au *ç* soit au *z* du zend et du grec et au *g* des Latins. Des rapprochements de ce genre, portant sur un grand nombre de mots évidemment identiques dans les deux langues que l'on compare, permettent d'établir avec certitude la correspondance de leurs alphabets. Et quand elle est reconnue, le philologue ne doit plus s'en départir dans les analogies qu'il établit entre des termes d'une identité moins évidente. L'oubli de ces principes si simples avait introduit dans la science un grand nombre de fausses étymologies dont plusieurs ont cours aujourd'hui même dans l'enseignement classique. L'application rigoureuse de la méthode peut seule les faire disparaître.

C'est par elle aussi que l'on reconnaît dans une langue les transformations successives des mots et le développement pour ainsi dire chronologique des racines, et que l'on constate l'indépendance de deux langues entre elles ou la dérivation de l'une par rapport à l'autre. En effet, les formes altérées peuvent provenir soit de ce qu'une langue a vécu un temps assez long pour subir en elle-même de tels changements; soit de ce qu'elle est toute entière dérivée d'une autre, qui, dans ce cas, présente ces mêmes formes dans un plus haut degré de pureté. Quand l'histoire atteste qu'un peuple a renoncé à sa langue pour adopter celle d'un autre peuple, qu'il a lui-même transformée en se l'appropriant, la philologie n'a plus qu'à constater les lois suivant lesquelles cette transformation s'est opérée. Tel est le cas des langues néolatines par rapport au latin, abstraction faite de ce qu'elles ont gardé des idiômes barbares ou emprunté à des idiômes étrangers. Mais quand l'histoire manque, les procédés scientifiques tendent à découvrir les faits inconnus et non pas seulement à donner l'explication de faits avérés. C'est donc seulement de nos jours que l'on a pu établir avec certitude l'indépendance du latin par rapport au grec, et celle de toutes les langues de l'Europe ancienne ou moderne, aussi bien que du zend, par rapport au sanscrit. Et pendant que l'origine de ce dernier était retrouvée dans le Vêda, l'on arrivait à cette conclusion générale scientifiquement établie, que le vêdique et toutes ces autres langues proviennent à titres égaux d'un idiôme central primitif, parlé dans les régions de l'Oxus. En effet, on vit que les dialectes germaniques sont issus du gothique le plus ancien; que le grec et le latin, à peu près contemporains l'un de l'autre, dérivent également du pélasge, originaire de l'Asie moyenne; que le persan vient du perse, mêlé de nombreux éléments sémitiques, le perse du zend, le zend de la langue oxienne primitive; et que ce même tronc oxien a poussé vers le sud-est un puissant rameau qui, s'étendant d'abord dans les vallées de l'Indus où il a produit le Vêda, n'a eu son complet épanouissement que dans les vallées du Gange et dans le sud de la presqu'île indienne; là seulement il a engendré le sanscrit ou la langue savante des brâhmanes, le prâcrit ou la langue populaire de l'Inde, et, dans des temps plus modernes, le pali, l'hindoui, l'hindoustâni et les autres dialectes plus ou moins impurs de nos jours.

Une dernière question reste encore à résoudre, que la science n'a pour ainsi dire fait qu'effleurer : quelle était cette langue oxienne? En reste-t-il quelque débris? N'est-ce pas le vêdique lui-même?

Nous ne résoudrons point ce problème. Nous

observerons seulement que si le vêdique était cette langue primitive, il faudrait admettre que le zend, le grec, le latin, le celte, le gothique, le lithuanien, et les autres idiômes les plus anciens, ont tiré du vêdique tous leurs éléments et doivent trouver dans le Vêda leur explication. C'est ce qu'il serait bien difficile d'admettre, au point où la science est parvenue. Toutefois nous croyons que l'on peut démontrer l'antériorité du Vêda par rapport au livre de Zoroastre; mais cela même ne prouverait pas que le zend fût postérieur au vêdique, ni que ce dernier fût devenu avant l'autre une langue originale et séparée du tronc commun. Tout ce que l'on en pourrait conclure serait que parmi les idiômes âryens de l'Asie, le vêdique est celui dont nous possédons les plus anciens monuments.

Le problème ainsi posé s'agrandit aussitôt et embrasse également les anciens idiômes de l'Europe : en effet leur indépendance réciproque une fois reconnue ainsi que leur fraternité avec le zend et le sanscrit, on peut se demander pour chacun d'eux s'il n'est pas la forme la plus antique de la langue primitive. Déjà quelques savants considèrent les idiômes de l'Europe comme ayant été séparés de la souche commune avant ceux de l'Asie, et l'on s'appuie sur cette raison qu'ils s'éloignent davantage des formes originales. Mais nous avons observé que l'éloignement géographique et l'état de barbarie peuvent produire dans une langue des altérations plus profondes que n'en produit l'action du temps : ainsi le latin s'est beaucoup plus transformé en quelques siècles pour devenir l'italien, l'espagnol et le français, que l'hellénique en un temps beaucoup plus long pour devenir le romaïque, qui n'en diffère que très-peu. D'ailleurs l'antagonisme des Aryas et des Dasyus dans le *Saptasindu* et, bientôt après, la forte constitution brâhmanique furent pour la langue des causes puissantes de conservation, dont la littérature sanscrite, par sa longue durée, nous montre bien les effets. Or ces causes n'existaient pas en Occident. Enfin rien n'indique que la langue primitive ait dû se mieux conserver dans les vallées de l'Oxus que dans les pays où les premières migrations âryennes allèrent s'établir. S'il y a eu dans le sud-est et dans l'Iran des causes de conservation qui n'existaient pas ailleurs, même dans la Bactriane et la Sogdiane, la langue primitive a dû s'altérer plus vite partout ailleurs que dans l'Iran et dans l'Inde.

Nous ne prétendons point résoudre ici ce grave problème : ce que nous en disons n'a d'autre but que de montrer quelle importance a prise le Vêda dans la science comparée des langues.

Il nous reste à signaler quelques-unes des applications de cette science et à montrer qu'à cet égard on peut beaucoup espérer de l'étude approfondie du Vêda. Pour étudier méthodiquement une langue, il faut apprendre la signification des racines, la valeur des suffixes, des préfixes, des flexions et des autres éléments des mots. Avec ces données de l'analysé, on connaît le matériel de la langue. Lorsque l'on passe ensuite de cette langue à une autre de la même famille, on doit se préoccuper avant tout de la correspondance des deux alphabets ; et quand on la possède, on ne tarde pas à reconnaître que cette langue est identique à l'autre dans son fond et dans beaucoup de ses formes ; si ce n'est qu'elle présente ordinairement certaines racines que la première ne renferme pas, et qu'il lui en manque d'autres que l'on avait trouvées dans la première. Tel est le grec par rapport au latin, le sanscrit par rapport à l'allemand. Or plus les formes de la première langue seront pleines et primitives, et encore plus seront nombreuses et significatives ses racines, moins on aura de faits nouveaux à constater dans l'autre langue. Et s'il y avait une parité complète entre ces deux idiômes, la connaissance de l'un équivaudrait à celle des deux à la fois ; le travail de l'apprentissage serait diminué de moitié. Tel est le cas du zend par rapport à la langue vêdique : cette dernière en effet est, dans toute la famille âryenne, l'idiôme le plus riche en racines, celui dont les formes sont les plus pleines et dans lequel les éléments des mots ont leur signification la plus claire et la plus complète. Il en résulte que celui qui connaît scientifiquement la langue du Vêda peut, avec un travail beaucoup moindre, apprendre une autre langue, quelle qu'elle soit, de la famille âryenne. Mais l'inverse n'a pas lieu, quoique les éléments de ces autres idiômes se retrouvent dans le Vêda : parce que une forme altérée ne rend pas compte de la forme originale, et que, quand on en vient à celle-ci, elle exige pour elle seule un travail complet d'analyse.

La connaissance du sens primitif et fondamental des mots nous permet de pénétrer plus avant dans l'intelligence des anciens écrits. En effet les grammaires et les lexiques, ne se produisant le plus souvent qu'à une époque avancée de la civilisation, rendent l'état actuel de la langue et non ses états antérieurs, ni surtout son état ancien et primitif. Or, quand une langue a longtemps vécu, non-seulement la valeur des mots a changé, mais, les formes se modifiant, on en vient à confondre les racines les unes avec les autres et à donner à certains mots une signification qui appartenait à d'autres. C'est ainsi que les Latins et les Grecs, ayant emprunté à la langue âryenne primitive les racines *pa* et *pi* des mots *patir* maître et *pitar* père, en ont fait un seul mot à double signification, πατήρ, *pater;* et quand les lexiques les ont consignés, on n'a plus vu en eux que le sens de *père* qui avait prévalu ; on a donc traduit les mots *divûm pater*, πατὴρ ἀνδρῶν τε θεῶν τε, par père des dieux et des hommes, sans songer que Ζεύς, *Jupiter*, n'a guère d'enfants sur l'Olympe, et que, dans la tradition, non-seulement il n'a pas fait les hommes, mais il a voulu les détruire et c'est

Prométhée qui les a sauvés comme c'est lui qui les avait modelés jadis. Quand on traduit *Diespiter* par *père du jour*, on commet une double erreur, puisque aucune tradition n'attribue à Jupiter ce rôle qui est celui de Phébus : l'expression identique dans le Vêda, *divôpatir*, signifie *maître du ciel* ; elle ne représente point Indra comme auteur de la lumière, rôle qui appartient en propre à Savitri ou Sûrya (Soleil), mais comme gouvernant dans la région éthérée (*diva*, en latin *divum*). Des rectifications de ce genre dans la traduction des anciennes formules des langues et dans l'intelligence des anciens auteurs, sont un résultat fréquent des études philologiques. L'on conçoit aisément qu'après des travaux approfondis et méthodiques où les lois de la science sont prises pour guides, un grand nombre de passages d'auteurs anciens se présentent sous un jour tout nouveau. Ajoutons que la signification pittoresque des racines s'efface à mesure que les langues vieillissent ; lire les écrits les plus anciens en ne voyant dans les mots que le sens moderne souvent amoindri ou dérivé, c'est ôter à ces écrits la couleur qu'ils avaient, lorsqu'ils furent composés dans une langue jeune avec des racines vraiment significatives. Comment retrouver cette valeur antique des mots, si l'on ne remonte aux idiômes qui l'ont conservée dans sa plénitude originale ? C'est donc là un des résultats littérairement les plus féconds de l'étude comparée des langues, étude dont le Vêda est devenu le centre.

Voici la preuve de ce que nous avançons. Un antique monument dont les doctrines ont animé l'une des plus grandes civilisations de l'Asie, l'Avesta, était venu jusqu'à nous, traduit avec les ressources actuelles de la science des Orientaux. Quand on a voulu appliquer à son étude les nouvelles données de la philologie occidentale, on s'est aperçu que les *mobeds* avaient perdu le sens de leurs propres livres sacrés, que le plus grand nombre des mots zends devaient s'interpréter au moyen du dictionnaire sanscrit, et que plusieurs ne trouvaient leur explication que dans le Vêda. Le védique, dont pourtant on ne possédait alors qu'un spécimen, servit donc à traduire avec exactitude un livre écrit dans une autre langue et qui, sans le secours de la philologie comparée, fût demeuré à jamais mal compris.

On peut aller plus loin. Quand les inscriptions de Persépolis parurent sous les yeux des Européens, on n'en connaissait ni la langue, ni l'écriture. Si cette dernière eût représenté une langue connue, les inscriptions eussent été plus promptement déchiffrées par les procédés ordinaires de la lecture en pareil cas. Si au contraire l'écriture eût été connue, mais non la langue, on eût été dans les conditions où l'on se trouva en face des *tables eugubines*, et l'application régulière de la philologie comparée eût fini par donner le sens des mots. Mais le problème se compliquait d'une double ignorance. Néanmoins, en rapprochant les circonstances extérieures on eut lieu de penser que les écritures de Persépolis représentaient une langue àryenne, et l'on tenta de leur appliquer les lois philologiques relatives à ces langues et particulièrement au zend et au sanscrit. La tentative, comme on le sait, réussit pleinement; les inscriptions furent lues et comprises à la fois; elles devinrent aussitôt un monument historique de la plus haute importance, confirmant Hérodote et donnant des notions intéressantes sur la langue *perse* au temps des rois Achéménides.

La philologie comparée a pris, depuis la découverte du zend et du védique, une place considérable dans l'ethnographie. En effet les lois philologiques ne sont pas moins applicables aux noms propres qu'aux mots ordinaires des langues : on peut même remarquer que les noms propres se conservent mieux que les noms communs, parce que rien ne peut remplacer les premiers et que les autres peuvent avoir des équivalents ou des synonymes. Aussi voyons-nous chez nous-mêmes les rivières, les montagnes, les villes et les villages, un nombre presque infini de personnes, désignés par des noms propres qui n'ont aucune signification dans la langue française. Beaucoup de ces noms existaient en Gaule avant la grande invasion; un assez grand nombre y furent trouvés déjà par les Romains et par les Grecs, et remontent par conséquent à une époque antérieure à toute histoire. D'où viennent ces noms? A quelles familles de langues appartiennent-ils? Quels peuples les ont introduits en Gaule, et d'où venaient ces peuples? Ces questions peuvent et doivent être posées pour tout pays, puisqu'il n'est pas vraisemblable qu'un nom donné à un homme ou à un lieu n'ait été primitivement qu'un assemblage de lettres dépourvu de toute signification. Or, en étudiant méthodiquement les langues àryennes, on ne tarde pas à s'apercevoir que toutes celles de l'Occident, ou à peu près, sans en excepter le latin ni le grec, renferment un grand nombre de noms propres, qui ne peuvent s'expliquer par l'idiôme du peuple qui les emploie aujourd'hui ou qui les a employés jadis. Ces mots témoignent ou d'une invasion étrangère ou d'un séjour prolongé d'une antique migration dans le pays. Le sanscrit est, de toutes les langues anciennes, celle qui renferme le moins de noms propres inexplicables pour le sanscrit même; et cependant il en renferme aussi quelques-uns, et c'est dans le Véda qu'il en faut chercher l'interprétation. Ceux de l'Avesta que le zend n'explique pas trouvent aussi dans les Hymnes leurs racines plus ou moins altérées par les Iraniens. De sorte que le védique est entre toutes les langues àryennes celle qui nous offre le plus de secours pour les recherches ethnographiques. On voit qu'en même temps se dévoile à nos yeux une antique géographie, répondant à une époque de beaucoup antérieure à l'histoire et attestant les migrations primitives des Aryas. Car si les noms d'hommes se rapportent surtout à l'histoire comparée des familles humaines, les noms attachés aux lieux sont des témoins irrécusables des étapes qu'elles ont parcourues.

L'étude des noms des dieux et des mots par lesquels les peuples ont désigné les objets du culte et les concepts sacrés de leur esprit, est un des fondements les plus solides de la mythologie comparée et de l'histoire primitive des religions. Parmi ces noms il en est qui ont passé tout faits du berceau de la race dans les contrées occupées par elle postérieurement. Tel est le *sôma*, qui est chez les Indiens, comme le *haoma* des Mêdo-perses, la liqueur du sacrifice; *'Asura*, qui est devenu l'*Ahura* de Zoroastre; *Varuṇa*, l'Οὐρανὸς des Grecs; les *Gandarvas*, qui sont les *Centaures*; *Sûrya* qui est le Soleil (*Sirius*) des Latins. Mais le plus souvent les noms sont différents d'un peuple à l'autre; la signification seule est la même : fait intéressant à plus d'un titre ; car il prouve qu'un fonds mythologique existait dans le centre oxien avant le départ des migrations d'Europe et d'Asie, et que, si les idées religieuses commençaient à se dessiner sur ce fond, beaucoup d'entre elles n'avaient pourtant pas encore reçu une forme définitive ni un nom déterminé. Nous voyons en effet dans les Hymnes qu'un très-petit nombre de personnages divins ont un nom propre exclusif, et que le plus souvent les termes par lesquels on les désigne sont des mots appartenant à la langue du discours. Au contraire dans les diverses religions âryennes d'Europe et d'Asie, chaque divinité a son nom, comme elle a son domaine, ses attributs et son culte : ce n'est qu'en remontant aux temps les plus anciens des mythologies, que les formes et les notions arrêtées s'effacent, pour faire place à des conceptions indécises qui les rapprochent de l'époque du Vêda.

Ce genre d'études, quand on le pousse assez avant mais sans jamais perdre de vue les principes de la science comparative des langues non plus que ceux de la critique, conduit à une sorte de symbolique universelle ou de mythologie comparée, qui est aussi importante pour les mythologies particulières que l'est la philologie comparée pour l'étude d'une langue quelconque, et la physiologie comparée pour l'étude anatomique de quelque animal que ce puisse être. L'étendue des recueils vêdiques et de leurs commentaires, leur antiquité, leur authenticité, ce fait notable que c'est le seul livre qui nous soit parvenu de ces temps reculés, donnent au Vêda la première place dans les recherches mythologiques et font qu'il en est pour ainsi dire le centre et la base. Ce qui ajoute encore à l'importance de ce livre, c'est la clarté de ses mythes, où l'interprétation est presque toujours à côté du symbole : il en résulte que beaucoup de conceptions analogues des autres mythologies âryennes, soit en Orient, soit en Occident, inintelligibles tant qu'elles ont été isolées, se sont éclairées d'un jour subit et ont repris tout leur sens quand on les a retrouvées dans le Vêda.

CHAPITRE IV

DE LA POÉSIE DU VÊDA

Dans les hymnes du Vêda, comme dans toutes les compositions de la race âryenne, on peut distinguer la forme poétique et le fond qu'elle recouvre : nous étudierons successivement ces deux choses.

I.

Le fond poétique du Vêda est descriptif, idéal, peu moraliste, pratique néanmoins et mêlé aux actes de la vie; enfin il est métaphysique dans une certaine mesure et selon certaines conditions que nous examinerons plus loin. De l'étude que nous allons faire il ressortira, croyons-nous, d'une manière évidente, que les Hymnes, envisagés dans leur fond, sont classiques au même titre que les œuvres poétiques de la Grèce. Les personnes qui connaissent les chants des peuples sémitiques, contenus principalement dans la Bible, reconnaîtront qu'une différence profonde et une sorte de contraste les séparent de ceux des peuples âryens, qui, par ce côté comme par tant d'autres, se rattachent directement à notre famille européenne.

Le caractère descriptif est un de ceux qui se remarquent d'abord dans les Hymnes. Or il y a deux manières principales de décrire les choses. Premièrement on peut les imiter en prenant pour modèle l'objet individuel ; on en exprime alors les caractères que la simple observation reconnaît, qui frappent le plus les sens, qui émeuvent le plus directement la passion, qui sont le plus mêlés à la réalité et par conséquent les plus changeants et les moins durables. Ce genre de description représente l'objet tout entier, moins dans son ensemble que dans ses parties ; la description est une peinture finie, dont aucun détail n'a été négligé ; elle est longue, souvent diffuse, interminable. Lue à quelques années de distance, elle est obscure, difficile à comprendre ; après quelques siècles, elle est inintelligible. En effet le plus grand nombre des détails sur lesquels elle s'est appesantie, ont disparu pour ne se reproduire peut-être jamais, du moins dans des circonstances semblables : car l'individuel est accidentel et passager. Une telle description ne tarde donc pas à être fausse dans le plus grand nombre de ses parties ; elle ne constitue pas une œuvre d'art ; elle est destinée à périr comme les choses mêmes dont elle est la représentation. L'art classique a procédé d'une toute autre manière. Ses tableaux représentent la nature dans ce qu'elle a d'essentiel et de général ; ils ne naissent point d'une première et simple vue, mais d'une suite d'observations qui, s'ajoutant les unes aux autres, éliminent en quelque sorte ce qu'il y a d'individuel et de variable dans les objets. Cet art procède moins par les différences que par les ressemblances des choses ; et comme le fonds commun des objets naturels est ce qu'il y a en eux de persistant, les descriptions qui le représentent ont elles-mêmes une vérité durable. En même temps ces descriptions sont courtes ; ces tableaux sont crayonnés à grands traits avec cette hardiesse que donne la possession de la vérité. S'adressant à l'intelligence, ils renferment une réalité supérieure que l'esprit saisit et qui, négligeant les sens, les éblouit et les étonne, mais ne les flatte jamais.

Il n'y a dans tout le Vêda aucune description du premier genre ; les auteurs des Hymnes n'ont point été réalistes. Les tableaux de la nature y sont nombreux et variés ; il est peu d'hymnes de quelque importance qui n'en renferme quelques-uns : et partout la nature est reproduite dans ce qu'elle a de plus essentiel, sans détails, sans diffusion, sans longueurs ; quelques traits rapides, une couleur forte et vraie placent devant l'esprit une grande et frappante image. Tracées il y a plusieurs mille ans, dans un pays situé à plusieurs milliers de lieues, ces images sont d'une vérité si complète que rien en elles ne nous choque, rien ne nous semble inventé à plaisir.
— Le prêtre s'est éveillé avant le jour ; entouré de

sa famille il s'est rendu au lieu du sacrifice ; il a préparé la cérémonie ; le feu s'allume au frottement des deux pièces de bois. Cependant le soleil ne tardera pas à paraître ; déjà les premières lueurs de l'aube ont commencé à blanchir le ciel vers l'Orient :

A l'Aurore.

Le large char de l'heureuse déesse est attelé; les dieux immortels sont placés sur ce char. La noble habitante des airs est sortie du sein des ténèbres pour parer le séjour humain.

La première du monde entier, elle se lève, et répand glorieusement au loin ses bienfaits. Toujours jeune, toujours nouvelle, l'Aurore renaît pour éveiller les êtres; elle vient la première à l'invocation du matin...

L'immortelle visite nos demeures et du haut des airs recueille nos hommages. Libérale et brillante, elle va sans cesse distribuant les plus riches de ses trésors...

Par des retours successifs, vont et reviennent le Jour et la Nuit sous des formes différentes. Celle-ci est une caverne qui enveloppe le monde d'obscurité. L'Aurore brille sur son char resplendissant...

L'Aurore sait quel hommage lui est réservé au point du jour; et elle naît blanchissant de ses rayons la noirceur de la nuit...

Telle qu'une vierge aux formes légères, ô déesse, tu accours vers le lieu du sacrifice. Ferme et riante, tu marches la première et tu dévoiles ton sein brillant.

Pareille à la jeune fille que sa mère vient de purifier, tu révèles à l'œil l'éclatante beauté de ton corps. Aurore fortunée, brille par excellence; aucune des aurores passées ne fut plus belle que toi...

(*Kaxivat*, I, 304.)

Ailleurs c'est un tableau mouvant que le poëte

offre à nos yeux : c'est l'image du feu sacré qui s'allume ; la flamme apparaît, s'élève et grandit ; elle embrase le bûcher tout entier.

A Agni.

J'invoque pour vous le brillant Agni, hôte du peuple... Qu'il répande ses flots de lumière et que de son foyer il comble de biens son serviteur.

On aime à honorer ce dieu, qui est comme votre bien ; on aime à le voir grandir et produire ses lueurs. Sur la ramée il agite ses flammes, comme le cheval attelé à un char agite ses crins.

Au moment où mes chantres célèbrent sa grandeur, il prête aux enfants d'Ousij une couleur aussi éclatante que la sienne. Les offrandes donnent à sa flamme des teintes variées, et sa jeunesse semble à chaque instant se renouveler.

S'acharnant sur le bois qu'il dévore, il brille ; il court comme l'eau ; il résonne comme un char ; il trace en brûlant un noir sentier. Il plaît comme un ciel qui sourit entre ses nuages.

Puis il s'étend et va brûler la terre ; il se lance ainsi qu'un troupeau sans pasteur. Agni, en jetant des flammes, consume, noircit, dévore les plantes.

... Donne-nous, ô Agni, de vaillants compagnons, une heureuse abondance, une belle famille et de grandes richesses...

(Sômâhuti, fils de Bhrigu, 1, 448.)

Y a-t-il dans ces tableaux rien de heurté, rien qui soit étranger à la nature, rien qui soit méconnaissable ou obscur aujourd'hui même ? Ces descriptions sont donc bien faites ; elles sont classiques en vertu de leur vérité même.

En second lieu elles sont idéales. C'est ici surtout

que l'art des chantres vêdiques présente avec l'art antique des Grecs une identité presque absolue.

Il y a déjà une sorte d'idéal à ne voir dans les objets que ce qu'ils ont de plus général : car le fait général n'est pas donné immédiatement par la nature ; il est découvert en elle par une observation prolongée. L'esprit qui le saisit s'aperçoit, en y réfléchissant, que cet idéal n'est rien qu'une idée, dont lui-même a pris possession ; et par conséquent les paroles qui l'expriment sont comme une description idéale des objets. Ce caractère est reconnaissable dans les mots mêmes de la langue vêdique, mots pittoresques, singulièrement remplis d'images, produits non par le hasard mais par la réflexion et constituant à eux seuls toute une poésie descriptive. Cette langue, dont les termes, encore voisins de leur origine, n'ont point vu leur signification s'amoindrir ou se transformer par un long usage, est éminemment propre à la description. En effet les mots d'une langue doivent à la variété de leur emploi, qui les force à se prêter dans le langage à toutes les circonstances pour lesquelles ils sont faits, une généralité sans laquelle le langage serait impossible ; si ces mots sont en outre pittoresques et descriptifs, ils le sont d'une manière générale et rendent ce qu'il y a d'essentiel dans les faits qu'ils représentent. Telle est la langue du Vêda, sans contredit la première de toutes les langues poétiques et la plus propre à peindre les tableaux de la nature. L'ensemble de la description y présente l'ensemble du fait naturel; chaque phrase en reproduit les moments successifs ; chaque mot fait apercevoir dans ces instants qui se succèdent des profondeurs de sentiment et d'idée que nulle autre langue n'a pu rendre au même degré. En cela, la langue vêdique dépasse de beaucoup le grec, le latin et l'allemand : là en effet il est toujours possible, il est nécessaire de creuser le sens des expressions du poëte; car c'est dans la racine des mots qu'on doit chercher leur véritable valeur significative et locale.

Avec une langue ainsi faite, les Aryas de l'Indus se sont trouvés conduits naturellement à cette forme de l'idéal qui selon nous est la seule véritable, la forme classique par excellence, et qui porte le nom de *Symbole*. On enseigne aujourd'hui dans certains ouvrages de critique, que le symbolisme des Aryas a été produit par la langue elle-même, qu'il est né de la métaphore devenue par degrés l'allégorie, et qu'il repose par conséquent tout entier sur une illusion du langage. Nous n'admettons point cette doctrine : elle n'est selon nous qu'un abus de la linguistique et un évhémérisme philologique. Nous n'admettons pas que les mots soient antérieurs aux idées, ni que les hommes qui ont conçu les systèmes religieux se soient payés de si peu : leurs ancêtres avaient regardé les phénomènes naturels, avant de les désigner par ces mots qui les rendent d'une façon si vraie, si philosophique ; et lorsqu'eux-mêmes ils « créèrent les dieux », ils ne furent point trompés par les mots anciens, mais ils ne firent que continuer le mouvement d'idées d'où ces mots étaient issus. Ces mots étaient bien faits, il n'y avait aucune raison de les changer ; on ne les remplaça, on n'y en ajouta de nouveaux que quand les symboles primitifs furent remplacés ou complétés par les produits nouveaux de la réflexion. Un grand fait que nous avons déjà signalé confirme cette manière de voir : les symboles sont les mêmes (beaucoup d'entre eux du moins) chez les Perses, les Grecs, les Latins, et les autres peuples âryens, que chez les Aryas vêdiques ; et néanmoins presque tous les noms sont différents. L'idée qui a engendré le symbole, lorsque ces peuples vivaient ensemble et confondus, était donc indépendante des mots qui devaient plus tard l'exprimer ; et ainsi, la symbolique est antérieure à son expression dans le langage. Ajoutez que dans le Vêda on ne trouve pas un terme unique et exclusif pour désigner chacune des divinités : un mot principal tend à prévaloir, mais c'est un nom entre beaucoup d'autres, dont la plupart, en même temps qu'ils désignent quelque divinité, s'appliquent aussi bien à plusieurs autres dieux. Il faut donc admettre que le choix du nom ne fut fait définitivement que lorsque l'idée symbolique fut suffisamment bien définie, c'est-à-dire lorsque les éléments qui devaient constituer le symbole furent reconnus pour lui appartenir en effet.

Les conceptions religieuses ne sont pas l'œuvre du hasard; encore moins sont-elles arbitraires.

La doctrine que nous venons de combattre et qui prend le Vêda pour point d'appui, nous semble formellement contredite par le Vêda tout entier et par le développement postérieur de ses symboles. C'est ce que nous montrerons ci-après. Nous avons voulu dès à présent rétablir la vraie doctrine et la réalité des faits, parce qu'elle sert de fondement à la poétique et à toute bonne théorie historique de l'art. En effet, si le symbole n'est qu'une métaphore fondée sur un abus de langage, si les dieux ne sont que des mots réalisés, l'art et la poésie qui prennent le symbole pour la plus haute expression de l'idéal, sont un art et une poésie sans fondement, sans règles fixes, arbitraires; tout ce que l'antiquité gréco-indienne nous a laissé n'est rien que l'œuvre de gens abusés. Mais si la formation des noms est postérieure logiquement à la naissance des symboles, et si l'expression a suivi la chose, la conséquence peut être toute opposée. Il ne restera plus en effet qu'à chercher comment se sont formés les symboles et quelle est leur valeur significative.

Or l'histoire des symboles gréco-latins est souvent difficile à suivre; leurs origines sont obscures; leur signification primitive n'étant constatée dans aucun monument d'une antiquité assez reculée, on en est souvent réduit à des conjectures et à des interprétations hasardées. Il en est autrement du Vêda : dans le recueil des Hymnes, non-seulement l'interprétation va presque toujours avec le symbole, mais on peut suivre les transformations et les développements que ce dernier à subis, assister en quelque sorte à sa naissance et saisir ainsi la cause qui l'a fait naître. Or il nous paraît incontestable, après la lecture du Vêda, que ni les noms des dieux ni les dieux eux-mêmes ne sont la simple expression des phénomènes naturels. On voit clairement que les Aryas, nos pères, furent attentifs en présence de ces phénomènes, et que dès l'origine ils leur donnèrent des noms. Plus tard et peu à peu, ces phénomènes se classant dans leur esprit, ils conçurent, comme le font encore les physiciens de nos jours avec plus de science et moins de poésie, des forces cachées auxquelles ils en attribuèrent la production. A chaque ordre de phénomènes répondit dans ce système idéal une puissance d'autant mieux définie que les faits groupés ensemble avaient entre eux des ressemblances plus manifestes et qu'ils se distinguaient plus nettement de tous les autres. Si les chantres âryens s'en fussent tenus à ces conceptions abstraites, ils eussent été des naturalistes; nulle religion ne fût sortie de leur système. Mais, si l'on veut y réfléchir, on se convaincra bientôt qu'une force active ne peut se concevoir absolument dépourvue d'intelligence; ou bien il faut admettre que, s'il y a dans la nature de telles forces aveugles, elles n'agissent qu'en vertu d'une puissance supérieure, en qui réside l'intelligence et qui leur donne le premier mouvement. Or une telle puissance motrice, unique et suprême, n'était point encore conçue à l'époque des Hymnes ; si elle commence à s'y montrer, ce n'est que chez les derniers poëtes de la période, et encore d'une manière vague et sous la forme d'une question ; elle n'y a ni nom, ni attributs définis. Le « grand aïeul des mondes » ne porta le nom de *Brahmâ* que dans les temps postérieurs : le Rig-Vêda ne le connaît point ; l'idée seulement se dégage par degrés ; tant il est vrai que les noms ne furent point créés avant les idées. Les Aryas, dont un développement philosophique progressif et régulier caractérise excellemment la race, durent donc, avant de s'élever à l'idée d'un moteur suprême, attribuer l'intelligence aux premières forces dont les phénomènes leur montraient les effets et la loi. Or une force intelligente, qu'est-ce autre chose qu'une personne ? Voilà donc un dieu constitué de toutes pièces : supérieur non-seulement à la nature, dont il règle les phénomènes, mais à l'homme, dont le pouvoir est beaucoup plus borné que le sien ; dieu d'une intelligence égale à sa puissance, à la fois personnel, puisqu'il pense, et répandu dans la nature, comme les phénomènes qu'il produit. Sans être matériel à la façon des objets des sens, il a pourtant une forme corporelle, un corps glorieux, puisqu'il est une personne dont le pouvoir est borné et qui réside dans la nature au même titre que tous les autres êtres vivants. C'est pour cela même qu'il est appelé *déva*. Le genre de ses attributs est déterminé par celui des phénomènes auxquels il préside et qui sont comme l'expression de son pouvoir et comme ses manifestations extérieures. Enfin il est à la fois la représentation mystique ou le symbole des faits naturels groupés autour de lui, le père qui les engendre et le maître qui les dirige.

Telle est dans son fond l'essence du polythéisme védique.

Au point de vue de l'observation naturelle, ce système n'est nullement dépourvu de valeur, ni insensé, ni chimérique; il est seulement primitif et marque le premier développement de la pensée scientifique chez les Aryas. La race des Sémites s'éleva, dit-on, dès l'origine au monothéisme, et conçut de prime abord un dieu suprême, une personne indivisible et immatérielle. Mais on remarquera que cette race d'hommes n'a jamais eu ni sciences, ni arts, ni littérature, ni méthode; et cependant elle n'a pu échapper entièrement à la conception de puissances supérieures à l'homme et au monde, créatures de Dieu, et hiérarchiquement échelonnées au-dessous de lui. Nul mouvement régulier de la pensée ne devait les conduire à ces idéaux mystérieux, qui en effet n'ont laissé aucune trace dans la philosophie moderne et semblent même être, dans les livres sémitiques, une importation étrangère. Les Aryas, qui ont été la race méthodique par excellence, ont dès l'origine appliqué aux grands problèmes du monde la seule méthode qui semblât devoir les conduire à des explications probables : le premier résultat des procédés si simples, et nous dirons si légitimes, de l'observation, a été le polythéisme, dont le Vêda est le plus grand et le plus instructif monument.

Au point de vue de l'art, les symboles sont, selon nous, les formes idéales et poétiques par excellence. Car si la nature sensible, prise dans ce qu'elle a de général, est déjà plus près de l'idéal que la simple copie du réel, l'idéal lui-même paraît atteint, lorsque à la vérité générale se substitue une personne vivante et divine qui la représente éminemment. On reconnaîtra qu'il l'est en effet, si l'on songe qu'au delà du monde symbolique des dieux l'esprit ne peut plus concevoir que la nature divine, soit simplement personnelle comme le Dieu des Sémites, soit impersonnelle comme l'Absolu Indivisible des Indiens. Or dans l'un comme dans l'autre cas, l'esprit a franchi la limite de l'art et ne saisit plus aucune forme qui puisse se présenter aux yeux. Les tentatives faites par de grands artistes de représenter par une figure humaine le Dieu esprit-pur des Sémites adopté par les chrétiens, est demeurée fort au-dessous de la conception métaphysique qui l'avait inspirée, et a produit une image dont pas un trait ne peut passer pour la reproduction fidèle de cette idée. Si l'on tentait la même chose pour le *Brahma* neutre du panthéisme indien, on serait arrêté par une impossibilité absolue, puisque ce principe éternel ne possède aucun des éléments constitutifs de la personnalité. La région du monde idéal peut donc parfaitement se définir, ainsi que la nature des êtres idéaux : les symboles védiques y sont compris pour les mêmes raisons que les symboles de la Grèce.

Comme chez les Grecs il y a dans le Vêda de grandes déités autour desquelles se groupent autant de cercles de divinités inférieures, qui sont comme leurs ministres et qui complètent leur signification symbolique. Il est aisé de concevoir en effet que si l'empire d'un dieu supérieur s'étend à tout un grand ordre de phénomènes naturels, cet empire est le plus souvent subdivisé en un certain nombre de gouvernements plus restreints, auxquels président autant de puissances particulières et subordonnées : car dans la nature le classement des phénomènes se fait par genres et par espèces. Ainsi se diversifie, sans sortir de la vérité poétique, le monde idéal constitué par le symbolisme des Aryas.

Que telle soit bien la valeur idéale, la nature et l'origine de ces symboles, c'est ce dont il est impossible de douter devant les déclarations répétées des poëtes. Non-seulement ils donnent eux-mêmes l'explication naturelle de leurs symboles, mais encore ils leur laissent toujours la signification que les ancêtres leur avaient donnée ; ils disent pourquoi ces dieux ont été conçus sous telles figures, avec tels attributs et telles fonctions; enfin ils affirment naïvement qu'ils ont eux-mêmes créé les dieux, qu'ils ont attelé les coursiers d'Indra, qu'ils ont dressé et paré le char d'Agni, qu'ils le nourrissent, lui et les autres dieux, de leurs offrandes et de leurs hymnes. Il faut donc les croire, puisqu'ils le disent, et ne pas chercher dans les symboles autre chose que ce que leurs auteurs y ont mis.

Le monde idéal des Aryas de l'Indus n'a point les profondeurs mystérieuses du panthéon gangétique et n'offre point les exagérations du symbolisme sacerdotal des brâhmanes. Il n'a ni moins de mesure, ni moins de proportion et de grâce charmante que la mythologie hellénique. Par exemple, les grands phénomènes de la lumière matinale sont représentés par un cortége d'un éclat et d'une beauté surprenante. Les Cavaliers célestes marchent les premiers comme deux courriers qui annoncent l'arrivée du jour ; leurs coursiers noirs allongent leurs pieds blancs, entraînant sur un char la fille du Soleil, qui les a rejoints ; l'Aurore s'avance traînée par des coursiers rougeâtres ; elle pousse devant elle la Nuit, sa sœur, et répand ses lueurs immenses dans l'espace, où règne *Varuṇa*. Elle a ouvert les portes du jour ; et bientôt l'on voit apparaître *Savitṛi* à la main d'or : des chevaux jaunes sont attelés à son char resplendissant ; d'une main il tient l'arc d'or, de l'autre la foudre ; sur ses épaules brille son carquois aux flèches acérées. Il est escorté par l'armée mouvante des rapides *Maruts*, ces vents légers du matin que précipitent les premières chaleurs du soleil. Ces *Maruts*, enfants de *Rudra*, le pleureur, sont d'une mobilité extrême : debout sur des chars traînés par des antilopes, ils vont entre le ciel et la terre ; chargés des vapeurs humides de la rosée, ils s'élancent, habiles archers, armés du glaive ; l'aigrette au front, le carquois sur l'épaule, prêts à frapper la nue pour en déchirer le sein fécond ; légers et forts, ils courent, ils volent ; ni les montagnes, ni les fleuves ne les arrêtent ; le bruit de leur marche, le claquement de leurs fouets ont retenti ; les anneaux d'or de leurs bras et de leurs pieds résonnent. Ils viennent s'asseoir un instant au foyer du sacrifice, et boire avec les dieux l'enivrante liqueur du sôma.

Nous nous étendrons davantage ci-après sur cette mythologie ; nous n'entrons ici dans ces détails que pour en faire comprendre la valeur poétique et pour montrer qu'elle est tout à fait analogue aux fables de la Grèce. Elle a sur elles cet unique avantage d'être plus claire : et cela ne tient pas à la nature de l'une et de l'autre, mais à ce fait heureux que les Hymnes de l'Indus, en devenant la Sainte Ecriture des brâhmanes, ont été sauvés par eux de la destruction. La mythologie grecque n'a pas eu ce bonheur : restait-il encore dans le peuple quelque chose des chants orphiques à l'époque d'Homère ? Il est permis d'en douter. Les sanctuaires en avaient-ils conservé des débris jusqu'aux temps alexandrins, comme quelques-uns le prétendent ? Cela est plus douteux encore, lorsqu'on voit les auteurs des poésies orphiques que nous possédons, traduire textuellement des vers du *Rigvêda* dans une langue vraiment grecque, qui certes n'était pas celle des temps fabuleux où vivaient les Orphées. Mais il y a tout lieu de croire que dans l'origine les fables grecques n'étaient pas moins claires dans leur symbolisme que la mythologie du Vêda, et que par conséquent elles pouvaient entrer au même titre dans les conceptions des artistes et des poëtes.

Du reste à mesure que les poëtes âryens, qui étaient en même temps prêtres et philosophes, comprirent dans leurs inductions un plus grand nombre de faits naturels, les symboles antiques devinrent insuffisants pour les représenter. Il fallut donc les étendre, et dès lors ces symboles commencèrent ou à vieillir ou à empiéter les uns sur les autres. Ceux dont les limites étaient les mieux tracées, furent ou entièrement abandonnés ou relégués à un rang inférieur à celui qu'ils avaient eu ; ceux qui purent s'agrandir et qui furent conservés, perdirent en clarté poétique ce qu'ils gagnaient en étendue. Tel ne fut pas le sort des symboles de la Grèce, puisqu'ils furent conservés dans l'art et dans la poésie jusqu'aux derniers temps de son histoire, et que le développement des doctrines philosophiques, entièrement sécularisé, ne changea rien aux traditions sacrées. Au contraire, à aucune époque de l'histoire de l'Inde, les systèmes philosophiques ne furent étrangers à la religion : l'institution brâhmanique, qui succéda à la période des Vêdas, les a gardés jusqu'à nos jours entre les mains des prêtres; de sorte que chaque pas de la science en produisait un semblable dans la religion, et forçait le prêtre à modifier son symbole. Ainsi apparurent tour à tour les mythes de *Viṣṇu*, de *Brahmâ*, de *Çiva*, de *Kṛiṣṇa*, et cette fameuse *trimûrti*, dont il n'y a aucune trace dans le Vêda ni même dans Manu. Nous verrons plus bas jusqu'à quel point l'esprit philosophique s'avança dans la période vêdique. Disons seulement ici que ses découvertes n'allèrent jamais jusqu'à exiger un changement radical dans la symbolique. On voit poindre dans plusieurs hymnes, notamment dans ceux de Viçwâmitra, l'idée d'où est née plus tard la personnification de Brahmâ : mais Indra, Agni, les Adityas, etc., demeurent en possession de la première place dans le panthéon vêdique jusqu'aux derniers temps de la période.

Si, comme on a lieu de le penser, cette période a duré deux ou trois siècles, elle offre donc ce fait remarquable d'un genre de poésie qui a duré tout ce temps sans se modifier sensiblement.

La présence du symbole n'exclut point la métaphysique : à vrai dire, il est lui-même une sorte de métaphysique personnifiant ses solutions. Mais outre la pensée que voilent les figures divines, pensée qui en Grèce cessa de bonne heure d'être accessible au peuple et constitua les mystères, la période védique a vu naître et grandir une doctrine véritablement philosophique. Nous en parlerons ci-après. Nous devons dire ici toutefois que son origine est très-facile à saisir dans le Vêda. On y voit en effet que les formes symboliques des dieux représentaient aux yeux des poëtes la tradition sacrée, mais qu'elles n'étaient acceptées par les plus réfléchis d'entre eux que comme des interprétations provisoires de la nature. Lorsque, à leur tour, suivant la trace des chantres antiques, ils voulurent aborder les mêmes problèmes, ils comprirent que les conditions en étaient changées, que les questions s'étaient agrandies et qu'il était temps de quitter les solutions particulières pour en chercher une qui répondît au problème général de l'univers. Ce problème se pose, cette solution est essayée dans les derniers temps de la période; et c'est à cette époque que l'on doit rapporter l'origine des grandes théories brâhmaniques des temps postérieurs. Il est remarquable que le problème et sa solution ne portent que sur les phénomènes du monde physique et ne s'étendent pas d'abord jusqu'au monde moral : ce que l'on cherche surtout, c'est le premier moteur et le premier père de l'univers matériel.

Cette tendance de la science védique peut s'expliquer. Les Aryas de l'Indus, et à plus forte raison ceux de la Bactriane et de la Sogdiane, n'étaient point organisés en corps de nation; non-seulement les castes n'étaient pas constituées chez eux ; mais il ne semble pas qu'ils eussent une institution civile ou politique bien définie ; avaient-ils même des villes? on peut certainement en douter. Qu'ils construisissent des forteresses et des redoutes, cela est probable; mais le pouvoir du chef de guerre et de l'homme distingué par ses richesses semble être le seul que connût la société de ces anciens temps. Quant à la vie civile, si l'on en excepte les rapports commerciaux les moins compliqués, elle n'embrassait guères que les relations de famille, relations fort simples puisqu'elles étaient toutes subordonnées à la puissance paternelle du chef de maison, *grihapati*. On peut dire en général qu'il n'y avait point alors de mœurs dans le sens latin de ce mot, *mores*; par conséquent la science morale ne pouvait être que fort rudimentaire. La poésie moraliste suppose un long passé de réflexions et de relations plus ou moins compliquées et variées entre les hommes; car c'est elle qui énonce et qui résoud à sa manière les questions théoriques que les conflits soulèvent entre eux. Les symboles idéaux des Aryas vêdiques n'ont qu'une signification morale très-restreinte; et c'est seulement à la fin de la période que ce caractère est ajouté à ceux qu'ils présentaient déjà.

On peut remarquer qu'il en fut de même des symboles grecs, selon toute vraisemblance. Les plus anciens d'entre eux, ceux qui sont attribués à l'antique race âryenne des Pélasges, ne se rapportent pour ainsi dire qu'aux faits et aux lois de la nature physique ; c'est plus tard, dans les temps helléniques, que l'idée morale s'introduisit dans ces symboles, au milieu desquels elle opéra une sorte de révolution. La substitution des dieux nouveaux aux anciens dieux laissa dans les sanctuaires des souvenirs profondément gravés, dont la trace bien visible se retrouve particulièrement dans le Prométhée d'Eschyle et dans son Orestie.

Au contraire le contact perpétuel de l'Arya voyageur avec la nature le met à l'égard de celle-ci dans les relations les plus variées. Les jours et les nuits, les astres qui en marquent la mesure, les vents, les nuages, la pluie et les orages fécondants, les montagnes enchaînées l'une à l'autre, les fleuves avec leurs confluents, le champ du labour, le pâturage et la prairie, les feux du ciel et celui du sacrifice, sont autant d'objets livrés aux méditations de l'Arya, et qui portent son âme vers la recherche des lois de la nature et des puissances mystérieuses qui développent en elle leur énergie. A mesure que les rapports des phénomènes se dévoilent à son esprit, la notion métaphysique se dégage, les problèmes se posent de plus en plus nettement ; la poésie les énonce avec le sentiment du mystère non éclairci.

Mêlée aux phénomènes de la nature qui l'inspirent sans cesse, la poésie védique ne l'est pas moins aux actes journaliers de la vie : sans s'attacher à les décrire, à l'exception d'un petit nombre, elle y fait souvent des allusions qui lui donnent une vie, une réalité d'autant plus intéressante pour nous. L'existence mobile des Aryas, qui durant cette période ne sont qu'en partie fixés dans un séjour définitif, est l'objet que les poëtes ont le plus souvent sous les yeux. Ils ont franchi les grandes montagnes du nord-ouest, que le dieu Indra a fendues pour eux; ils rencontrent les affluents du *Sindu* (Indus) et le *Sindu* lui-même, qui les arrêtent.

Dialogue de Viçwâmitra et des Rivières.

Descendant avec vitesse du sommet des montagnes et emportées à l'envi l'une de l'autre, telles que deux cavales impétueuses, pressant leurs rives et courant comme deux vaches rapides, la Vipâçâ (l'Hyphase) et la Çutudrî (le Setledge) roulent leurs flots abondants.

« Lancées par Indra et suivant une pente rapide vous courez au Grand-fleuve comme deux conducteurs de chars. Vous vous précipitez l'une vers l'autre, et dans cette rencontre vos vagues brillantes s'enflent et grossissent.

» Je m'approche de la plus large des rivières. Nous nous présentons devant la grande et heureuse Vipâçâ. Pressant vos rives, comme deux vaches qui lèchent leurs petits, vous allez ensemble au réservoir qui vous est commun. »

« Le lait de la nue a grossi nos flots et nous allons toutes au réservoir que le dieu nous a préparé. Nous ne pouvons arrêter notre course obligée. Que désire le sage qui interpelle les rivières? »

« Arrêtez un instant votre course, à la voix de celui qui offre le sôma, ô pieuses rivières. Fils de Kuçika j'ai besoin de votre secours, et j'adresse à Çutudrî une instante prière. »

« Indra, dont le bras est armé de la foudre, nous a ouvert une route. Il a frappé *Vṛitra* qui retenait les ondes. Que le divin *Savitṛi*, aux mains brillantes, nous conduise. C'est sous sa direction que nous roulons nos flots grossis..... »

« Sœurs, écoutez bien le prêtre. Je viens à vous de loin sur un char léger. Calmez votre fougue ; donnez-moi un passage facile. Car, ô rivières, la force de votre courant renverse nos chars. »

« Prêtre, nous entendons tes paroles. Tu viens à nous de loin sur un char léger. Nous te saluons, comme l'épouse respectueuse ; nous te vénérons, comme la jeune fille devant un homme respectable..... »

« Que les rênes s'élèvent au-dessus, ô rivières. Ne touchez pas aux jougs. Que deux rivières aussi respectables que vous ne deviennent la cause d'aucun désastre ; qu'elles nous soient propices. »

(*Viçwâmitra*, II, 45.)

D'autres fois c'est l'ennemi qui les harcèle dans leur marche (II. 449, 450) ; ce sont ces Dasyus impies, au nez de bœuf, à la peau noire, qui infestent les chemins. Ailleurs, fixés, au moins pour un temps, dans les fertiles vallées du *Saptasindu*, ils chantent l'hymne du labour (II. 208), ou celui du mariage (I. 310), ou les jeux de hasard (IV. 192), qui dès cette époque charmaient leurs loisirs et, les excitant jusqu'à la passion, devenaient un fléau pour cette société naissante. Ou bien c'est la mort qui a frappé le chef de famille, le vieux guerrier, dont le corps est livré avec honneur à la terre.

A Mṛityu (la Mort).

O Mort, suis une autre voie; la voie qui t'est propre n'est pas celle des dieux. Je parle à qui a des yeux et des oreilles. Epargne nos enfants; épargne nos hommes.

Si vous parvenez à arrêter le pas de Mṛityu et à prolonger votre vie, soyez purs et brillants; ayez de nombreux enfants, de grandes richesses; distinguez-vous par vos sacrifices.

La vie et la mort se succèdent. Que l'invocation que nous adressons aujourd'hui aux dieux nous soit propice! Livrons-nous au rire et au bonheur de la danse, et prolongeons notre existence.

Voici le rempart dont je protège les vivants. Qu'aucun autre parmi ce peuple ne s'engage dans cette route. Qu'ils vivent cent et cent automnes. Qu'ils enferment Mṛityu dans sa caverne.

Les jours et les saisons se succèdent heureusement; le plus jeune remplace le plus ancien : ô notre soutien, fais que la vie de ce peuple soit ainsi réglée.

Levez-vous : entourez celui que le temps a frappé; et, suivant votre âge, faites des efforts pour le soutenir. Que *Twaṣṭri*, distingué par sa noble lignée, soit touché de votre piété et vous accorde une longue vie.

Laissez approcher avec leur beurre onctueux ces femmes vertueuses qui ont encore leur époux. Exemptes de larmes et de maux, couvertes de parures, qu'elles se tiennent debout devant le foyer.

Et toi, femme, va dans le lieu où est encore pour toi la vie. Retrouve dans les enfants qu'il te laisse celui qui n'est plus. Tu as été la digne épouse du maître à qui tu avais donné ta main.

Je prends cet arc dans la main du trépassé pour notre force, notre gloire, notre prospérité. O toi, voilà ce que tu es devenu. Et nous, en ces lieux, puissions-nous être des hommes de cœur et triompher de tous nos superbes ennemis.

Va trouver la terre, cette mère large et bonne, qui s'étend au loin. Toujours jeune, qu'elle soit douce comme un tapis pour celui qui a honoré les dieux par ses présents.....

O terre, soulève-toi. Ne le blesse pas. Sois pour lui prévenante et douce. O terre, couvre-le, comme une mère couvre son enfant d'un pan de sa robe.

Que la terre se soulève pour toi ; que sa poussière t'enveloppe mollement.....

J'amasse la terre autour de toi ; je forme ce tertre pour que ton corps ne soit point blessé. Que les Ancêtres gardent cette tombe. Que Yama creuse ici ta demeure.

Les jours sont pour moi ce que la flèche est pour les plumes qu'elle emporte. Je contiens ma voix, comme le frein le coursier.

(IV, 160.)

Nous n'avons pas besoin de faire remarquer combien cette poésie entre profondément dans la réalité de la vie et se mêle à ses actes, à ses sentiments et à ses idées. Nous reviendrons plus loin sur ce sujet, en exposant l'état des mœurs dans la société védique. Nous devions toutefois signaler ici ce côté essentiel de la poésie du temps. Par là aussi elle se rapproche de la plus ancienne poésie grecque, qui, pour être symbolique et par conséquent idéale, n'en était pas moins constamment en rapport avec la vie réelle des Aryas helléniques.

II.

Nous appelons littéraire une œuvre qui dans son fond offre une unité de pensée, et qui dans sa forme reproduit cette unité ; de sorte que, semblable à un air de musique, à une période de style, à une statue bien faite, elle ait un commencement, un milieu et une fin, en un mot un développement régulier et bien ordonné. Une suite d'idées détachées les unes des autres, une suite d'élans spontanés, si sublimes qu'ils puissent être, ne constitue point une composition littéraire et ne saurait passer pour une œuvre d'art. Le rêve peut produire de telles suites de sentiments et d'idées et s'élever même parfois à une hauteur de conception où la veille atteindrait difficilement. La vraie littérature n'est en général ni rêveuse, ni enthousiaste : maîtresse d'elle-même, elle produit des œuvres réfléchies, où les pensées enchaînées les unes aux autres se groupent autour d'une pensée principale, dont elles sont le développement ou la confirmation. C'est la suite même des idées et la marche réglée du sentiment, qui animent le poëte et le portent, par des voies connues, au plus haut degré de sublimité où son génie puisse atteindre. La régularité, souvent même la symétrie des formes, ou, pour parler comme les Grecs, l'eurhythmie, domine toujours le fond des pensées et ne permet pas à l'esprit de s'abandonner à sa fougue et de s'élancer par bonds vers un idéal, que la raison éclairée ne reconnaîtrait peut-être pas pour légitime.

Rien ne ressemble moins aux élans spontanés et désordonnés des poëtes sémitiques que les compositions régulières de la race âryenne : celles-ci, vulgaires ou sublimes, légères ou graves, sont toujours littéraires et paraissent évidemment être l'œuvre de la réflexion. Le contraire se reconnaît aisément dans les poésies sémitiques, dont les Hébreux et les Arabes nous ont laissé des monuments. La littérature est un domaine qui appartient en propre aux Aryas. Elle semble même à ce point être un produit naturel de leur constitution morale que, si haut que l'on remonte dans l'histoire des peuples de cette race, leurs plus antiques et leurs plus grossiers monuments présentent les caractères que nous venons d'énumérer et sont déjà des œuvres littéraires : ce fait n'est pas moins incontestable pour les Aryas du nord-ouest, Slaves, Germains, Scandinaves, parvenus si tard à la civilisation, que pour les Aryas du midi, Indiens et Perses, Grecs et Latins, qui les y avaient devancés; et plus tard, lorsque l'influence des Sémites s'exerça sur eux, principalement durant la période chrétienne, les Aryas modernes, c'est-à-dire les peuples de l'Europe, en accueillant les idées sémitiques, les soumirent aux exigences de la forme littéraire que leur avait léguée l'antiquité.

On peut donc dire des œuvres poétiques de ces deux grandes races humaines ce que l'on a dit avec vraisemblance de leurs idées religieuses : comme celles-ci roulent autour d'une conception monothéiste fondamentale chez les peuples sémitiques, et ont le panthéisme pour fond chez les Aryens, de même les uns et les autres nous offrent ce contraste, si instructif, de deux races dont l'une est naturellement littéraire, tandis que l'autre ne l'est pas.

C'est donc, pour le dire en passant, une opinion bien peu fondée sur la réalité des faits, que de rapporter à la Judée l'origine de l'Ode chez les anciens Grecs. Non-seulement il n'y a rien dans la Bible qui ressemble en quelque chose à une ode de Pindare, soit pour le fond, soit pour la forme; mais il est aisé aujourd'hui de marquer les transformations que la poésie lyrique des Grecs a subies, depuis son origine jusqu'au temps du poëte thébain; ces changements répondent de la manière la plus précise aux développements de la musique, qui n'ont été systématiquement terminés qu'au temps de Pindare, dans l'école pythagoricienne, et qui sont rapportés, quant à leur origine, par les Grecs eux-mêmes, à un homme d'Orient nommé Orphée, et non à David ou à Salomon qu'ils n'ont jamais connus. Lorsque le chant s'est introduit dans les cérémonies chrétiennes, il a été emprunté, comme l'atteste saint Augustin, à la musique profane, c'est-à-dire grecque; et par une influence sémitique exagérée et fâcheuse, il a d'abord été dépouillé des deux éléments essentiels qui en faisaient un art, le rhythme et la mesure. Cette influence l'a donc ainsi privé de sa forme; de sorte que, dans le plain-chant, il n'est resté, en dernière analyse, que les modes antiques, qui ne sont par eux-mêmes qu'une matière presque informe. Lorsque, dans la suite, les modernes créèrent la musique qui leur est propre et qui a produit tant de mélodies variées et de forme admirable, ils furent forcés de rompre avec la tradition sémitique de l'Eglise, et ils rendirent ainsi au génie de leur race la liberté de son essor et cette fécondité native, qui crée les formes et les diversifie à l'infini.

Si la tradition poétique des Grecs devait être rapportée à une origine étrangère, ce dont il est permis de douter ; si la poésie lyrique n'est point une production originale de la race hellénique ; c'est vers l'Asie centrale, comme nous le verrons plus bas, et non vers l'Arabie ou la Judée, qu'il faudrait diriger les recherches. En effet, pour ne citer qu'un exemple, le mode phrygien, comme son nom l'indique, était originaire de Phrygie ; les Grecs s'accordent à dire que c'était le mode usité dans les chants des montagnards de cette contrée aux fêtes de Cybèle, montagnards que désignait le nom de Corybantes (en zend : *gerevantô*) ou d'Orthocorybantes (en zend : *eredwa-gerevantô*) ; et la nature connue de ce mode, qui est majeur, est attestée en outre par l'instrument même dont se servaient les adorateurs de la déesse,

Berecintio cornu tympana,

puisque le cor et en général les tubes résonnant à plein vent, ne peuvent rendre que les notes fondamentales du mode phrygien. Le nom du Bérécinte, chaîne de montagnes où s'accomplissaient ces cérémonies enthousiastes, n'est plus un mystère, depuis que sa forme orientale a été reconnue ; et l'on sait que ce mot (*Berezat*) n'est autre que le nom de la montagne sainte des Iraniens, nommée encore aujourd'hui le Borj ou El-Bourzim. C'est donc au sud de la mer Kaspienne qu'il faut passer pour suivre la trace de la tradition relative aux Corybantes, et, par conséquent, au mode musical usité de toute antiquité dans leurs cérémonies et parvenu chez les Hellènes sous le nom de mode phrygien. Enfin c'est dans l'Avesta et non dans la Bible qu'il faudrait aller chercher des faits plus précis que les hypothèses poétiques de la critique contemporaine. Et comme l'Avesta lui-même trouve son explication dans les traditions vêdiques relatives à la contrée du nord-ouest, on voit que les recherches aboutiraient selon toute vraisemblance à la vallée de l'Oxus, centre commun de toute la famille des Aryas.

Cette digression n'est point étrangère à notre sujet, puisqu'elle montre que l'origine des formes littéraires et des conceptions des artistes occidentaux, ne saurait être cherchée hors de leur race, laquelle a été la seule qui ait su les créer. Nous ne dirons rien d'inattendu ni de paradoxal, en affirmant que les chants du Vêda sont des œuvres littéraires, qui ne respirent nullement l'esprit des races étrangères. Classiques dans leur fond, ils sont classiques dans leur forme. Si l'on veut donner un nom à cette forme, le mot *Hymne* est celui qui convient le mieux, comme celui d'*Ode* désigne ce genre historique, que les Indiens ont créé beaucoup plus tard et qui, produit aussi chez les Grecs avec une entière spontanéité, a été porté à un haut point de perfection par le génie de Simonide et de Pindare.

L'Hymne est la première forme littéraire que la pensée poétique ait revêtue dans notre race. On ne peut guère mettre en doute que les ancêtres des Grecs l'ont connue et pratiquée, puisque toutes les traditions relatives à Orphée s'accordent sur ce point. Il faut cependant tenir compte de la distance qui sépare cet ancien prêtre, représentant de toute une période poétique, des commencements de l'épopée dont Homère personnifie le point de maturité et de perfection. La haute antiquité de la période des Hymnes orphiques nous permet de croire qu'à cette époque si reculée, la langue grecque n'existait pas sous une forme voisine de la langue classique, et qu'ainsi les Orphées ont peut-être composé leurs chants dans la langue primitive elle-même. En ce cas les traditions helléniques, relatives à une période antique remplie par des hymnes, ne prouveraient pas que ces hymnes aient appartenu en propre à des ancêtres grecs déjà séparés du berceau commun de la race âryenne.

Il n'en est pas de même des Hymnes du Vêda, composés dans un pays qui n'est pas le berceau des peuples âryens, et par des hommes qui comptaient avant eux plusieurs générations de prêtres-poëtes. Il est probable que le genre de l'Hymne, dans sa forme, dans son fond et avec ses conditions essentielles, avait été cultivé par ces anciens hommes dans une contrée qui n'était pas l'Heptapotamie. Mais il est certain que la langue où ils avaient chanté était la même que celle du Vêda, puisque ces ancêtres avaient créé, avec l'Hymne, les éléments qui en complètent la forme, c'est-à-dire le rhythme et la mesure, deux choses qui varient suivant les langues auxquelles on les applique. La période des Hymnes toute entière est donc vêdique, c'est-à-dire une et indivisible, quoique les traditions contenues dans le Vêda lui-même signalent des chants plus antiques et dont il ne reste sans doute aucun débris.

L'Hymne fait essentiellement partie du culte ; et c'est ce fait même qui paraît lui avoir dès l'origine donné une forme littéraire. En effet, la religion des Aryas est symbolique, et n'est métaphysique que sous le voile du symbole. Or, le symbole c'est-à-dire le dieu (*déva*) est constitué comme une personne, dont ni la forme, ni la puissance, ni le domaine, ne sont infinis, c'est-à-dire indéterminés. L'Hymne a donc pour sujet une matière parfaitement définie, qui ne peut conséquemment recevoir qu'une forme définie, c'est-à-dire littéraire. Supposons par exemple un hymne d'une grande longueur où le poëte se propose de célébrer son dieu tout entier et de le peindre sous tous ses aspects. Un tel hymne se composera nécessairement de deux parties, l'une où seront énoncées les vertus de cette personne divine sous leur forme symbolique, l'autre où seront énumérées les actions par lesquelles le dieu a manifesté ces vertus. Or ces deux choses sont également limitées comme l'essence même et l'empire naturel du dieu. Ce grand hymne aura donc un commencement, un milieu et une fin, c'est-à-dire une forme littéraire. Mais un hymne d'une si grande étendue ne pouvait guère se rencontrer dans les conditions ordinaires du culte des Aryas : en effet, il était chanté pendant la cérémonie du Feu, qui s'accomplissait trois fois par jour, le matin, à midi et le soir. La durée du sacrifice matinal, qui était le plus important des trois et qui semble avoir été le type des deux autres, était limitée par celle du phénomène astronomique lui-même : car la cérémonie commençait à l'aube, quand les étoiles disparaissaient dans les premières lueurs du jour, et se terminait quand le disque du soleil était tout entier sur l'horizon. Or, le pays où les Aryas composèrent leurs hymnes est compris entre le 30° et le 35° degré de latitude, c'est-à-dire dans une contrée où l'aurore ne dure pas longtemps. Dans ce court intervalle, devaient s'accomplir toutes les parties du sacrifice, l'opération de l'*arani*, la préparation du sôma, l'offrande, la bénédiction. L'Hymne pouvait être chanté pendant que s'accomplissaient ces différents actes ; mais il y a lieu de croire qu'il était ordinairement lui-même un des actes de la cérémonie, ayant une place déterminée dans le sacrifice. Le poëte devait mesurer la longueur de son hymne au temps dont il pouvait disposer : mais la forme demeurait la même, puisqu'il avait nécessairement pour sujet la divinité, dont il célébrait quelque vertu ou racontait quelque acte mémorable. Que l'on veuille bien observer qu'il en est de même dans les cérémonies du culte catholique, où en effet l'Hymne ou la Prose du jour n'est jamais de longue haleine, parce que la messe ne peut pas se prolonger outre mesure.

C'est donc le polythéisme des Aryas qui doit être considéré comme la cause première des formes littéraires ou tout au moins de l'Hymne, qui est la plus ancienne d'entre elles ; et c'est aux conditions essentielles du culte qu'il faut attribuer l'étendue limitée des hymnes du Vêda. Les personnes qui liront attentivement ce recueil en remarqueront deux ou trois dont les dimensions dépassent de beaucoup celles des autres : tel est le grand Hymne de *Dîrgatamas*. Etait-il destiné à une cérémonie particulière et solennelle comme il en existe dans plusieurs religions ; ou bien n'était-il qu'une méditation, faite pour être lue dans une assemblée pieuse ? Cette dernière supposition n'est point invraisemblable ; car plusieurs Hymnes du *Rig-Vêda* sont évidemment étrangers aux trois cérémonies de la journée, et ont été faits pour des circonstances particulières de la vie privée de quelques personnes.

Quoi qu'il en soit, l'Hymne, comme expression symbolique de la nature, est un tableau, presque toujours un tableau à double face, représentant d'un côté le dieu sous sa forme poétique et personnelle, de l'autre les phénomènes du monde visible, dont ce dieu est l'image. Ce tableau est mouvant et animé comme la personne vivante du dieu, comme les faits naturels dont ce dieu est l'agent. Tantôt c'est la peinture d'un phénomène qui naît, se développe et se termine sans être arrêté dans sa marche ; par exemple, c'est le lever du jour dans un ciel serein, ou bien la naissance du feu, l'embrasement du foyer et son extinction. Tantôt c'est une lutte qui se déclare entre les puissances de la nature et dont l'homme n'est pas seulement le spectateur, mais le serviteur ou la victime (II, 305). L'un des sujets les plus aimés des poëtes âriens est la lutte du Soleil et du nuage, lorsque celui-ci grossissant et s'amoncelant dérobe les rayons du jour, retient prisonnières les pluies fécondantes et, refusant ce lait du ciel, dessèche les rivières et produit la stérilité ; mais le soleil frappe le nuage de ses rayons, le perce, le brise ; les vents soufflent avec fureur, la foudre éclate; la pluie arrose la terre ; et l'astre vainqueur reparaît dans un ciel redevenu serein (III, 410). Le récit se mêle donc à ces tableaux ; c'est comme une page poétique empruntée à l'histoire de la nature ; il y a dans les Hymnes de ce genre une couleur épique que l'on ne peut méconnaître.

D'autres fois les vertus du dieu s'offrent toutes ensemble à l'esprit du poëte et demandent toutes à être célébrées ; le poëte les chante tour à tour, soit en les énonçant simplement sous leur forme générale, soit en citant les actions du dieu qui les démontrent. Une sorte de refrain termine chaque verset, refrain que l'un des prêtres ou l'assemblée toute entière répète. Alors l'Hymne est une véritable litanie, comme en offre le culte chrétien : tantôt le verset se prolonge et le refrain est très-court ; tantôt l'énoncé du prêtre officiant se borne à quelques paroles, et le refrain est une sorte de réflexion prolongée qui les développe ou les confirme.

A Indra.

Dans tes combats avec *Vritra*, tu t'es souvenu des hommages respectueux de ton serviteur. Car tu es tout-puissant, ô Indra, époux de *Saći* ; ô noble vainqueur de *Vritra*, toi qui portes la foudre, dans le sacrifice de midi bois le sôma.

O terrible, tu renverses les armées qui t'attaquent. Car tu es, etc.

Souverain unique, tu règnes sur le monde. Car tu es, etc.

(*Ġyâvâçwa*, III, 314.)

Souvent enfin l'Hymne est à la fois un tableau, un récit et une litanie.

Il en est un certain nombre sur lesquels nous reviendrons plus et qui ont évidemment en vue des faits historiques, et non plus seulement des symboles. Ces faits sont relatifs soit à la marche des Aryas venant du Nord-Ouest, franchissant les grandes montagnes ou les fleuves sous la conduite d'Indra, soit à leurs luttes perpétuelles avec les Dasyus. Ces Hymnes, où les évènements humains sont mêlés avec les actes des dieux, ont un caractère héroïque très-frappant ; le temps ne permet pas au poëte de raconter les faits en détail, ni d'expliquer comment les dieux y sont intervenus ; il suppose que le souvenir en est encore assez présent dans l'esprit des hommes, pour que de simples allusions soient comprises par eux. Les personnes qui ont étudié la poésie lyrique des Grecs reconnaîtront, dans ce que nous venons de dire, les conditions mêmes de l'Ode héroïque, telles que Simonide et Pindare les ont comprises ou acceptées. L'Hymne de *Vasiṣṭa* (III, 51) en l'honneur de Soudâs serait une ode pindarique dans tous les sens de ce mot, si cet Hymne n'eût été destiné à une cérémonie religieuse, et s'il n'eût été composé à une époque fort antérieure à la poésie lyrique et à l'histoire.

L'Hymne vêdique nous offre réunis plusieurs éléments poétiques qui plus tard se séparèrent, soit chez les Indiens, soit chez les Grecs : ce sont la poésie proprement dite, qui réside à la fois dans l'idée et dans son expression, le rhythme avec la mesure, et enfin le mouvement choral, mot sous lequel nous comprenons les actes divers et soumis à des règles fixes, qu'accomplissaient les prêtres dans la célébration du sacrifice. A ces trois choses répondent trois sciences, les premières que les Aryas du sud-est aient cultivées avec méthode et avec succès, à savoir la grammaire, qui avait pour objet la langue; la prosodie ou la science de la versification et des rhythmes; la liturgie, dont le rituel contenait les règles fondées sur la tradition. Nous ne devons entrer ici dans aucun détail touchant les rhythmes et les mesures prosodiques usitées dans le Vêda, parce que nous devrions exposer de même les règles de la grammaire et du rituel, lesquelles sont étrangères au but que nous nous proposons. Disons seulement que les chantres vêdiques attachent une grande importance à ces trois choses, qu'ils les ont représentées sous des figures symboliques, et que ces personnages abstraits ont pris leur place dans le panthéon âryen au même titre que les autres divinités. Parmi les symboles poétiques du culte il faut distinguer surtout *Ilâ*, *B'âratî* et *Saraswatî*. La première, fille de Manu et petite-fille de Vivaswat (le soleil), est mère et nourrice d'Agni, qui est le feu du sacrifice; elle assiste aux sacrifices, l'offrande du *ģrita* à la main; le tertre de terre, l'autel où l'on dépose le feu qui s'allume, est son trône, qui devient le berceau de son fils; pendant la cérémonie elle s'asseoit sur le gazon parmi les dêvas. Il semble donc que le personnage d'*Ilâ* se rapporte principalement aux actes du sacrifice et préside au rite sacré. *B'âratî* s'asseoit parmi les Maruts; vive et empressée, elle semble présider surtout à la mesure et au rhythme, et, à ce titre, elle est un symbole plus en rapport qu'*Ilâ* avec la forme poétique de l'Hymne. Le nom de cette divinité qui est celui des *B'âratas*, se retrouve en effet dans toute la poésie des temps postérieurs, et notamment dans le genre qui a succédé immédiatement à l'Hymne, dans l'Épopée, genre mesuré par excellence, procédant le plus souvent par distiques (*çlôkas*), et dont les auteurs ne sont autres que les *B'aratas*, c'est-à-dire les *bardes* de l'Orient indien. Quant à *Saraswati*, vierge purifiante, épouse du Sacrifice, compagne des Prières, elle a dans les Hymnes une valeur symbolique plus grande que celle de *B'âratî* ou d'*Ilâ* elle-même. Elle n'est autre que *Vâć* (en latin Vox), la sainte Parole ; elle est « le premier des êtres parlants » le trésor de la prière ; c'est elle-même qui « compose la prière ». Nous verrons tout à l'heure jusqu'où s'étend son pouvoir.

La forme complexe de l'Hymne a donné naissance à des genres littéraires et à des arts variés. Les symboles religieux, dont l'Hymne est pour ainsi dire le dépôt, ont en effet, par un besoin naturel de l'esprit, donné lieu à des représentations figurées, c'est-à-dire à des peintures et à des sculptures. Pourquoi l'Inde des temps postérieurs n'a-t-elle pas cultivé ces arts avec plus de succès, bien qu'elle ne leur ait pas été entièrement étrangère? C'est sans doute que les symboles vêdiques, qui leur étaient si favorables, ont pris, en se développant dans les écoles sacerdotales, une valeur métaphysique qui excluait les représentations figurées. Mais les Grecs, qui sont partis du même point que les Aryas du sud-est, ont conservé les symboles primitifs et en ont de plus en plus arrêté les formes et précisé les attributs. Ils sont ainsi demeurés dans les conditions les plus heureuses pour les arts du dessin. Le symbolisme chez eux a pris une telle puissance sur les esprits, que les dieux sont devenus de véritables personnes humaines, dépourvues d'ubiquité, habitant des lieux déterminés, où elles avaient leur cour et leur palais. Lorsque les cultes voulurent se localiser en quelque sorte et fixer les dieux dans certains séjours, on fut conduit naturellement à leur préparer des asiles, des demeures, en un mot des temples (ναός); et ainsi, du symbolisme primitif de la race âryenne naquit l'architecture, portée par les Grecs à un si haut degré de perfection.

Les dieux, dans le Vêda, ne paraissent point sous leur forme corporelle; nul n'a vu le corps immortel des dieux. Ces êtres invisibles ont une forme glorieuse (*divyavapus*) qui n'est saisissable que pour la pensée. Et plus tard, lorsque les fils des prêtres vêdiques développèrent la symbolique âryenne, l'idée devenant de plus en plus monothéiste ou pour mieux dire panthéiste, il ne fut pas possible de songer à loger les dieux dans des habitations qui leur fussent personnelles. On peut dire que les Grecs s'en sont toujours tenus aux conceptions vêdiques et que cette période primitive n'a jamais cessé pour eux; tandis que les Aryas de l'Inde, à peine fixés dans les vallées du Gange, sortirent de ces premiers symboles, et marchèrent vers cet avenir philosophique qui devait se développer si largement pour eux.

Le chant de l'Hymne peut être considéré comme la première production régulière de l'esprit musical des Aryas. Quoique nous ne connaissions rien de ces chants vêdiques, néanmoins on peut tirer quelque induction de cette tradition commune aux peuples de la race âryenne, que la musique a commencé par des chants en l'honneur des dieux. On sait aujourd'hui avec quelle puissance d'analyse les Grecs avaient constitué leur grand système musical; et l'on sait aussi que les éléments de ce système, c'est-à-dire les modes, avaient des origines orientales et diverses. Nous avons cité plus haut, comme exemple, le mode phrygien. Nous ne parlerons pas des autres modes fondamentaux de la musique grecque, ni des trois genres qu'elle admettait. Nous ferons remarquer seulement que du centre primitif d'où les peuples âryens sont partis, la musique a en quelque sorte poussé vers l'occident deux rameaux de caractères fort différents : l'un a produit la musique rêveuse et presque métaphysique des Germains, tandis que l'autre, après avoir engendré les modes et les rhythmes si précis de l'ancienne Grèce, a finalement donné naissance à la musique italienne des modernes, si remarquable par sa clarté et par son caractère humain. Cet art, du reste, n'est pas propre aux occidentaux, comme quelques-uns se l'imaginent ; il a reçu chez les Aryas de l'Inde un assez grand développement, qui semble procéder, comme chez les Grecs, du chant primitif des anciens hymnes.

Il en est de même de la danse, art mal compris des peuples modernes de l'Occident, que les Grecs au contraire avaient porté à un haut degré de perfection et qui chez les Indiens des temps plus modernes occupa une place importante dans les cérémonies sacrées et dans les représentations dramatiques. On ne saurait dire que le mouvement choral des cérémonies vêdiques ait été pour les Indiens la source première et unique de la danse, puisque dans le Vêda lui-même il est parlé de danseurs et de danse, en dehors des rites pieux; mais il est vraisemblable que, dans le développement postérieur des cultes brâhmaniques, la danse sacrée ne s'introduisit pas arbitrairement, mais dut son origine à un antique usage des temps vêdiques.

Enfin, entre l'Hymne et l'Epopée indienne la transition paraît insensible. Quelques hymnes du Vêda ont déjà un caractère épique très-prononcé. Nous avons signalé tout à l'heure ceux d'entre eux qui célèbrent sous la forme du récit les actions héroïques des dieux, leurs luttes, leurs victoires. Il en est d'autres dont les sujets sont empruntés à des évènements humains et ont pour ainsi dire une valeur historique : tels sont le dialogue de Viçwâmitra et des Rivières (ii, 45), les hymnes (ii, 449, 450) de Suhôtri et de Sunohôtra, le chant de victoire pour Sudâs (iii, 51), par *Vasista*, et beaucoup d'autres.

Si ces chants n'eussent été composés pour les cérémonies du culte et n'eussent reçu par conséquent cette forme rapide et abrégée qu'exige le peu de temps dont le prêtre dispose, en un mot si ces chants eussent été sécularisés, ils eussent été des *Itihâsas*, c'est-à-dire des fragments épiques dans le sens propre de ce mot. Or on sait que cette séparation de la poésie et du culte ne tarda pas à se faire, et qu'elle donna naissance à l'Épopée, genre qui prit dans l'Inde un si merveilleux développement.

Mais pendant toute la période védique, l'Hymne a toujours été une prière. Étudier le Véda, ce n'est pas étudier un simple recueil de poésies, c'est s'appliquer à comprendre le premier et le plus vaste monument sacré de la famille des Aryas. Ce livre n'est point une œuvre de spéculation et de fantaisie individuelle ; le lire, c'est entrer dans la vie pratique et réelle, dans la pensée et dans la foi des Ancêtres. A leurs yeux, l'Hymne a toute la puissance de la prière. Il évoque les dieux : c'est un appel qui leur est adressé ; les dieux ne sont point sourds à la voix de l'Hymne ; ils viennent, glorieux et invisibles, s'asseoir autour du foyer sacré, sur le gazon cueilli en leur honneur ; ils écoutent le chant du prêtre, qui les flatte par ses louanges ; ils reçoivent de ses mains, par l'intermédiaire d'Agni, dieu messager du sacrifice, l'offrande pieuse des gâteaux et du miel, et ils lui accordent en échange leur protection contre les ennemis, et l'abondance des vaches, des richesses et des enfants. Telle est la première et la plus simple vertu de l'Hymne. A ce titre, il est une véritable Rogation, et n'a rien qui doive étonner les chrétiens, s'ils veulent réfléchir que toute leur race a conservé l'usage, en vigueur aujourd'hui même, de demander au ciel les biens de la terre. Ils attribuent aussi à la prière cette vertu, en quelque sorte magique, de faire descendre ou cesser la pluie, par conséquent de voiler le ciel par de grands nuages étendus ou de lui rendre la sérénité. Les Aryas védiques pensaient de même : les hymnes en sont une preuve perpétuelle. Mais ils allaient plus loin ; et il semble que dans leurs croyances, la prière « qui part du cœur et dont l'Hymne est l'expression » n'exerçait pas seulement son action sur les mouvements variables de la pluie et des vents, mais accompagnait même et provoquait les phénomènes naturels les mieux réglés et les plus constants. Si l'Aurore appelle le chantre pieux au foyer d'Agni, l'Hymne à son tour fait apparaître l'Aurore, dévoile les Cavaliers célestes, conduit et fait mouvoir *Indra, Mitra, Varuṇa, Aryaman*. Il va plus loin encore : c'est lui qui a créé les attributs des dieux, construit le char des Açwins (II, 191), attelé les coursiers d'Indra (II, 52) ; l'Hymne accroît la puissance des dieux (III, 253), élargit leur domaine et les fait régner. Les Aryas védiques avaient donc la conscience très-claire de la valeur de leur culte : en effet l'Hymne en est la partie essentielle, puisque c'est l'Hymne qui explique aux assistants la signification de leurs symboles et de leurs cérémonies. Qu'est-ce qu'un symbole muet et une cérémonie silencieuse, sinon l'absence même du culte? C'est avant tout pour entendre et pour chanter l'Hymne, que les hommes du *Saptasindu* se réunissaient par familles autour du foyer d'Agni; et l'Hymne, qui énonçait leurs croyances, était en même temps le lien qui réunissait les fidèles dans une pensée commune. C'est donc lui qui maintenait dans la race âryenne le culte des dieux; c'est lui qui la conduisait au combat et qui, par la défaite des Dasyus, assurait et étendait le règne des symboles. Ces symboles eux-mêmes, les poëtes s'en déclaraient les auteurs (II, 120, 105, 139), puisqu'enfin personne n'avait vu autrement que par l'imagination les figures glorieuses des dieux. Lors donc que les poëtes védiques déclarent qu'ils ont eux-mêmes créé les dieux

<blockquote>
Les ancêtres ont façonné les formes des dieux, comme l'ouvrier façonne le fer.

(*Vâmadêva*, II. 108.)
</blockquote>

et que sans l'Hymne, les divinités du ciel et de la terre ne seraient pas, ils ne disent rien qui doive nous surprendre, surtout quand nous voyons les Grecs des temps historiques agir à l'égard des symboles de leur religion avec une liberté d'esprit non moins grande. Mais ce qu'il y a de particulièrement instructif dans le Vêda, c'est que dans ces symboles, à la formation desquels nous assistons pour ainsi dire, les poëtes distinguent déjà avec netteté les deux éléments qui les constituent, à savoir : la force naturelle, qu'une science inachevée leur fait regarder comme vivante et qui est en elle-même immortelle, supérieure à l'homme et principe de vie (*asura*) ; et la figure symbolique dont cette force se revêt pour paraître dans le culte et participer à ses cérémonies. Or, c'est cette forme même qui constitue le dieu (*déva*), et c'est elle aussi dont le poëte se déclare l'auteur et le père.

Telle est donc l'origine des dieux dans le polythéisme âryen, de l'aveu même des auteurs du Vêda : l'Hymne les a engendrés. Aussi l'on ne saurait attacher assez d'importance à ceux des chants vêdiques où cette idée reparaît, et ils sont nombreux, ni s'étonner de la puissance non-seulement surnaturelle mais supérieure au ciel même, qu'ils accordent à la Sainte Parole. Tel est l'Hymne IV, 415, spécialement consacré à ce sujet, et que nous citons tout entier :

La Sainte Parole (*Vâk*).

Je marche avec les Rudras, les Vasus, les Adityas, les Viçwadêvas. Je porte Mitra et Varuna, Indra et Agni, les deux Açwins.

Je porte le redoutable *Sôma*, *Twaṣṭri*, *Pûṡan*, *Bhaga*. J'accorde l'opulence à celui qui honore les dieux par l'holocauste, la libation, le sacrifice.

Je suis reine et maîtresse des richesses ; je suis sage ; je suis la première de celles qu'honore le Sacrifice. Ainsi me connaissent les prêtres (dêvas) qui m'ont donné un grand nombre de demeures et de sanctuaires.

Celui qui voit, qui respire, qui entend, mange avec moi les

mets sacrés. Les ignorants me détruisent. Ami, écoute moi, je dis une chose digne de foi.

Je dis une chose bonne pour les dieux et pour les enfants de Manu. Celui que j'aime, je le fais terrible, pieux, sage, éclairé.

Pour tuer un malfaisant ennemi, je tends l'arc de Rudra. Je fais la guerre à l'impie. Je parcours le ciel et la terre.

J'enfante le père. Ma demeure est sur sa tête même, au milieu des ondes, dans le Réservoir des eaux (Samudra). J'existe dans tous les mondes et je m'étends jusqu'au ciel.

Telle que le vent, je respire dans tous les mondes. Ma grandeur s'élève au-dessus de cette terre, au-dessus du ciel même.

Ce n'est pas encore la théorie du *logos*; mais cet hymne et ceux qui lui ressemblent, peuvent être considérés comme le point de départ de la théorie du *logos*.

CHAPITRE V

LES LIEUX ET LES RACES

Nous ne pouvons avancer dans cette étude au delà du point où nous sommes, sans avoir reconnu les lieux où ont chanté les poëtes du Vêda, et les races d'hommes que les Aryas ont rencontrées sur leur passage. Ces deux sujets vont nous occuper l'un après l'autre.

I. LES LIEUX.

Il y a dans les choses naturelles certaines lois et certains faits invariables qui peuvent servir de point de repère entre la géographie des anciens et la reconnaissance moderne des lieux. De ces faits les uns appartiennent à la nature animée, les autres à la topographie. La présence, dans une contrée, d'animaux et de plantes caractéristiques peut permettre de l'identifier avec une contrée antique portant un nom différent et produisant les mêmes plantes et les mêmes animaux. Il y a toutefois des restrictions à faire. Les animaux d'un pays, certaines espèces du moins, peuvent disparaître en présence de l'homme, ou bien être amenées ou modifiées par lui. Les bêtes qui vivent de chair s'enfuient à son approche ou cessent de se reproduire, et se trouvent à la fin confinées dans des lieux inaccessibles où le visage de l'homme ne vient jamais les troubler; c'est ainsi que les lions ont disparu de la Grèce, où la tradition rapporte qu'Hercule a tué le dernier d'entre eux dans le pays de Némée; ils ne se rencontrent guère non plus en Asie mineure, si même il s'y en trouve encore quelques-uns, et ils ont presque disparu de l'Asie centrale dont les hautes montagnes en nourrissaient un si grand nombre du temps des Romains. Les bêtes qui vivent de l'herbe des prairies, en particulier les ruminants, cherchent au contraire un refuge dans le voisinage de l'homme, le suivent dans ses changements de domicile; et lui-même s'applique à les multiplier et à les acclimater pour son usage dans des pays où la nature ne les a pas fait naître.

Mais si l'on excepte ces cas extrêmes, il y a toujours un nombre considérable d'animaux sauvages dont l'aire est déterminée d'une manière précise par des conditions naturelles invariables. La géographie botanique est beaucoup plus fixe encore, parce que les espèces des plantes sont dans chaque pays, soumises à un ensemble de conditions dont le concours est nécessaire à leur production : la latitude, le climat, l'altitude, la composition minéralogique du sol, sa configuration, le voisinage ou l'éloignement de la mer et des rivières, sont autant de causes permanentes qui exercent sur la distribution des espèces une influence décisive. Si l'on excepte les plantes nuisibles que l'homme s'efforce de détruire par la culture, mais qui reparaissent aussitôt qu'il les néglige, et les plantes utiles qui occupent souvent de grands espaces, mais qui disparaissent d'elles-mêmes avec lui ; le plus grand nombre des végétaux se perpétue dans la contrée qui les a vus naître, et chaque pays porte un certain nombre d'espèces qui le caractérisent et permettent toujours de le reconnaître. Il est donc possible de savoir dans quels lieux furent écrits les hymnes du Vêda, si ces hymnes citent plusieurs de ces plantes et de ces animaux caractéristiques : en effet il ne reste plus en pareil cas, qu'à bien établir la synonymie des mots qui les désignent et à s'assurer que ces espèces naturelles étaient bien réellement présentes dans les lieux où le poëte composait. Or de tels faits se présentent un assez grand nombre de fois dans le Vêda, avec tous les caractères d'authenticité désirables ; et ils signalent la région moyenne de l'Indus avec le cours entier de ses affluents.

Ces données sont puissamment confirmées par des faits d'une toute autre nature, faits qui se rapportent à la géographie elle-même. Il est dit plusieurs fois dans le Vêda, que les rivières coulent à droite, c'est-à-dire vers le midi, puisque les Aryas nommaient les points cardinaux en se tournant vers l'est. Ces rivières, d'une importance considérable, sont décrites comme se réunissant les unes aux autres et apportant leurs eaux dans un bassin commun, pour former un vaste fleuve, qui coule lui-même vers le midi. A gauche, c'est-à-dire vers le nord, s'élèvent les montagnes d'où ces rivières découlent. Ces montagnes sont fort hautes ; car les rivières qui descendent de leurs sommets « coulent dans les trois mondes. » Par ces mots l'on ne saurait entendre le ciel, la terre et la région souterraine appelée *naraka*; en effet il n'est point question de l'enfer dans la doctrine cosmologique et fort peu moraliste du Vêda; de plus, sauf une seule exception dont nous parlerons ci-après, il n'est pas possible d'entendre comment ces rivières couleraient sous la terre, puisqu'il est dit au contraire qu'elles se réunissent dans un bassin commun, *samudra*. L'étude du Vêda nous donne l'explication la plus nette de ce que les poëtes ont voulu dire par cette expression : les trois régions; et l'on sait que la région supérieure est le ciel inaccessible, la région moyenne est celle des nuages et des phénomènes de l'air auxquels préside Indra, la région inférieure est la terre. Les montagnes d'où découlent les fleuves védiques sont donc plus élevées que la zône des nuages et portent leurs sommets jusque dans le ciel de *Varuṇa* et des autres Adityas. C'est là que s'accomplit le mystère de leur naissance.

Que l'on cherche sur la carte d'Asie une contrée

qui réponde à cet ensemble de données géographiques ; on n'en trouvera pas d'autre que celle de l'Indus. En effet le Gange coule de l'ouest à l'est avec une faible inclinaison vers le sud ; on ne saurait arguer de cette hypothèse que l'orient des Indiens a pu être le levant d'été, puisque, à cette latitude, il s'écarte beaucoup moins que chez nous du levant moyen, et que d'ailleurs les Sages s'appliquaient depuis longtemps à déterminer le point précis du midi qui marquait le moment du sacrifice ; « ils avaient chaque jour le regard tourné vers la station supérieure de *Viṡnu,* » pour commencer la cérémonie à l'heure marquée. Les Aryas védiques savaient donc diviser en quatre parties égales leur horizon, reconnaître le méridien et signaler par conséquent d'une manière suffisamment exacte la direction des rivières. Ainsi, le bassin commun, si souvent nommé dans les Hymnes, n'est pas celui du Gange ; c'est donc l'Indus. On arrive à la même conclusion en observant que les grands affluents de l'Indus coulent en effet vers le sud, mais qu'il n'en est pas ainsi de ceux du Gange, dont plusieurs, et des plus importants, vont du sud au nord, entre les monts *Vindya* et le bassin principal ; ces derniers ont au sud les hautes montagnes d'où ils descendent, ce qui est absolument en contradiction avec les données constantes du Véda.

Les fleuves qui vont à l'Indus sont nommés dans le plus grand détail en maint endroit du recueil. Ces noms se retrouvent pour la plupart dans les historiens grecs et latins qui ont suivi l'expédition d'Alexandre-le-grand, avec les différences d'orthographe produites par la prononciation vicieuse de termes dont le sens n'était pas compris. Les noms modernes de ces rivières sont aussi les mêmes que dans le Vêda : les orthographes adoptées par les cartes de géographie sont souvent plus fautives encore que celle des anciens ; ce qui s'explique aisément ; en effet les populations qui habitent aujourd'hui les vallées de l'Indus ont presque perdu la signification des noms de lieux ; la partie accentuée de ces noms, mise en relief par leur prononciation rapide, est seule entendue par les occidentaux qui parlent d'autres langues ; les voyageurs écrivent à la manière de leur nation ce qu'ils croient entendre ; et l'on arrive ainsi à défigurer des noms qui peuvent être identiquement les mêmes que dans la haute antiquité. Ces modifications barbares ont été infligées aux noms grecs par les peuples néolatins ; les Grecs les avaient infligées aux noms géographiques de l'Asie ; et nous faisons de même aujourd'hui. Cependant sous ces vêtements étrangers on reconnaît encore, dans les noms des rivières du *Pañjâb*, ceux qui sont consignés dans le Vêda. Cette identité des noms, bien plus précieuse que la synonymie appliquée quelquefois par les Grecs aux mots qu'ils ne pouvaient prononcer aisément, ne laisse plus aucun doute sur la contrée occupée par les

Aryas au temps du Vêda. Cette contrée est elle-même nommée *Saptasindu*, c'est-à-dire Heptapotamie ou les *Sept-rivières*; comme plusieurs d'entre elles se réunissent avant d'arriver au bassin commun, on n'en compta plus que cinq dans la suite, et le pays reçut le nom de *Pañćápa* ou *Pañjâb*, les cinq cours d'eau ou Pentapotamie.

Est-il possible de déterminer avec quelque précision, d'après les Hymnes, la contrée indique occupée par les Aryas? Le Rig-Vêda répond à cette question d'une manière plus satisfaisante qu'on n'oserait l'espérer : car outre les nombreux renseignements çà et là répandus dans le recueil, il existe un hymne qui offre un tableau régulier des rivières. Toutefois, il faut observer que les hymnes sont loin d'être tous de la même époque, qu'ils doivent être chronologiquement répartis sur un intervalle de plusieurs siècles peut-être; or, il est visible, d'après les hymnes eux-mêmes, que les Aryas sont en marche, au moins à certaines époques de cette période. L'étendue de la terre âryenne n'est donc pas la même dans les plus anciens hymnes que dans les derniers. C'est dans la direction de l'ouest à l'est que la limite recule sans cesse : car au nord, à l'ouest et en grande partie au sud, elle est donnée par la nature.

Au nord la chaîne de l'Himâlaya forme une barrière infranchissable; et d'ailleurs la tendance naturelle des hommes en général, mais surtout des peuples âryens, les a toujours portés à descendre les rivières et à s'établir sur les terres cultivables. Il ne paraît pas non plus que les Aryas, parvenus à la rive gauche de l'Indus, aient tenté de remonter ce fleuve jusque dans la haute vallée où fleurit la ville de Ladah. Il n'est nulle part fait allusion à cette partie du cours du fleuve, qui se dirige du sud-est au nord-ouest, au nord de l'Himalâya et parallèlement à cette montagne. On ne parle point dans les Hymnes de la Porte-de-l'Indus, vaste embrasure dans la chaîne, sorte de vallée de Tempé, par laquelle le fleuve se précipite. On voit seulement, çà et là décrite, l'arrivée soudaine des grandes eaux, lorsque, grossi par les pluies d'orage qui se sont abattues dans les plateaux supérieurs, l'Indus tombe avec fracas du haut des monts. Cette vallée du nord fut donc laissée aux populations indigènes par les Aryas, qui continuèrent leur marche à travers les vallées moyennes du *Saptasindu*.

Au sud, nous croyons pouvoir affirmer que la limite n'est pas la mer, et que, selon toute vraisemblance, les Aryas ne connaissaient pas l'Océan. Le *samudra* vêdique est sans aucun doute un bassin où se réunissent les eaux, comme l'indique son nom exactement traduit par συνύδριον; mais il n'y a pas un seul passage des Hymnes où ce mot soit présenté comme synonyme de *sâgara*, qui est la mer dans le sanscrit classique. Les eaux du *samudra* sont des eaux courantes; son bassin commence au point où s'y rendent les grandes rivières. Il est *traversé* par les bateaux des marchands, dont on ne dit jamais qu'ils viennent de contrées lointaines. Nous pensons que partout où il est question du *samudra*, c'est le cours principal de l'Indus, et non la mer des Indes, qu'il faut entendre par ce mot. D'ailleurs la mer est pour tous les hommes, et eût été surtout pour ces Aryas du centre de l'Asie, un spectacle aussi émouvant qu'inattendu ; ces poëtes, qui décrivent tous les grands phénomènes de la nature en traits si pleins de poésie, ne fussent certainement pas demeurés insensibles en présence de la mer. Les Grecs ont eu tout un cortége de divinités marines ; il n'y en a pas une seule dans la mythologie védique. La langue grecque est pleine des noms et des épithètes les plus pittoresques pour exprimer les phénomènes de la mer ; la langue védique en est dépourvue ; nulle description, même abrégée, nul trait qui rappelle la physionomie de ce grandiose élément. Nous nous croyons autorisés à penser que les poëtes du Vêda n'avaient pas vu la mer. — La limite du sud n'allait donc pas jusqu'au rivage de l'Océan. La preuve à peu près directe est donnée par un hymne où il est dit « l'espace est grand du désert à la montagne, » et où ces deux points semblent donnés comme limites de la terre âryenne au sud et au nord : or le *samudra* de l'Indus est presque tout entier sur la rive du désert ; il y a donc lieu de penser que les Aryas védiques ne fréquentaient même que la partie la plus septentrionale du grand bassin.

Cette opinion s'accorde singulièrement avec les données védiques relatives à la limite occidentale. Cette frontière n'est décrite nulle part dans les Hymnes; mais on verra sur la carte, que la chaîne du Bolor, qui descend du nord au sud et borne à l'est les vallées de l'Oxus, forme d'abord avec l'Himâlaya et l'Hindu-kô le grand *noyau-central*, si remarqué, à toutes les époques de l'histoire, par les peuples et par les voyageurs; au delà de ce noyau, se détache vers le sud une chaîne de montagnes moins élevées, qui borne à l'est les hautes vallées de l'Afghanistân, l'ancienne Arachosie. Cette chaîne descend presque jusqu'à la mer, non loin des bouches de l'Indus. Or aucun des pays, aucune des rivières situées à l'ouest de ces montagnes n'est indiquée, même par allusion, dans le Rig-Vêda. Les Aryas de l'Indus ne l'avaient donc pas franchie. Mais une bande de terre entrecoupée de vallées s'étend entre la montagne et le fleuve; des rivières la parcourent. Aucune de celles qui rencontrent l'Indus au-dessous du grand confluent n'est signalée. Le parallèle qui effleure le nord du grand désert semble ainsi avoir été la limite méridionale des Aryas à cette époque, sur les deux rives de l'Indus.

Quant à leur limite orientale, on comprend que durant la période védique c'est elle qui a le plus varié, puisque c'est dans cette direction même que leur mouvement de progression s'accomplissait. Le Vêda, au moins dans ses derniers hymnes, nomme la

Yamunâ (II, 333), la Gangâ (le Gange) et même la Sarayû (II, 335), celui des affluents du Gange qui arrose la ville d'*Ayôdyâ* (Aoude) et qui a pris tant d'importance dans l'Epopée sanscrite. Mais le Gange n'est nommé qu'une fois; son volume, qui ne le cède en rien à celui de l'Indus, n'est pas signalé, non plus que son confluent avec la Yamunâ, qui joua peu après et qui joue encore un rôle si considérable dans la religion brâhmanique. On a donc une raison sérieuse de croire que les Aryas des derniers temps vêdiques n'étaient pas encore descendus vers le bassin principal du Gange; qu'ils n'en possédaient pas les vastes plaines et les riches vallées; qu'ils s'avançaient par étapes et comme une avantgarde, par le pied de la grande chaîne, dans cette région longitudinale où les rivières ne sont pas encore assez fortes pour ne pouvoir être traversées à gué.

Par le fait, le centre reconnu et continuellement nommé de la puissance âryenne, son véritable séjour, en un mot sa terre, c'est le *Saptasindu*, dont la Saraswatî fut longtemps la limite du côté de l'orient. Voici le tableau géographique que nous offre de ces contrées un hymne des derniers temps de la période; cet hymne a pour nom d'auteur *Priyamêda;* ce poëte est présenté comme fils de *Sinduxit*, nom qui signifie habitant le *Sindu*. Le tableau décrit selon l'ordre géographique les rivières occupées alors par les Aryas; le poëte part de la

Gangâ, qui est le haut Gange, va vers l'occident, rencontre successivement la *Yamunâ* (*Jemna*), la *Saraswatî* (Sarsoutî), et les affluents de la rive gauche du *Sindu* (Indus); remonte au Nord, franchit le *Sindu*, puis énumère les petits affluents de la rive droite, sur laquelle il s'arrête à la *Gômatî* (le Gômal).

AUX RIVIÈRES.

O Ondes, le chantre célèbre votre grandeur dans la demeure de Vivaswat. Les sept fleuves coulent chacun dans les trois mondes. De ces rivières, la *Sindu* (l'Indus) est la première par sa force.

O *Sindu*, Varuṇa ouvre lui-même ta route quand tu vas répandre l'abondance. Tu descends des hauteurs de la terre, et tu règnes sur ces mondes.

Un fracas a retenti dans le ciel; l'éclair a brillé. C'est la *Sindu* qui s'élance sur la terre avec une force infinie. Telles les eaux jaillissent du nuage; tel le taureau mugit.

O *Sindu*, les eaux viennent à toi, comme les vaches apportent leur lait à leur petit. Quand tu marches à la tête de ces Ondes impétueuses, tu ressembles à un roi belliqueux, qui étend ses deux ailes de bataille.

O Gangâ (le Gange), *Yamunâ* (la Jemna), Saraswatî (la Sarsoutî), Çutudrî (le Setledge) avec la *Paruṣṇî*, écoutez mon hymne. O *Marudvṛidâ* avec l'*Açiknî* (l'Acesines) et la *Vitastâ* (l'Hydaspe), ô *Arjikiyâ* avec la *Suṣômâ* (Souan), entendez-nous.

O *Sindu*, tu mêles d'abord tes flots rapides à ceux de la *Tristâmâ*, de la Rasâ, de la Swêtî (le Swat) et de la *Kubâ* (le Cophên ou Caboul); tu entraînes, à mon préjudice, sur le même char que toi, la Gômatî (le Gomal) et la Krumu (le Kurum).

Brillante, impétueuse, invincible, la *Sindu* développe ses ondes avec majesté. Douée de mille beautés variées, elle charme les yeux; elle s'emporte comme une cavale ardente.

Jeune et magnifique, superbe et féconde, parée de ses rives fertiles, elle roule ses flots d'or; elle voit sur ses bords des chevaux excellents, des chars rapides, des troupeaux à la laine soyeuse; elle répand avec elle un miel abondant.

La *Sindu* monte sur son char fortuné. Qu'elle accorde à nos prières de nombreux chevaux. C'est par de telles louanges que notre sacrifice recommande sa gloire et sa grandeur.

(*Priyaméda*, IV, 305.)

II. LES RACES.

Les Aryas étaient-ils indigènes ou étrangers à ce pays? Y a-t-il dans le Vêda des preuves ou des indices sur lesquels l'une ou l'autre solution puisse être appuyée? Et, s'il n'y en a pas, sur quelles raisons peut-on établir l'origine étrangère des Aryas de l'Inde?

Il n'y a pas, dans tout le Rig-Vêda, un seul passage où il soit dit positivement que les Aryas fussent venus du dehors. Quelques légendes seulement, d'un sens obscur et qui peuvent s'interpréter d'une manière allégorique, semblent indiquer que cette population était venue de l'occident, ou, pour mieux dire, du nord-ouest. Mettons en premier lieu la connaissance du noyau central des monts d'Asie, formé par la rencontre de l'Himâlaya et du Bolor. Le grand hymne de *Dîrgatamas* paraît y faire allusion dans le passage où il est dit :

« Le Ciel est mon père. J'ai pour mère la grande Terre; la

partie la plus haute de sa surface est sa matrice ; c'est là que le Père féconde le sein de celle qui est son épouse et sa fille. »

On sait que ce lieu fut en effet dans les temps postérieurs entouré de traditions mystiques et de conceptions symboliques : avant que le mot *uttânapâda* eût reçu la signification astronomique d'étoile du nord, il désignait, comme le montre son étymologie, les hauteurs du nord, d'où découlent les grandes eaux du *Saptasindu*. C'est aussi vers ce noyau central que la mythologie plaça le mont fabuleux du *Mêru*, dont le nom semble faire partie de celui de *Kasmîra*, ou pays de Cachemire. Or c'est de ce centre que découlent, dans les symboles brâhmaniques, tous les grands fleuves de la terre, auteurs de sa fécondité et sources de vie. Le passage de *Dîrġatamas*, rapproché peut-être de quelques autres, semble être ou marquer du moins l'origine de ce symbole, et indiquer par conséquent que les Aryas avaient déjà une certaine notion du rôle que joue le noyau central dans la géographie de l'Asie. C'est de lui en effet que découlent non-seulement une grande partie des eaux du *Saptasindu*, mais encore celles de la *Haraqaiti* (la Saraswatî, l'Ἀράχωτος), de la branche orientale des Iraniens, celles de l'Oxus, au N.-O., et celles de la Chine occidentale, ou de la vallée de Yarkand. Les eaux qui descendent de ces sommets, où le Ciel et la Terre accomplissent leur hymen, portent la fécondité dans toutes les directions. Ainsi nous pouvons croire que les Aryas connaissaient ce fait géographique, l'un des plus considérables de l'ancien monde.

Nous avons cité plus haut cette autre remarque faite par eux, que les rivières du *Saptasindu* coulent vers le midi ; si cette direction des eaux les a tant frappés, c'est donc qu'ils en connaissaient d'autres, coulant vers d'autres points de l'horizon : quelles sont-elles, si ce n'est celles-là mêmes que nous venons de nommer? Or nous verrons tout à l'heure que les Aryas n'avaient point pénétré dans les régions du N.-E. ; nous savons de plus que la *Sarayû* était leur limite orientale aux temps védiques. Nous établirons plus loin que le Soliman-dagh, à l'Ouest de l'Indus, était pour eux la borne qui les séparait de leurs frères iraniens. Il reste donc que c'est vers le nord-ouest qu'on doit chercher le point par lequel ils sont descendus dans le *Saptasindu*. Mais le Rig-Vêda ne dit pas positivement qu'ils y soient venus d'un autre pays : on peut seulement le conclure de beaucoup de textes, qui sans cette supposition seraient inexplicables, et de faits qui vont être énumérés.

Il semble qu'il soit fait allusion à cet antique voyage, dans l'hymne de Viçwâmitra (ii, 38) dont voici le commencement :

.., 4. Les troupes victorieuses se sont rassemblées autour de celui qui était disposé à combattre. La nouvelle s'est répandue que le grand astre sortait des ténèbres. Les Aurores l'ont su et elles accourent. Indra seul est le maître des vaches.

5. Les sept sages ont, par leur science, découvert que ces vaches étaient renfermées dans l'antre oriental. La pensée s'est tournée de ce côté. Ils ont suivi toute la voie du sacrifice; et, connaissant leurs œuvres pieuses, (Indra) a pénétré dans l'antre.

6. C'est Saramâ (la chienne) qui, sachant que la montagne était ouverte, a fait sortir l'antique troupeau qui nous donne la vie. C'est elle qui, pourvue de pieds légers, la première entendit le mugissement des immortelles, et qui dirigea les recherches.

7. Le plus sage s'est présenté, jaloux de prouver son bon vouloir; la montagne a ouvert son sein devant le héros bienfaisant. Ce mortel, uni à de plus jeunes, a distribué aux hommes ces riches dépouilles. Angiras (le prêtre) lui adresse son hommage....

Si cet hymne n'est pas une allégorie et s'il contient réellement le souvenir de l'entrée des Aryas dans le *Saptasindu*, à travers l'*Hindu-kô* et par la vallée d'Attok, dès lors il est permis d'entendre de la même manière un assez grand nombre de passages du Recueil, par exemple dans les Hymnes de *Vasista* (III, 142, 146) où il est dit : « Nos pères ont été à la recherche de la lumière cachée; » ils ont voulu savoir d'où venait le grand astre qui sort des ténèbres; l'étendard de Sûrya brillait en face du soleil et frappait de terreur les ennemis qui fuyaient au sommet des montagnes. L'interprétation littérale de ces passages indique en effet des allusions à ce fait déjà fort lointain de l'invasion; on ne leur donne un sens allégorique que si l'on s'abandonne au symbolisme excessif des commentateurs du Vêda.

Quoi qu'il en soit, il n'est pas une seule époque

dans la période des Hymnes, où les Aryas paraissent solidement établis dans la contrée de l'Indus. Ils sont toujours en guerre avec des ennemis très-nombreux, qui habitent à côté d'eux, même dans la plaine, et jusque au milieu d'eux. Les Aryas ont le sentiment très-vif qu'ils sont, vis à vis de ces indigènes, des étrangers et des conquérants ; qu'Indra a pris leur terre pour la donner à l'Arya, et qu'il est pour les Aryas le distributeur des vaches et des richesses prises sur l'ennemi. Durant toute la période, comme le témoignent encore les derniers hymnes, les Aryas reconnaissent leur petit nombre : en effet parmi les grâces qu'ils demandent aux dieux, il en est une qui est sans cesse l'objet de leurs désirs, c'est d'obtenir de nombreux enfants ; une grande abondance d'enfants et de petits-enfants ; quand le sexe est énoncé, ce sont des fils qu'ils demandent, non que les femmes soient peu considérées ou occupent un rang infime dans la famille védique, mais l'état de guerre où se trouve le peuple conquérant exige une nombreuse population masculine.

Il est plusieurs hymnes (I, 80. II, 131) où la race âryenne paraît même être en marche à travers les vallées du *Saptasindu*. Les obstacles naturels que leur opposent les fleuves ne sont pas ceux qui leur sont les plus redoutables ; les ennemis les harcèlent sur leur route et infestent leurs chemins. Agni est leur guide (III, 36) : la nuit il illumine le ciel et la terre et écarte tous les êtres malfaisants ; au lever du jour, à la tête de la colonne qui se prépare à partir, le feu d'Agni s'allume (II, 153), le sacrifice est offert, les dieux sont invoqués; et quand le disque du soleil se montre à l'horizon, le disque de guerre (*ćakra*) du dieu Indra s'avance, protégeant la marche des cavaliers et des chars.

Indra est le dieu de guerre des Aryas. Au ciel, dans cette région moyenne où s'accomplissent les météores, il est la force belliqueuse qui triomphe du nuage et le résoud en une pluie bienfaisante. Parmi les hommes, il est le symbole de la guerre, le maître de la victoire, le distributeur des vaches. Le coursier d'Indra, qui est presque Indra lui-même, et que le nom de *Dadikrâs* rattache très-étroitement à la cérémonie du sacrifice, est la représentation sacrée du cheval de bataille. La peinture que donne de lui *Vâmadêva* (II, 179) ne le cède en rien au cheval du Sémite tel qu'il est décrit au livre de Job.

A *Dadikrâs*.

Parmi les dons que vous avez faits jadis à Trasadasyu et qu'il a légués aux enfants de Pûru, il en est un remarquable : c'est ce terrible et vigoureux vainqueur des Dasyus, qui gagne des terres et des domaines.

Vous lui avez donné le cheval *Dadikrâs*, auteur de tant de prouesses et gardien de tous les hommes, vif, rapide, impétueux, héros à la forme resplendissante, et, tel qu'un roi puissant, capable de déchirer ses ennemis.

Comme l'eau de la colline, il s'élance; et tous les Pûrus le chantent et l'honorent. Il semble de ses pieds dévorer l'espace, héros aussi léger que le nuage, aussi rapide que le char, aussi prompt que le vent.

Dans les combats qu'il livre, il se jette au plus épais de la mêlée, et disparaît au milieu des vaches.....

Ainsi, le voyant dans les batailles, les ennemis poussent un cri, comme à l'aspect du brigand qui dépouille ou de l'épervier affamé qui s'abat sur un cadavre ou sur un troupeau.

Ainsi, dans l'ardeur d'attaquer, il s'avance le premier à la tête des chars. Paré de guirlandes, ami des peuples, il brille, battant la poussière et mordant son frein.

Ainsi, ce coursier fort et juste, au corps souple dans la bataille, à l'attaque impétueuse contre les impétueux, au pas rapide, forme un tourbillon de poussière qui s'élève au-dessus de sa tête hautaine.

Ainsi, ces assaillants terribles tremblent devant lui, comme si le ciel tonnait; il attaque mille ennemis à la fois, invincible, formidable et superbe.

Ainsi, les peuples célèbrent la force et la victoire de ce rapide, qui comble les vœux des hommes. Et c'est à lui que les combattants s'adressent : Que *Dadikrâs* arrive avec ses mille !...

(*Vâmadêva*, II, 179.)

Le nom des populations indigènes contre lesquelles les Aryas ont à lutter est répété sans cesse dans le Vêda depuis les plus anciens hymnes jusqu'aux plus récents. Les *Dasyus* ne sont point des êtres imaginaires ou des conceptions symboliques comme peuvent l'être les *Râxasas* ; je ne sais s'il est un seul passage dans les Hymnes, où il soit légitime d'entendre ce nom dans un sens allégorique, et d'interpréter la guerre d'Indra contre les Dasyus comme un mythe représentant la lutte du Soleil et des nuages. Que ces passages soient traduits littéralement et non d'après le système artificiel et arbitraire du commentateur, et l'on verra ces *Dasyus* se présenter partout comme des hommes réels, sans que Indra perde son caractère de dieu de la guerre, protecteur des Aryas. A la rigueur, il est possible de soutenir que les épithètes de noirs ou de jaunes (i, 328) données aux *Dasyus* expriment les couleurs du nuage orageux; mais comment appliquer aux nuages les épithètes si caractéristiques par lesquelles les poëtes vêdiques dépeignent au physique et au moral ces ennemis des Aryas? On nous les représente en effet comme des hommes à la face de taureau, privés de nez, aux bras courts; ailleurs une jeune femme âryenne, pour faire valoir sa race aux yeux de son époux, signale le fin duvet qui couvre sa peau, pareil à la laine de la brebis des *Gandâras*; ce signe de la race âryenne la distingue si bien des races indigènes du pays, qu'il fut plus tard recommandé de nouveau par *Manu* aux brâhmanes (iii, 7, 8, 9, 10), quand ils avaient à choisir leurs épouses. La race ennemie n'avait donc pas la peau velue. Que l'on réunisse ces caractères ; et que aujourd'hui même, dans les castes inférieures de l'Inde et surtout dans les contrées montagneuses d'où descendent les rivières, on cherche les débris des anciennes races soumises ou confinées, on reconnaîtra en elles les traits des Dasyus, tels que le Vêda les a tracés. A ces caractères physiques, il faut ajouter les habitudes morales de ces indigènes : le Vêda les appelle *kravyâd*, c'est-à-dire mangeurs de chair, par opposition aux Aryas qui semblent se nourrir particulièrement et peut-être exclusivement de matières végétales et de lait ; *asutṛipa*, qui aime la vie d'autrui, qui se repaît d'êtres vivants, mot qui désigne, mais avec plus d'énergie, les habitudes carnivores des Dasyus et qui contient déjà à cette époque reculée le germe d'une grande doctrine métaphysique et morale des brâhmanes. Ces mêmes barbares, à la face carrée et plate, ne connaissent point de dieux ; ils sont sans religion, et ne semblent pas disposés à accepter le culte âryen qu'on leur apporte. Il est remarquable en effet que les peuples de couleur jaune, fixés dès la plus haute antiquité au nord de l'Himâlaya et à l'est du Bolor, les races tibétaines en un mot, n'ont point eu de religion positive ni de culte avant l'arrivée du buddhisme ; les missionnaires de cette religion, dont la doctrine a si merveilleusement adouci les mœurs de ces peuples, les trouvèrent sauvages et presque féroces, tels que le Vêda nous les dépeint dans un grand nombre de passages. Cette absence de religion ne semble pas toutefois les avoir laissés dans une absolue barbarie, soit qu'ils eussent déjà par eux-mêmes tiré quelque parti de leurs aptitudes naturelles, soit que l'influence et le contact de leurs congénères, les Chinois, eût fait pénétrer chez eux quelque chose de l'antique civilisation orientale. Au temps des Hymnes, les Dasyus étaient riches en troupeaux, industrieux, habiles à fabriquer des chars et des vêtements, brillants de parures et de bijoux : c'était donc une riche proie pour les conquérants. Les Aryas n'ont point encore de villes, aucune du moins n'est nommée dans le Vêda ; mais il y est souvent question des forteresses bâties sur les hauteurs, où les Dasyus se retirent comme dans des postes inexpugnables. A la vérité, dans les Hymnes où les poëtes parlent des forteresses des Dasyus, le commentateur croit reconnaître les nuages où se renferment *Vritra* et *Ahi*, personnages véritablement symboliques. Mais comment expliquer ce que demandent à Indra certains poëtes, de poursuivre les Dasyus, de les confiner dans leurs forteresses et de les frapper par dessous ? C'est toujours et uniquement du haut du ciel qu'Indra lance ses traits éclatants contre les génies de la nue: Ces derniers ne sont donc pas désignés sous le nom de Dasyus dans les passages auxquels nous faisons allusion.

Toutefois il se peut, car c'est là l'esprit du symbolisme âryen dans toute la race indo-européenne, que plusieurs fois les poëtes aient symbolisé les puissances rivales d'Indra sous le nom de Dasyus : car ce nom désignait leurs propres adversaires et les ennemis de leur culte. Mais il n'en reste pas moins certain que les hommes de couleur jaune sont assez bien caractérisés sous ce même nom dans le Vêda pour être reconnus. Ce nom d'ailleurs est celui que les peuples iraniens donnaient aux barbares orientaux, et qui, sous la forme à peine altérée de *Dahyus*, ne peut être méconnu de personne.

Quant au nom de *Yâdwas*, que l'on a cru reconnaître dans celui des *Jâtes*, habitants modernes de certains cantons de l'Himâlaya, il ne désigne point dans le Vêda les ennemis des âryens. Dans la famille de *Kanwa*, les Yâdwas sont présentés comme des hommes pieux et libéraux envers les prêtres. Dans un hymne de *Vasista* (III, 57), *Yâdwa* n'est pas positivement désigné comme un ennemi ; et l'on doit se souvenir que les chants de ce poëte manifestent contre *Viçwâmitra* et contre tous ses partisans une rivalité envieuse, à laquelle les races jaunes ou noires ne sont point mêlées, et qui est demeurée célèbre dans les traditions antiques de l'Inde. En outre, on ne peut guère douter que le nom de *Yâdwa* ne soit le patronymique désignant les descendants de *Yadu*. Or, encore bien que ce personnage soit présenté comme habitant une région lointaine ainsi que *Turvasa* et *Ugradêva* (I, 70), comme fils de *Yayâti* il ne pourrait guère être qualifié d'ennemi des Aryas, puisque Yayâti est un descendant de Manu et l'un des *râjarsis* ou des saints personnages royaux, honorés de tout temps par les Indiens. Enfin *Yadu* et *Turvasa* sont appelés Aryas dans un hymne de *Vâmadêva* (II, 164) ; or ce poëte prend certainement ces noms dans un sens général applicable à leurs descendants, puisqu'il localise sur les bords de la *Sarayû* la légende très-antique relative à ces deux personnages : à moins toutefois, que le mot *Sarayû* ne désigne une rivière située beaucoup plus à l'occident que la moderne Gogrâ, ou n'ait même simplement le sens général de rivière. Mais, quelle que soit l'explication de ce mot, il résulte toujours du passage cité que *Yadu* et ses descendants sont des Aryas et ne peuvent par conséquent être confondus avec une population jaune de l'Himâlaya, quelle qu'elle soit.

Concluons que le nom de *Dasyu* est le terme par lequel la race ennemie est généralement désignée dans le Vêda, et que ces peuples appartenaient à la race d'hommes, de couleur plus ou moins foncée, qui occupe encore tout l'orient de l'Asie.

Les Aryas fondent leur droit de conquête sur les deux bases que l'humanité a toujours essayé de faire prévaloir dans les circonstances analogues, l'idée religieuse et la supériorité naturelle de la race. Les chantres déclarent d'abord et en toute occurrence que la terre appartient à Indra, que le Dasyu et l'Arya sont égaux devant lui et qu'il est le distributeur des biens (I, 191. II, 157). L'essence du culte polythéiste et symbolique suppose entre les dieux et les hommes un échange de présents qui constitue une sorte de marché ou de commerce, fondé sur une amitié réciproque. Le maître des terres, proclamé par les Aryas, est donc fondé en justice à les distribuer à ceux qui le reconnaissent, l'honorent, lui offrent le sacrifice, le nourrissent et étendent sa puissance. Les auteurs du Vêda, et par conséquent le peuple âryen tout entier, n'élèvent aucun doute sur le droit divin de leur conquête ; ils n'ont aucun scrupule à marcher contre les Dasyus, à les confiner dans des montagnes inaccessibles, à s'emparer de leurs champs, de leurs moissons, de leurs chars, de leurs vaches, de leur or, de leurs parures, en un mot de toute leur propriété mobilière et immobilière ; ils vont plus loin : ils leur ôtent leur liberté, en font leurs esclaves, et, s'il est besoin, leur ôtent la vie. Ce sont là précisément les objets dont ils demandent la conquête à leurs dieux (I, 373), surtout à Indra, leur dieu de guerre : et c'est toujours au nom de ce dieu qu'ils en prennent possession. Quand le Dasyu est soumis ou écarté, le poëte chante la victoire de l'Arya (II, 160), célèbre la puissance d'Indra et lui rend grâces de sa protection souveraine. En même temps il glorifie sa race d'avoir étendu l'autorité et agrandi le domaine de son dieu, et en retour il demande à ce dernier de l'aider, de le défendre toujours dans l'avenir et de le combler encore des richesses des Dasyus.

A ce sentiment de propagande intéressée, qui dans les races primitives met la religion au service de la convoitise, se mêle toujours dans l'Arya la conscience de sa supériorité physique et morale. Ce n'est pas seulement avec haine, c'est encore avec dédain que les poëtes vêdiques parlent de ces hommes difformes et de peu d'intelligence. Et cela se conçoit aisément. En effet ce n'est pas les inventions utiles et les arts empiriques qui font la supériorité d'un peuple sur un autre : combien de temps n'avons-nous pas vu et reconnu que les Chinois l'emportaient sur nous dans un grand nombre d'industries, alors que la science n'avait pas encore porté les nôtres au point de perfection où elles sont parvenues ? Et pourtant dès que nous avons eu en Europe quelques notions exactes sur les hommes de l'extrême Orient, nous avons senti que nous leur étions supérieurs au moral comme au physique. Cette supériorité primordiale, les Aryas se l'attribuèrent dès leur arrivée dans l'Inde, et avec raison, quoique l'industrie des Orientaux fût probablement plus avancée que la leur. Mais l'idée religieuse, ou pour mieux dire l'ensemble de la doctrine sacrée, dans laquelle se concentrait alors et pour longtemps toute la science, montrait dans la race blanche une force intellectuelle native incontestable. Les Grecs conservèrent longtemps aussi le sentiment de leur supériorité originelle, l'exprimant par ces mots : « il n'est pas juste que le barbare l'emporte sur l'Hellène. » Platon en fit la théorie et il donne les signes physiques auxquels on pouvait la reconnaître. Le Vêda est la preuve manifeste que les Aryas l'emportaient en effet sur leurs ennemis : car indépendamment de sa valeur historique, ce Recueil d'hymnes est un monument unique dans tout l'Orient ; et, par la beauté, la profondeur et l'élévation de ses doctrines, il ressemble à un temple grec au milieu des constructions de la barbarie.

Le mot *ârya* n'a jamais cessé dans l'Inde d'avoir le sens de noble ; rien n'indique positivement qu'il vienne de la racine *ar*, qui chez les gréco-latins signifie labourer. Le mot *ehre* des Allemands, qui s'écrivait *ére* dans l'ancienne langue germanique, semble être le même que le mot *ârya*, et a le même sens que lui ; on le retrouve probablement sous sa forme primitive dans le nom du héros germain, que les Romains appelaient Arminius, c'est-à-dire Ermann. Il est permis aussi de le reconnaître dans un grand nombre de noms propres appartenant à l'Europe ancienne et moderne ; enfin il est le nom générique de toute la partie non sémite des hommes blancs de l'Asie occidentale. Or toutes les fois que le mot *ârya*, dans toutes ces contrées et sous toutes ses formes, est le nom qu'un peuple se donne à lui-même, ce peuple s'attribue en même temps sur les autres hommes une supériorité qu'il regarde comme incontestable. Le fait n'est donc pas propre aux Aryas du sud-est dans leurs rapports avec les races jaunes de l'Orient ; il peut être constaté chez les autres peuples indo-européens, et signale par conséquent une disposition fondamentale et originelle de nos ancêtres et de leurs descendants.

Selon nous, cette prétention est suffisamment justifiée par l'histoire du monde entier ; il ne nous semble pas que l'on puisse raisonnablement contester la noblesse physique et morale de la race âryenne en face des autres branches de l'humanité : non pas même en face des Sémites, puisque, soit dans l'antiquité, soit dans les temps plus modernes, ce que ces derniers ont apporté à la civilisation du monde a dû, avant de la servir noblement, être transformé par le génie des âryens.

Toutefois le Vêda nous montre, dans le développement pratique de cette idée, une conséquence sur laquelle il est au moins permis de discuter : car il est difficile d'établir philosophiquement que la supériorité physique et morale, même la mieux constatée et la mieux reconnue, donne à une race le droit d'en dominer entièrement une autre, de l'exproprier, de l'asservir, de la reléguer ou de la transporter dans une autre contrée, dans un âpre séjour, sous un climat inhospitalier. C'est ce que firent les Aryas vêdiques ; c'est ce qu'ont fait tous les peuples conquérants ; c'est encore la question qui agite les populations du Nouveau-Monde, où nous la retrouvons presque sous la même forme quoique dans d'autres conditions.

Le fait de la conquête et du dépouillement, sinon de l'usurpation, est donc à l'origine de toutes les sociétés : les races noires ou jaunes l'ont accompli avec une violence sauvage et sans prétexte ; les Aryas du sud-est ont conquis le *Saptasindu*, et plus tard la presqu'île du Gange, au nom de leurs dieux et en vertu du droit des nobles ; les modernes exécutent le fait en discutant le droit. Dans l'Inde gangétique, où, après la période du Vêda, continua de s'étendre la conquête âryenne, la soumission des races jaunes et noires eut pour conséquence leur isolement dans la société brâhmanique; de la grande doctrine fondée sur le Vêda, elles n'eurent que les notions les plus infimes, les superstitions; retranchées du culte, privées des sacrifices, elles demeurèrent un objet de mépris pour les castes supérieures. La loi religieuse défendit à ces dernières de contracter mariage avec les hommes d'une couleur jaune ou noire; et les signes caractéristiques de la race noble furent énumérés et décrits avec une extrême précision.

L'institution des castes, aujourd'hui fortement attaquée au nom de la religion chrétienne, qui ne la connaissait pas lorsqu'elle fut constituée elle-même dans les conciles, et au nom d'une philosophie vague qui ne tient point compte de l'histoire, est en germe dans les Vêdas et y marque déjà la séparation des races. Elle a sauvé les Aryas, et avec eux la civilisation de l'Orient; leur petit nombre en effet n'eût pas tardé à disparaître dans le flot immense des races inférieures, s'ils n'eussent maintenu, par les moyens les plus énergiques, la pureté de leur propre sang. Qu'eussent-ils gagné à perdre « la semence choisie de leur noble race dans des matrices d'Asuras » pour parler le langage des brâhmanes? L'Orient n'eût vu naître ni la haute civilisation de l'Inde, ni sa philosophie, ni sa littérature; la révolution pacifique du

Buddha eût été impossible, révolution salutaire, qui s'étendit sur presque toute l'Asie, adoucit les races inférieures elles-mêmes et en éleva une partie à la dignité morale des Aryas.

CHAPITRE VI

LES AUTEURS — LES ÉPOQUES

Quel est l'auteur du Vêda? Les hymnes sont-ils tous du même auteur? S'il y en a plusieurs, leurs noms sont-ils connus, sont-ils tous également authentiques? Est-il possible d'établir dans le Vêda une sorte de chronologie, et d'apercevoir un développement primitif quelconque dans l'esprit âryen, tel que le Vêda nous le fait connaître?

Je ne m'arrête pas, je l'avoue, à discuter ici touchant la personne et la réalité de *Vyâsa*, auquel les Indiens des temps postérieurs ont attribué les Hymnes. Ce Collecteur est un personnage tellement surhumain et tant d'œuvres sont attachées à son nom, qu'il n'y a pour nous véritablement dans cette question aucun intérêt réel; autant vaudrait discuter sur la personnalité historique d'Indra ou de Jupiter. Du reste, il n'est nullement fait mention de lui dans le Recueil des hymnes.

Ce recueil soulève une question d'une importance beaucoup plus grande; c'est celle de son authenticité en général. Nous allons indiquer les principaux éléments de la solution.

I.

De tout temps l'Inde a regardé le Vêda comme son Ecriture sainte : ce livre joue dans la civilisation religieuse de cette contrée un rôle analogue à celui des livres mosaïques chez les Hébreux, de l'Evangile chez les Chrétiens, de l'Avesta chez les Mazdayaçnas. Certes, il y a là une présomption très-forte en faveur de l'authenticité du Vêda : car toutes les raisons que l'on peut apporter pour établir l'authenticité générale des livres saints que nous venons de nommer, ont une égale valeur appliquées à l'Ecriture sainte des Indiens. Il est notamment un raisonnement très-simple qui peut toujours se produire en pareil cas. Ou le livre dont il s'agit est le plus antique monument sacré de la nation, ou il a été précédé de quelque autre. Si cet autre est d'accord avec le livre reconnu, c'est lui qui est le fondement de ce dernier et qui par conséquent est le vrai Livre saint; si les deux livres sont en désaccord sur quelque point essentiel, le second est alors un livre réformateur, et deux doctrines religieuses se sont succédé. Ce dernier cas s'est présenté en Occident, puisque la Loi nouvelle, annoncée par l'Evangile, a succédé à la Loi mosaïque en la modifiant dans son essence; les deux livres coexistent aujourd'hui; mais la Bible est le point de départ et la préparation de l'Evangile qui est lui-même le véritable fondement de la Foi chrétienne. Par un phénomène analogue, mais plus complexe, le Koran a prétendu réformer à la fois la Bible et l'Evangile, en dénaturant et en gâtant l'un et l'autre. La Foi (*Çraddâ*) des peuples de l'Inde a éprouvé, comme on le sait, une réformation ou pour mieux dire une révolution du même genre, lorsque le Buddha vint prêcher une doctrine qui l'attaquait dans quelques-unes de ses parties constitutives. Mais longtemps avant le buddhisme, et depuis, soit pendant qu'il existait dans l'Inde à côté du brâhmanisme, soit après l'expulsion des réformateurs, le Vêda a été reconnu par les Indiens comme le fondement primitif de leurs croyances. Ce livre est donc le premier dans l'ordre des temps, comme il l'est dans l'ordre de la Foi.

L'examen des ouvrages indiens où il est traité de matières religieuses démontre, de la manière la plus complète, l'authenticité générale du Vêda. Ces ouvrages sont de deux sortes, les uns orthodoxes, les autres hétérodoxes ou s'écartant à un degré quelconque de la doctrine canonique. Parmi les premiers, en remontant l'ordre des temps, on trouve les *Puranas*, le *Harivança*, *Manu*, etc., qui se rapportent à cette classe d'écrits orthodoxes mais non canoniques, compris sous le nom de *smriti*, puis les ouvrages en langue vêdique, antérieurs aux livres sanscrits en général, et qui portent le nom de *sûtras* et de *brâhmanas*. Tous ces ouvrages reconnaissent le

Vêda pour le monument primitif de l'Inde brâhmanique et pour le fondement de sa constitution ; ils le nomment sans cesse, ils le citent, le développent, le commentent, l'appliquent, le prennent, en un mot, pour leur suprême et unique autorité. Il est donc antérieur à tous ces ouvrages. Parmi les écrits hétérodoxes et dissidents, ou simplement critiques, citons en seulement quelques-uns, pris aux principales époques de l'Inde brâhmanique. La *B'agavadgîtâ* ou le chant du Bienheureux *Krisṇa*, quoique lu par un grand nombre de personnes pieuses, n'est cependant pas absolument orthodoxe : il critique le Vêda, il en attaque parfois l'autorité ; il le raille même ; il le suppose donc. Or il y a des raisons très-sérieuses de croire que ce chant a été composé peu de temps après la venue du *Budda*, dans un moment où les prédications des apôtres buddhiques agitaient les castes inférieures et les détournaient de leurs fonctions pour ainsi dire légales.

Cette révolution morale, qui tendait à devenir politique, s'opérait dans une société non-seulement antique, mais encore parvenue à une sorte d'affaissement et de dissolution ; or cette société, dont le tableau peu flatteur est contenu dans les écrits buddhiques, n'est autre que la société brâhmanique fondée tout entière sur le Vêda. Il est donc incontestable que le Vêda est antérieur d'un grand nombre d'années à la venue de Çâkya-muni, qui eut lieu dans le septième siècle avant notre ère. Les doctrines de ce Sage n'étaient pas nées subitement et n'avaient pas éclaté dans le monde brâhmanique comme une apparition soudaine et imprévue. Outre que les révolutions religieuses sont toujours préparées de longue main, nous savons que celle du *Budda* procédait du même esprit qui avait fait naître longtemps auparavant la philosophie *Sânk'ya* et se rattachait ainsi, par ses doctrines métaphysiques, aux noms de *Patañjali* et de *Kapila*. Mais ces doctrines, que sont-elles au fond, sinon une tentative de la raison individuelle d'échapper au dogme imposé par l'autorité brâhmanique, et de conserver le droit d'interpréter librement le Vêda? La doctrine de ces philosophes, qui furent comme les Abailard de leur temps, nous signale un grand courant d'idées, auquel l'Inde n'a pas plus échappé que les nations modernes de l'Europe. D'où peut naître ce mouvement d'idées, pour ainsi dire excentrique? Ne suppose-t-il pas évidemment un courant principal dont il n'est qu'une dérivation? Et pour qu'une telle dérivation puisse se produire, ne faut-il pas qu'une sorte d'obstacle et de force latente oblige le grand fleuve à se diviser et à épancher en quelque sorte une partie de ses eaux? Cet obstacle, quel est-il, si non l'autorité, qui tend toujours à resserrer les esprits dans le lit uniforme dont elle établit les rives? Et quelle est cette force cachée, sinon l'esprit individuel, qui, apportant au courant principal le contingent toujours nouveau de ses propres réflexions, le grossit d'abord, puis s'en sépare et coule enfin en mille ruisseaux divergents?

Quelle erreur de regarder l'Inde comme le pays de l'immobilité, et de l'assimiler en cela à la vieille Egypte! Pour nous, nous ne croyons même pas que la terre du Nil n'ait vu s'agiter dans son peuple aucune doctrine ; car la même force d'esprit qui chez les ancêtres a produit une première fois les dogmes religieux, se retrouve chez les descendants pour discuter et agrandir au besoin l'œuvre des pères. C'est du moins ce que nous voyons aujourd'hui s'être produit dans l'Inde avant le buddhisme et après lui. Lorsque les auteurs du Sânkhya se séparèrent de la doctrine commune et commencèrent à rompre avec l'orthodoxie, c'est que celle-ci existait déjà : et si elle s'appuyait sur une doctrine fondamentale et invariable, c'est qu'il y avait déjà une autorité antique et reconnue, et un livre qui en était le dépositaire, le monument et le témoin. Ce livre, nous le savons, c'est le Vêda. L'authenticité générale du Recueil est donc prouvée par le développement religieux et philosophique de l'Inde, pris dans son ensemble.

Dans un tout autre ordre de faits, qui se déroule parallèlement au mouvement religieux, une preuve se rencontre, non moins convaincante, de l'authenticité du Vêda. Nous voulons parler des œuvres proprement littéraires des Indiens : elles sont nombreuses, variées; elles ne se sont pas produites toutes à la fois ; elles composent un vaste corps, qui a été grossissant pendant des siècles dont il est impossible de fixer le nombre. Selon toute apparence, pour ne rien dire de plus, les drames sont venus après l'épopée, ainsi que les poésies lyriques; et dans les épopées, la critique a deux parts à faire : l'une comprenant les longues et nombreuses additions faites par des brâhmanes aux poëmes primitifs; l'autre ne comprenant que les parties les plus antiques de ces poëmes. Si l'on reconnaît, en lisant les épopées, que dans toutes leurs parties il est fait allusion au Vêda, comme au fondement sacré de la société indienne, fondement antique et vénéré, on sera conduit à admettre que les Hymnes existaient avant la naissance même des épopées. Or il ne peut s'élever aucun doute à cet égard. En effet, quelque considérables que l'on suppose les interpolations du *Râmâyana* ou du *Mahâbârata*, il est constant que les doctrines émises dans les parties les plus authentiques et les plus anciennes de ces poëmes sont vêdiques; que la société qu'elles décrivent est brâhmanique et fondée sur le Vêda ; que ce livre était dès cette époque l'Ecriture sainte ; que non-seulement il était la base de la religion et de la société, et l'objet de la Foi, mais que le plus grand mérite des brâhmanes et des xattriyas était d'avoir lu le Vêda, de le savoir et d'en faire la règle de conduite pour la vie publique et la vie privée. Le Vêda obtenait ainsi, dès l'origine des épopées, les respects que peut seul attendre des hommes un monument déjà ancien.

Les évènements racontés dans les épopées méritent aussi d'entrer en compte dans le sujet qui nous occupe. Il est en effet digne de remarque qu'aucun d'eux n'est signalé dans le Vêda, non pas même dans les hymnes reconnus pour être les plus récents. Cependant les hymnes ne sont pas des poésies de cabinet ou de purs chants d'église dont l'auteur ne songe nullement à ce qui se passe dans la société où il vit. Toujours mêlés aux choses de la vie réelle, ils en sont les échos : la guerre et la paix, le labour, le soin des troupeaux, les voyages, le mariage, la mort, sont les objets les plus fréquemment chantés par le poëte : il nomme ses prêtres, ses amis, sa famille, lui-même; il raconte parfois des actes de sa propre vie; il parle des *râjas*, des hommes riches, des chefs de guerre, avec qui il est en relation; et s'il s'agit de quelque évènement un peu ancien, il ne néglige pas de le rappeler, soit pour bénir les dieux protecteurs, soit pour montrer les effets de leur colère. Or voici deux évènements qui peuvent compter parmi les plus considérables de l'histoire du monde, la grande expédition de *Râma-êandra* vers le sud, et la guerre des *Kuru-pañcâlas* dans le nord-ouest. Le premier, postérieur à l'autre, n'est rien moins que la conquête de l'Hindustan par les Aryas, leur arrivée au promontoire extrême de la presqu'île, et leur passage dans l'île de Ceylan, à laquelle ils ont donné le premier nom connu dans l'histoire,

Tâmraparṇa (Taprobane). Le second est une guerre intestine des Aryas, dont l'objet principal était la domination d'une dynastie royale et antique sur la contrée entière occupée par eux. Cette lutte prend des proportions gigantesques : le droit public, ses principes fondamentaux, la religion même, dans une certaine mesure, sont intéressés dans l'issue de la guerre. Il est difficile que de plus grands évènements s'accomplissent dans l'histoire d'un peuple. Or ni l'un ni l'autre n'est mentionné dans le Vêda, même par une faible et rapide allusion. Il nous semble donc impossible que le Vêda ne soit pas antérieur à ces évènements.

Ici peut se placer un fait important, s'il vient à être scientifiquement établi, comme il est à penser qu'il le sera. Ce fait intéresse particulièrement les personnes qui s'occupent de la Bible et de l'histoire des peuples sémitiques. Les noms des objets que les Sémites allaient chercher en Orient et qui sont consignés dans les écrits du roi Salomon, sont des mots sanscrits. Ainsi, entre les années 1016 et 976 qui marquent le commencement et la fin du règne de ce prince, les Aryas étaient parvenus aux rivages de la mer du sud ; ils y étaient assez complétement établis pour que les objets de production eussent reçu d'eux les noms adoptés par le commerce maritime. L'expédition de Râma est donc antérieure à cette époque ; et l'on peut même admettre qu'un assez grand nombre d'années s'étaient écoulées entre ce héros et le règne de Salomon. Cette conclusion est singulièrement confirmée par le fait signalé ci-dessus, qu'il n'est point question de la mer dans le Rig-Vêda puisque la mer n'y est ni décrite, ni symbolisée. Il en résulte, en effet, qu'à l'époque des derniers hymnes, le roi Salomon n'existait pas encore, et qu'ainsi ces chants ont précédé son règne. Cela s'accorde parfaitement avec cet autre fait que les hymnes ont été composés dans le *Saptasindu*, lorsque les Aryas s'avançaient par étapes vers le sud-est et touchaient à peine aux rives de la *Sarayû*.

Si le synchronisme que nous venons de rappeler est réel, on peut reporter sans crainte à plusieurs siècles avant Salomon la fin de la période vêdique, puisque les deux grands évènements épiques sont antérieurs à ce prince et postérieurs au Vêda. Cet intervalle de temps s'accroît encore si l'on considère la tradition relative à *Paraçu-Râma*. Ce fils de *Jamadagni* est donné par les livres brâhmàniques comme fort antérieur à *Râma-candra*, qui en est une incarnation : assertion qui ne semble pas avoir été émise arbitrairement par les épiques et les mythographes. En effet, le rôle attribué par toute la tradition Indienne à Paraçu-Râma n'est possible que si on le suppose de beaucoup antérieur à l'expédition du Sud. Cette conquête, s'étendant sur une grande surface de pays, habitée par des races d'hommes qu'un long séjour y avait acclimatées, n'a pas été, comme celles de certaines hordes barbares, une apparition soudaine et passagère : l'expédition dont *Râma-ćandra* est le chef indiqué par une tradition constante, devait être et fut effectivement suivie de l'établissement définitif des Aryas. Elle suppose que le nombre de ces derniers, évidemment très-restreint dans le Vêda, s'était beaucoup accru. Elle suppose en outre une société régulièrement organisée et soumise à un gouvernement constitué d'une manière définitive. Le grand acte de *Paraçu-Râma*, que la tradition antique, conservée jusqu'à nos jours et reproduite sous mille formes variées, nous représente comme l'extermination des xattriyas, est accompagné de circonstances très-significatives, d'où il résulte que la société brâhmanique était alors en voie de se constituer; que les pouvoirs n'étaient pas encore bien définis; que les fonctions des castes tendaient à empiéter les unes sur les autres; que le pouvoir militaire des *râjas* était en état de lutter contre le pouvoir spirituel du sacerdoce, sans que l'on sût encore lequel des deux remporterait la victoire. On peut faire abstraction de tout le merveilleux poétique dont la personne et l'œuvre de Paraçu-Râma ont été entourées, et, réduisant la tradition au fait réel, qui en forme le fond et qu'il serait peu critique de supprimer entièrement, voir dans ce héros ce que les Indiens ont constamment vu en lui, l'organisateur des castes, le vrai fondateur de la société brâhmanique. Les Indiens ont donc raison de dire qu'il a précédé de beaucoup d'années le héros du *Râmâyaṇa*, qui lui-même est, selon toute vraisemblance, antérieur au règne de Salomon. Or, *Paraçu-Râma* n'est pas nommé dans les Hymnes du Rig-Vêda : bien plus, il n'y est fait aucune allusion à la lutte des xattriyas et des brâhmanes. Elle est donc postérieure au Rig-Vêda.

La tradition donne pour père à Paraçu-Râma *Jamadagni*, neveu de *Viçwâmitra*, de la famille de B'arata. Or, Viçwâmitra est reconnu pour être un des plus récens auteurs du Vêda ; le Recueil contient de lui un grand nombre d'hymnes, remarquables entre tous par la personnalité de l'auteur, qui s'y fait continuellement sentir, et par une animosité souvent très-visible contre un rival qui n'est point nommé. Ce rival, la tradition indienne le nomme : c'est *Vasiṡṭa*. Les hymnes nombreux qui nous sont parvenus sous son nom, invoquent souvent les dieux contre un ennemi privé, qui décrie ses sacrifices et qui use contre lui de sa richesse et de son pouvoir. La haute influence et la grande fortune de Viçwâmitra sont célèbres dans les traditions, ainsi que la guerre d'extermination que Paraçu-Ramâ fit aux enfants de *Vasiṡṭa*. Sur tous ces points essentiels la tradition est parfaitement d'accord avec elle-même et avec les hymnes vêdiques, attribués aux deux rivaux et à leurs descendants. Il y a donc toute apparence que ce fut au sortir de la période du Vêda qu'eut lieu la grande lutte des xattriyas et des brâhmanes, à laquelle le terrible héros, fils de Jamadagni, mit un terme. Cela même explique comment il se fait que ce personnage ne soit pas nommé dans le Vêda.

On peut s'expliquer aussi de même, que Paraçu-Râma et la lutte herculéenne qu'il soutint contre les rois, n'aient pas fourni le sujet d'une épopée, dont il semble que tous les personnages pouvaient être donnés par l'histoire. Il se peut en effet que cette lutte, d'où la constitution brâhmanique est sortie, se soit trouvée trop voisine du temps des hymnes et trop éloignée des temps épiques pour donner lieu à un grand poëme sanscrit. Quelque chose d'analogue eut lieu chez les anciens Grecs, où, en effet, une longue suite d'années paraît s'être écoulée entre les derniers hymnes orphiques et les premiers aèdes homériques ; les traditions gréco-asiatiques nous présentent les faits relatifs à Orphée et aux autres prêtres-poëtes, comme ayant eu lieu longtemps avant la guerre de Troie, dont le cycle fut le grand sujet des aèdes. Nous n'attachons pas à ce rapprochement plus d'importance qu'il n'en mérite : d'autant plus que les vieilles traditions indiennes, en elles-mêmes beaucoup plus concordantes que celles des Grecs, reçoivent des hymnes du Vêda une lumière qui n'a point son analogue dans l'antique histoire des Hellènes et des Pélasges.

Ainsi, de quelque manière que soit abordée l'authenticité générale et l'antiquité relative du Rig-Vêda, la conclusion le place toujours à l'origine de la société indienne, avant la constitution définitive des castes, avant tout développement philosophique, littéraire ou religieux, des Aryas du sud-est.

Nous savons, sans pouvoir fixer aucune date précise, que le texte des Hymnes fut arrêté de très-bonne heure ; qu'ils furent recueillis dans la période du moyen âge au temps des *Brâhmanas*, et que, dès ce temps, le *Véda* ou la *Sagesse*, comme on l'appelait, fut la Sainte écriture de l'Inde. C'est durant cette période, dans les assemblées sacerdotales, que les Hymnes devinrent l'objet de commentaires et de développements considérables, dont l'ensemble fut compris, avec le Vêda lui-même, dans le corps des livres canoniques nommé *çruti*. A partir de ce temps, fort reculé comme on le voit, toute altération de quelque importance dans le texte des Hymnes devint impossible. On ne saurait assez admirer le respect avec lequel ce texte s'est transmis de siècle en siècle dans les familles sacerdotales de l'Inde. L'ensemble des données fournies sur ce point par les livres et par les traditions encore vivantes est tel, qu'il est impossible d'élever aucun doute sur l'authenticité générale du Vêda.

II.

Les Hymnes, ainsi recueillis et fixés dans leur texte, nous ont été transmis avec les noms de leurs auteurs, parmi lesquels celui de Vyàsa ne se rencontre pas. Le nombre des poëtes du Rig-Vêda est considérable ; il n'est pas inférieur à trois cents. Nous pouvons établir entre eux trois catégories : ceux qui se nomment eux-mêmes dans leurs hymnes, ceux qui sont nommés par d'autres comme plus anciens ou comme contemporains, enfin les auteurs fictifs.

Il n'y a aucun doute sérieux à élever sur la réalité des premiers, puisque les raisons qui établissent l'authenticité générale du livre leur sont applicables de tout point. D'ailleurs, l'Hymne présente, dans sa forme mesurée et rhythmée, un tissu compacte dans lequel il n'eut pas été facile d'intercaler des vers s'accordant avec l'ensemble, ne brisant pas la suite des idées, ne blessant pas la quantité des syllabes, et contenant le nom supposé d'un auteur imaginaire. Les hymnes qui nomment ainsi leur poëte sont nombreux dans le Recueil ; ils peuvent servir de base à la critique et de point de départ pour discuter l'authenticité des autres.

Il y a un certain nombre de poëtes, et ce sont en général les plus récents, auxquels un nombre d'hymnes plus ou moins grand est attribué. Un auteur ne se nomme pas dans tous ses hymnes ; mais comme il se nomme généralement dans quelques-uns, il est possible, par des comparaisons judicieuses, de reconnaître si les autres lui appartiennent en réalité. La critique a pour cela plusieurs moyens. Par exemple, la répétition de certains versets ou de formules identiques, dans des hymnes où l'auteur se nomme et dans d'autres où il ne parle pas de lui-même, peut faire présumer que ces derniers sont en effet son ouvrage. Cette supposition peut se trouver confirmée par une même manière de penser ou de parler, clairement reconnue. Car il y a dans les hymnes du Vêda une personnalité poétique beaucoup plus sensible que dans l'Epopée. Celle-ci étant, pour ainsi dire, l'œuvre d'une ou même de plusieurs générations de poëtes, elle est comme impersonnelle ; l'auteur s'y trouve presque entièrement effacé. Il n'en est pas de même des Hymnes : les poëtes, qui étaient en même temps des pères de famille, et qui composaient leurs chants pour une assemblée restreinte et souvent pour une circonstance très-déterminée, y mettaient beaucoup du leur ; et leurs sentiments propres s'y font jour d'une manière évidente. Comme le Sacrifice était le lieu solennel où le prêtre exposait le plus avantageusement ses idées à ses auditeurs, l'Hymne en est l'expression la plus haute, la plus énergique et la plus propre à rester gravée dans l'esprit des générations nouvelles. Les épopées antiques, quoique venues après les hymnes, se font remarquer par la naïveté du langage et l'absence à peu près complète de style. L'Hymne vêdique est une œuvre de style au plus haut degré. Que l'on compare seulement les hymnes de *Dîrgatamas* avec ceux de *Vâmadêva* ou de *Vasişṭa*, l'on sera aussitôt convaincu de ce fait littéraire important, et l'on comprendra combien le caractère des œuvres poétiques est étroitement lié aux circonstances où elles se produisent. Le style est à son tour un moyen fort utile pour établir l'authenticité des œuvres poétiques. Ce moyen est surtout précieux pour le sujet qui nous occupe : en effet, dans les temps de décadence littéraire, lorsqu'il est difficile à un homme d'avoir un style à soi, parce que toutes les formes de style ont été essayées et usées, on s'applique à écrire et à penser conformément à la meilleure tradition nationale ; on se modèle sur une école ou sur un auteur ; et, à force de vouloir bien écrire sa propre langue, on arrive à n'avoir point de style. Mais dans ces temps primitifs de la poésie, où nulle école n'existe, la pensée individuelle a toute sa vigueur native. Pareille à ces plantes du midi qu'une séve puissante et un soleil vivifiant font croître dans leurs formes pleines et originales, bien différentes de celles que la main du jardinier a élaguées, amoindries, transformées : elle naît et croît d'elle-même, conforme au génie du poëte qui l'a conçue, pleine, pour ainsi dire, d'une senteur qui lui est propre et qui la décèle toujours.

Tels sont les signes intrinsèques auxquels la critique peut reconnaître les hymnes de chaque poëte d'après ceux où il s'est nommé lui-même. Mais les moyens extérieurs ne doivent nullement être dédaignés. Nous avons vu tout à l'heure que le texte des

Hymnes a été fixé de très-bonne heure et que depuis lors aucune altération importante n'a pu s'y produire. Or c'est à cette même époque, évidemment, que les noms des auteurs y furent ajoutés et qu'il se fit une sorte de classement dans le Recueil tout entier. Cette opération ne peut pas avoir été faite longtemps après la période des Hymnes, puisque celle qui la suivit immédiatement fut remplie par des écrits considérables qui tous portaient sur le Vêda et dont les auteurs ne pouvaient discuter que sur des textes arrêtés et reconnus pour authentiques. Le canon de la Sainte-Ecriture dut donc être lui-même fixé de très-bonne heure, avec les noms des auteurs auxquels les hymnes étaient attribués. Il resterait à savoir sur quel fondement les collecteurs du Vêda se sont appuyés pour faire cette répartition. Le Vêda lui-même nous répond en beaucoup d'endroits. Les hymnes se transmettaient dans les familles, dès l'origine de la période vêdique ; les fils chantaient les hymnes des pères et en composaient à leur tour, lorsque le dieu les inspirait ; les familles, en se divisant, multipliaient les centres où se conservait l'héritage poétique reçu des ancêtres, qui allait ainsi s'étendant et grossissant. Lorsque, dans le cours de la période, les familles âryennes se livrèrent, les unes spécialement au commerce, d'autres à la guerre et au gouvernement, il se forma aussi des familles sacerdotales et même de petites églises, où les hymnes antiques furent conservés comme un dépôt sacré des Aryas. Lorsque les Aryas se constituèrent politiquement, et qu'une doctrine religieuse uniforme et orthodoxe fut devenue un vrai besoin national, ces mêmes chefs de famille, qui conservaient chez eux les hymnes de leurs pères, n'eurent pas de peine à les mettre en commun et à les réunir au corps du Vêda. Ainsi s'explique que le plus grand nombre des chants vêdiques se soient transmis de génération en génération jusqu'à nous, avec les noms des poëtes qui en avaient été les auteurs.

Nous voyons en effet que beaucoup d'entre ces auteurs sont rangés par la tradition dans un petit nombre de familles sacerdotales, dont le passé était fort long et l'ancêtre primitif quelquefois idéal ou fictif. Tels sont, avec leurs descendants, *B'riǵu*, *Atri*, *B'arata*, *Angiras*, *Kaçyapa*. Nous voyons aussi que les auteurs les plus récents sont ceux dont nous possédons le plus grand nombre d'hymnes : tels sont *Viçwâmitra*, *Vasista*, *B'aradwâǵa*.

On conçoit aisément, et c'est là un fait constamment redouté des Aryas brâhmaniques, que beaucoup d'hymnes antiques aient été perdus lorsque les familles s'éteignaient dans les enfants mâles. En effet, quoique les femmes partageassent avec les hommes les soins du sacrifice, et que plusieurs d'entre elles aient composé des hymnes qui sont parvenus jusqu'à nous, cependant, lorsqu'une fille se mariait, elle adoptait les sacrifices de sa nouvelle famille et n'y apportait pas les siens. C'est donc par les mâles que l'hymne se transmettait à travers les générations ; et quand les mâles faisaient défaut, l'hymne antique était condamné à périr. Car on ne doit pas oublier, et le Vêda nous en donne plusieurs fois la preuve, que c'était par l'audition et par la mémoire que s'opérait la transmission des hymnes. L'écriture n'était point encore en usage chez les Aryas.

Lors donc que l'on vint à recueillir les hymnes dispersés dans la mémoire des hommes, beaucoup se trouvèrent comme isolés, là où les familles n'avaient point ajouté à l'héritage poétique de leurs ancêtres ou l'avaient presque entièrement laissé se détruire. L'on peut s'expliquer ainsi comment un assez grand nombre de noms ne se trouvent attachés qu'à un ou deux hymnes, tandis que certains auteurs ont laissé de véritables recueils. Ces auteurs peu féconds ou presque perdus au temps de la recollection canonique du Vêda, en sont-ils moins réels et leurs fragments moins authentiques ? Pourquoi le seraient-ils ? Et quelle raison avons-nous de croire que nous ayons été trompés à leur sujet, plutôt qu'au sujet de *Vâmadêva* ou de *Vasista* ?

Toutefois il y a certainement, parmi les auteurs désignés, un certain nombre de noms fictifs et tout à fait imaginaires. Ils sont généralement compris dans les derniers *âstakas* du Rig-Vêda. Nous allons en citer plusieurs : remarquons seulement que ces noms se rattachent en général à quelque dieu, ou à un objet du culte, ou à une idée abstraite, prise parmi celles qui se rapportent le plus directement à la doctrine religieuse. Ainsi tel hymne où sont célébrées les vertus d'Indra est attribué à Indra lui-même ou à un fils d'Indra, tel que *Jaya* (la Victoire) *Sarvahari* (celui qui est entièrement jaune), ou à l'épouse d'Indra, *Saćî* ou *Indrânî*, ou aux Ondes (*Apâs*) mères d'Indra. Tel autre, où sont célébrées les vertus du feu sacré, est mis sous le nom d'*Agni* (le Feu), ou de *Dwita-aptya*, de *Trita-aptya*, de *Havirdâna*, de *Vrihaddiva*, épithètes par lesquelles on désigne le feu lui-même. Or nous ne voyons pas qu'aucun des personnages réels cités dans les Hymnes, et ils sont nombreux, ait porté le nom d'un dieu ou ait été désigné par un des attributs divins. On pourrait peut-être défendre la réalité de certains auteurs présentés comme enfants de *Vivaswat* l'âditya, par exemple celle de *Manu*, quoique ce nom désigne ordinairement le père des humains, ou celle du fameux *Nâbânédiśta*. Mais nous ne voyons pas comment il se pourrait que *Yama*, dieu de la mort, ou son épouse *Yamî* fussent jamais venus sur terre composer des hymnes. Et ici l'on ne saurait prétendre que ces noms, empruntés au panthéon vêdique, ont pu être donnés à certains enfants de race sacerdotale devenus plus tard des poëtes; car la tradition entend bien parler des divinités elles-mêmes et non d'hommes ayant emprunté leurs noms. Ces auteurs sont donc fictifs. A plus forte raison devons-nous ranger dans la même classe les noms abstraits, comme ceux de *Çradââ* (la Foi), *Buda* (le Sage), *Manyu* (la Colère), *Kumâra* (le Jeune) fils de *Jara* (le Vieux), *Vâk* (la Parole sainte) ; ou bien *Anila* (le Vent), *Saramâ* (la Chienne mystique), *Juhu* (la Cuiller du sacrifice), *Çyêna* (l'Epervier mystique), *Ćaxus*, l'œil, fils du Soleil ; ou enfin ces auteurs multiples d'un même hymne, tels que *Agni*, *Ćaxus* et *Manu*, les *Agnis* fils d'*Içwara*, les cinq *Riṡis*, les sept *Riṡis*, les cent *Riṡis*. Malgré la croyance générale des Indiens dans la réalité de ces auteurs, la critique européenne ne consentira jamais à l'admettre, de peur de réaliser des abstractions.

Il ne nous reste qu'à déclarer que ces hymnes sont parvenus aux collecteurs du Vêda, sans noms d'auteur. Il est à remarquer que beaucoup d'entre eux ont un caractère de haute antiquité et certainement n'appartiennent pas aux derniers temps de la période. On conçoit en effet que si ces hymnes eussent été récents, les noms des poëtes fussent plus aisément parvenus jusqu'aux auteurs du recueil. Mais plus un poëte s'est trouvé ancien, plus il a dû arriver que ses œuvres se soient détruites avec sa descendance, et qu'au jour où l'on a voulu recueillir les Hymnes, quelques-uns des siens aient été conservés dans la mémoire de certains hommes sans qu'il ait été possible de dire son nom.

Comment alors les Indiens se sont-ils crus autorisés à le remplacer par le nom d'un dieu ou d'un objet sacré? C'est ce dont on peut se rendre compte par une connaissance, même élémentaire, de leur doctrine religieuse. En effet, dans la pensée indienne, toujours empreinte de panthéisme et pleine de la croyance à l'âme universelle, un poëte n'est que l'organe du dieu qui lui inspire ses propres louanges. Le poëte vit de la vie universelle plus que tout autre homme, *sarvabûtâtmabûtâtmâ*; il n'est qu'une forme passagère de l'esprit divin. Lorsque les brâhmanes déclarèrent que le Vêda était un livre révélé, ils ne firent qu'appliquer cette doctrine au cas particulier des Hymnes; et cela ne voulait pas dire simplement que Brahmâ, en personne, avait parlé à la personne humaine des poëtes; mais qu'il s'était servi de leur bouche pour exprimer des vérités éternelles dont il était le *père* et le premier *concepteur* : à ce titre il était qualifié de poëte antique, *kavim purâṇam*. Le Vêda révélé se trouvait être ainsi, dans la doctrine des Indiens, la parole divine, et le poëte s'effaçait devant le dieu. Or que sont les dieux védiques, tels qu'Indra, Yama et les autres, dans la doctrine brâhmanique, sinon des formes secondaires et plus humaines des grands *Prajâpatis*, ou pour mieux dire de Brahmâ lui-même? Lors donc que le nom du poëte disparaît, emporté par la révolution du temps, en quoi cet oubli tout humain intéresse-t-il la parole divine? Quand le poëte chantait sous l'inspiration d'Indra, de Yama et de Sûrya, n'était-ce pas ces dieux qui étaient les « maîtres de la parole » et les vrais auteurs de l'hymne? L'hymne est resté, conservant toute sa vertu sainte ; en chantant Indra ou Yama, ou Sûrya, il nomme son auteur et doit par conséquent être placé sous son nom.

Cet ordre d'idées est parfaitement naturel, quand on admet l'impersonnalité du chantre inspiré, comme elle était admise dans l'Inde. Il nous explique comment les brâhmanes ont pu se croire autorisés à créer des auteurs fictifs, ces fictions étant pour eux des réalités. Il nous explique aussi comment, dans les âges suivants, un si grand nombre d'ouvrages considérables ont été composés, auxquels il ne semble pas que leurs auteurs aient jamais attaché leurs noms.

III.

A cette question des auteurs, se rattache étroitement celle des époques, dont l'importance est selon nous très-grande à tous les points de vue. Nous allons signaler les résultats généraux auxquels l'étude du Rig-Vêda nous a conduits.

Un premier recensement doit être fait entre les auteurs vêdiques dont la réalité peut sans inconvénient être admise ; en comparant leurs hymnes, on ne tarde pas à s'apercevoir que les recueils particuliers les plus abondants sont aussi les plus récents et appartiennent à la fin de la période. Dans ces hymnes sont cités par leur nom un assez grand nombre de poëtes, auxquels la tradition attribue des hymnes qui font partie du livre, et dans lesquels nous pouvons, en effet, le plus souvent distinguer les marques de l'antériorité. Parmi ces derniers, il en est où sont nommés des poëtes qui, dans leurs propres chants, nomment ceux qui les nomment eux-mêmes dans les leurs : puisque il n'y a aucune raison de regarder ces passages comme interpolés, ces citations réciproques sont un signe que leurs auteurs vivaient au même temps et se connaissaient les uns les autres. Enfin il est des hymnes dont les auteurs ne citent aucun autre poëte, qui portent les caractères d'une époque plus ancienne et qui semblent ainsi appartenir aux premiers temps de la période du Vêda. Nous ne voulons pas, dans ces études élémentaires, pousser plus loin cette classification des Hymnes selon l'ordre chronologique, essai qui appartiendrait à un ouvrage beaucoup plus développé. Nous ferons seulement remarquer que l'ordre chronologique, pris dans son ensemble, paraît concorder avec un ordre géographique, avec un mouvement de la population âryenne s'opérant de l'ouest à l'est ; de sorte que les derniers hymnes ont été composés dans les hautes vallées du Gange et de ses affluents, et les premiers dans le voisinage du Caboul ; le plus grand nombre l'ont été dans le *Saptasindu*, durant une période de temps comprise entre ces deux époques extrêmes. Toutefois, il ne faudrait pas supposer une exactitude entière à cette concordance ; car les Aryas s'établissaient, en s'avançant peu à peu ; les poëtes de l'avant-garde laissaient derrière eux des familles établies ; et quand les derniers hymnes furent chantés sur les rives de la Yamunâ, de la Gangâ et de la Sarayû, il y avait certainement des poëtes qui en faisaient d'autres jusque dans le nord de l'Heptapotamie. Nous comprenons tous les hymnes qui nous sont parvenus, sous la dénomination commune de *période védique.*

Tout lecteur des Hymnes sera frappé d'un fait qui s'y manifeste pour ainsi dire à chaque page : c'est que la civilisation de ce temps, tout élémentaire qu'elle paraît être, est rattachée par les poëtes à une période antérieure et à une origine fort reculée. La plupart d'entre eux nomment un ancêtre d'où leur famille est issue et qui vivait bien longtemps avant eux ; ils ne disent, il est vrai, ni où, ni quand. Mais il y a des présomptions très-fortes que c'était hors de l'Inde et avant que les Aryas eussent franchi les grandes montagnes du nord-ouest. En effet, on arrivera probablement à démontrer que les traditions historiques des Iraniens et des peuples de l'Europe ne se rapportent à aucun personnage de la période védique, à aucun fait ayant eu lieu dans le *Saptasindu* : de sorte que le Vêda appartient exclusivement aux Aryas de l'Inde et n'est pour rien dans les écritures sacrées des autres peuples âryens. Mais plusieurs des traditions védiques relatives aux ancêtres, ainsi que plusieurs noms d'ancêtres, se retrouvent chez ces peuples ; elles s'y rencontrent, les unes à peine modifiées, les autres plus profondément altérées par le génie propre de chaque nation, mais encore reconnaissables. Elles appartiennent donc à une période de temps où ces peuples et les Aryas védiques vivaient ensemble, dans une seule et même contrée. Ce fait, qu'il s'est écoulé une période antérieure à celle du Vêda, est rendu si évident par la simple lecture des Hymnes, qu'il nous paraît être un des principes les plus solides, et aussi l'un des plus importants, de la mythologie et de l'archéologie comparées.

Les traditions primitives dont nous parlons peuvent se grouper autour de deux faits essentiels, sur lesquels les poëtes du Vêda reviennent sans cesse : l'institution du sacrifice et sa réforme. La découverte du feu, son établissement au milieu des Aryas sur le foyer de terre ; la création des dieux et de leurs attributs par les plus anciens prêtres de la race âryenne ; l'invention de l'Hymne ou de la Parole sainte, mesurée et rhythmée ; l'institution du sacerdoce de famille et de l'autorité sacrée de son chef ; tels sont les faits principaux qui se rapportent à l'organisation primordiale du sacrifice.

... Nos ancêtres, enfants de Manu, sont aussi venus s'asseoir autour d'un semblable foyer...

... Ils ont révélé la lumière du jour, et, par leurs prières, organisé le sacrifice...

Ils ont inventé les premières formules d'adoration. Ils ont imaginé les vingt et une mesures qui plaisent à la Vache, mère du sacrifice. C'est en entendant ces accents que s'est levé le troupeau; c'est alors que l'Aurore s'est montrée avec la glorieuse splendeur du Voyageur.

Les sombres ténèbres sont anéanties; le ciel se couvre de clartés; les feux de la divine Aurore sont venus. Le Soleil s'est revêtu de larges rayons, et voit, au milieu des mortels, tout ce qui est droit, tout ce qui est tortueux.

Qu'à l'instant, dans toutes les demeures, les dêvas se réveillent pour chanter, et qu'ils affermissent le trône où brille la précieuse lumière...

(Vâmadêva, II, 103.)

Le sacrifice lui-même se confond avec la production du feu sacré, puisque c'est pour en animer la combustion, pour développer le corps mobile et éclatant d'Agni, qu'on lui offre comme aliments le sôma, le beurre et les autres objets qu'il doit consumer. Les noms d'*Angiras*, de *B'rigu*, principalement de *Manu*, sont dans la bouche de tous les poëtes, quand ils célèbrent cette antique invention du feu sacré. Une doctrine mystique et déjà profonde dans sa simplicité, paraît avoir apparu dès ces temps reculés et se retrouve, dans ses éléments les plus essentiels, à l'origine de toutes les mythologies âryennes. Les poëtes antiques l'ont énoncée les premiers; au temps du Vêda dans l'Inde, et de l'Avesta dans l'Iran, elle avait déjà reçu des développements considérables.

La réforme du sacrifice est attribuée exclusivement aux *Ribus*, dont le nom est, lettre pour lettre, identique à celui d'*Orphée*. D'après le récit souvent répété dans le Recueil des Hymnes, il semble que, durant une période primitive, qui suivit immédiatement l'institution du sacrifice d'Agni, la cérémonie sainte parut languir ou demeurer au moins sans se développer. Les commentateurs ont entendu, et sans doute avec raison, que le chef de famille l'accomplissait à lui seul, assisté de ses enfants et de sa femme, et qu'ainsi le culte se trouvait réduit à sa forme la plus simple et la moins pompeuse. Les trois fils de *Sudanwan, Ṛibu, Vibwat* et *Vája*, partagèrent en quatre le calice du sacrifice, ce qui paraît signifier qu'ils instituèrent quatre prêtres officiant à la fois; ils construisirent le char d'Indra et formèrent ses deux coursiers jaunâtres, rendirent la jeunesse aux deux parents (l'*araṇî*), et de la peau d'une vache morte surent faire une vache vivante (le filtre); par là ils tirèrent la cérémonie sainte de l'obscurité où elle était, et la ramenèrent à la splendeur qu'elle semble avoir conservée depuis. Les poëtes leur attribuent aussi l'institution du sacrifice du soir. Pour ces actions, ils partagèrent avec Indra les honneurs de cette troisième oblation et méritèrent d'être rangés parmi les *Immortels*. Le vieux poëte *Dîrġatamas* raconte sous une forme à la fois dramatique et pleine de mystère, les hauts faits des *Ṛibus*; d'autres poëtes la racontent de même.

Aux Ṛibus.

... O toi, le plus jeune et le meilleur de nous, que viens-tu nous annoncer? Qu'avons-nous dit? Nous ne blâmons pas le vase des libations, que nous trouvons excellent, ô Agni, notre frère. Nous avons contesté qu'il fût le meilleur possible.

« De ce vase unique, faites-en quatre; voi à ce qu'ont dit les dêvas; c'est ce qui m'amène vers vous. Fils de *Sudanwan*, si vous agissez ainsi, vous serez dignes de partager avec les dêvas les honneurs du sacrifice. »

Vous avez répondu favorablement au message d'Agni. « Frères, il vous faut construire le char rapide : en même temps formez une vache; rendez à la jeunesse ces deux vieillards. Eh bien! allons! »

Quand vous eûtes exécuté cet ordre, ô   us, vous avez demandé : où est aujourd'hui l'envoyé qui nous est venu trouver? » Cependant *Twaṣṭri*, voyant les quatre calices qui avaient été faits, se montra au milieu des femmes.

« Mort, s'écriait *Twaṣṭri*, à ceux qui ont blâmé le vase qui sert aux libations des dêvas! Ils inventent des invocations nouvelles : il faut, pour ces invocations, que la mère de famille leur fournisse de nouvelles libations. »

Cependant Indra a reçu de vous deux chevaux, les Açwins un char, *Vrihaspati* des vaches de toute forme...

D'une peau vous avez fait une vache vivante. Par vos œuvres, vous avez rendu ces deux vieillards à la jeunesse. Fils de *Sudanwan*, d'un cheval vous avez tiré un autre cheval, et les attelant à votre char, vous êtes venus vers les dêvas...

(*Dirġatamas*, I, 373.)

Il ne nous semble guère possible de rapporter au même temps l'institution primitive du sacrifice et ce développement postérieur que la tradition attribue aux *Ṛibus*. Que le premier fait ait eu lieu à une époque quelconque de l'antiquité, c'est ce qu'il est impossible de révoquer en doute, puisque le sacrifice du feu est commun à tous les peuples àryens de l'Europe et de l'Asie, et que le feu joue encore un rôle important dans les cérémonies sacrées des peuples modernes. Que d'autre part, « l'œuvre sainte » ne soit pas parvenue tout d'abord à toute la pompe que les cultes ont déployée dans la suite, c'est ce que l'on peut conclure d'un grand nombre de faits, fournis par toutes les histoires anciennes. Il n'est pas surprenant que les Aryas vêdiques aient conservé le souvenir d'un grand développement du culte attribué par eux aux *Ribus*. On est dès lors porté à croire que, sous les récits mystérieux des poëtes, se cache un fait historique de la plus haute importance. L'état de mutilation où il leur était parvenu prouverait seulement qu'à l'époque des Hymnes, ce fait était déjà comme perdu dans les ténèbres d'un passé lointain. On remarquera que la tradition grecque relative à ce pontife des Argonautes, instituteur du chant sacré, à Orphée, n'est ni moins mutilée, ni moins entourée de mystère que celle des Aryas du sud-est. Ainsi qu'eux aussi, les Grecs regardaient Orphée comme postérieur à Prométhée porteur-du-Feu.

Du reste nous n'attachons pas à ce rapprochement entre Orphée et les *Ribus* plus d'importance qu'il n'en mérite.

Plus près des temps vêdiques et s'étendant peut-être jusque dans le siècle des Hymnes, le Vêda signale une troisième période caractérisée par un grand nombre de miracles. Ces actions surnaturelles sont l'œuvre non des hommes, mais des dieux, et non pas même de tous les dieux également, mais surtout d'Indra et des Açwins. Elles sont accomplies en vertu d'une protection spéciale, accordée par eux à certains hommes, princes ou poëtes, ou à des femmes. Il est des hymnes dans le Recueil, qui ne sont autre chose qu'une énumération de ces miracles; nous ne les citons pas ici; nous y renvoyons le lecteur (i, 214). Faisons seulement à cet égard les remarques qui nous semblent les plus importantes.

Les miracles, dans le Vêda, sont bien tels que nous nous les représentons toujours, c'est-à-dire des faits particuliers et personnels, où se manifeste d'une façon toute spéciale l'intervention d'une puissance surnaturelle : c'est, par exemple : *Bujyu* tombé dans les eaux du Samudra et retiré de ce péril sur un char divin, qui l'emporte à travers les airs et le dépose sur la terre ferme. La nature, à la fois humaine et puissante, des dieux, explique suffisamment la croyance à ces actions merveilleuses, puisqu'ils n'agissent pas, comme le Dieu des modernes, par un acte unique placé en dehors du temps. L'Inde n'a jamais cessé de voir des miracles accomplis par ses dieux : et plus tard, lorsque la doctrine des incarnations se fut établie et que l'on vit dans tout homme d'une vertu ou d'une science supérieure un dieu descendu du ciel, l'humanité fit des miracles aussi bien que la divinité; la vie du *Budda* en est remplie.

Le siècle des miracles vêdiques n'a pas de limites arrêtées. Il en est qui appartiennent exclusivement à l'histoire indienne et sont par conséquent postérieurs à l'arrivée des Aryas dans le *Saptasindu;* ce sont les plus nombreux; beaucoup d'entre eux sont même localisés dans quelqu'une des vallées de l'Indus et entourés de circonstances d'un caractère éminemment historique. Les Hymnes ne les citent que dans de courts versets et en termes fort abrégés; les commentateurs du Vêda donnent souvent sur eux des explications développées et instructives. D'autres miracles sont d'une date évidemment antérieure et semblent s'être accomplis dans un autre pays qui n'est pas nommé. Tels sont, par exemple, ceux qui entourent les noms de l'antique *Kanwa,* aïeul du poëte de ce nom; de *Kavi* et de son fils *Uçanas*, dont le Recueil cite des hymnes vraisemblablement apocryphes; de l'antique *Vasista,* qui n'est pas le poëte du même nom, rival de Viçwâmitra; et de plusieurs autres. Les traditions iraniennes et occidentales ont conservé ces mêmes noms avec les faits qui s'y rapportent; ces faits y sont présentés avec des caractères parfois différents, suivant la diversité des doctrines religieuses et du génie des nations; mais ils n'en sont pas moins reconnaissables; et ces différences prouvent uniquement la haute antiquité des faits racontés. Ces anciens miracles offrent ce haut intérêt, de fournir à la critique un des liens qui unissent les Aryas du sud-est avec les autres branches de la même famille. En effet, si l'on admet que, sous ces récits merveilleux, un fait historique se trouve caché, c'est ce fait lui-même qui est commun aux divers peuples âryens et qui s'est accompli lorsqu'ils n'étaient pas encore dispersés ; si l'on nie la réalité du fait, comme la tradition est commune à ces peuples, ce sont alors les inventeurs du récit qui doivent être considérés comme leurs communs ancêtres. Ou bien il faudrait admettre que le récit de ces faits merveilleux et imaginaires, produit d'abord chez un de ces peuples, a passé chez les autres, qui l'ont admis dans leurs propres traditions : ce qui est contre toute vraisemblance et n'est attesté par aucun témoignage, par aucun indice connu. Il reste donc que ce genre de miracles est le domaine commun de la race âryenne, et que par eux les traditions vêdiques se rattachent au centre primitif d'où elle est sortie.

En résumé la lecture du Vêda signale deux grandes périodes : celle des Hymnes eux-mêmes, qui se lie par ses derniers temps à l'organisation définitive des castes dans l'Inde ; et la période antique. Celle-ci comprend trois époques, correspondant à l'institution primordiale du sacrifice du Feu, au développement ou à la réforme du culte par les *Ribus*, et enfin aux miracles ; par ces derniers elle se lie d'une part à la période des Hymnes en se localisant dans le sud-est, de l'autre aux traditions générales des peuples àryens; l'époque des *Ribus* semble antérieure à celle des miracles; l'époque de l'institution du sacrifice est tout à fait primordiale.

CHAPITRE VII

DE LA FAMILLE

I. ORIGINE ET CONSTITUTION PRIMITIVE DE LA FAMILLE:

« Les Ancêtres ont été les maîtres de la grandeur des dieux. Dêvas, ils ont donné la force aux dêvas. Ils ont rassemblé les rayons producteurs et les ont placés dans leurs corps.

» Ils ont avec puissance parcouru le ciel, repoussant dans l'immensité les bornes de l'orient. Ils ont formé les corps de tous les mondes et ont ensuite produit les différents êtres.

» Ils ont par de triples libations assuré la marche de l'Asura resplendissant. Ces Ancêtres ont eu, sur la terre, des fils qui leur ont succédé et qui, héritiers de la force paternelle, ont propagé les sacrifices. »

(Vrihadukt'a, IV, 262.)

Le rôle des Ancêtres se confond aux yeux des Aryas vêdiques, au moins dans une certaine mesure, avec celui des dieux. Les mêmes êtres puissants qui dans l'origine ont produit les mondes, sont aussi les pères des animaux et des hommes et les auteurs de la vie. Une mystique profonde et qui ne se cache pas préside à ces conceptions et les anime. Entre l'œuvre de la génération primordiale des êtres vivants et l'œuvre sainte du Sacrifice, une relation étroite existe dans le Vêda; un même mot, ou plutôt une même racine, exprime ces deux choses : *karman* est l'œuvre, et *kratu* le sacrifice; tous deux se rapportent à la racine âryenne *kri*, qui signifie produire, qui est identique au latin *creare*, et qui se retrouve probablement aussi dans le nom de Kronos, Saturne. L'œuvre de la production du monde se perpétue avec celle du sacrifice et ne saurait s'en séparer : comme les fils continuent la vie des pères, le sacrifice est engendré par le sacrifice et se continue à travers les siècles. Les Ancêtres sont la source primordiale des sacrifices et des générations.

Voici en peu de mots la doctrine mystique sur laquelle ces conceptions liturgiques et cosmologiques sont fondées. Le feu est l'élément même de la vie : invisible, il anime toute la nature. Quand se produit la génération d'un être vivant, c'est ce feu métaphysique qui se transmet avec la semence paternelle dans la matrice où le vivant doit se développer; Agni est le grand *asura*, qui réside en tout ce qui a vie; *Twaśtri* donne aux êtres la forme qui leur convient, et représente la force plastique répandue dans toute la nature. Quand le feu revêt pour lui-même un corps visible, il est alors le feu resplendissant du sacrifice, qui, dans son fond, n'est pas différent de la flamme de la vie. Or le feu sacré s'alimente avec le *sôma*, liqueur fermentée et brûlante, qui provient de la plante du même nom. Cette plante croît sur les collines et passe pour grandir sous les rayons de la Lune nommée aussi Sôma : opinion qui ne saurait nous surprendre, puisqu'elle est aujourd'hui même fort répandue chez nous, non pour le sôma, qui est une plante d'Asie, mais pour beaucoup d'autres plantes. Il y a donc, aux yeux des Aryas, une relation fort étroite entre toutes ces choses : les Ancêtres, la production de la vie et du sacrifice, la Lune et la liqueur du sôma. Comme la Lune est le lieu et le dieu d'où émane, par l'intermédiaire de la sainte Liqueur, le feu du sacrifice, qui est celui de la vie, les Ancêtres, qui sont aussi la source de la vie dans les générations successives et les auteurs du sacrifice, peuvent à juste titre avoir la Lune pour séjour. Quand la terre a reçu le corps du trépassé, ou quand le feu en a consumé la chair et les souillures, l'Agni invisible, à la voix du prêtre qui l'invoque, lui donne un corps glorieux qui transporte son âme au séjour des Ancêtres. »

» Que l'œil aille dans le Soleil, le souffle dans le vent; ô Agni, remets au Ciel et à la Terre ce que tu leur dois. Donne aux Eaux et aux Plantes les parties de son corps qui leur appartiennent.

» Mais il est une partie immortelle. Echauffe-la de tes rayons, embrase-la de tes feux. Dans le corps bienheureux formé par toi, transporte le au séjour des Saints.....

» Oui, je vois un autre *Jâtavêdas* que cet Agni, mangeur de chair, qui est entré dans vos demeures. C'est lui que je prends pour le sacrifice des Ancêtres. Qu'il fasse briller ses feux sur le foyer.....

» O Agni, purifie ce lieu que tu as brûlé. Qu'il soit lavé et balayé avec quelques brins d'herbe sèche.

» O terre, redeviens fraîche et riante en cet endroit. Que la grenouille s'y plaise. Fais la joie d'Agni. »

(IV, 157.)

Les honneurs rendus aux Ancêtres dans les temps vêdiques ont continué de l'être dans tous les siècles suivants et le sont encore aujourd'hui. La croyance à l'immortalité de l'âme, non pas nue et inactive, mais vivante et revêtue d'un corps glorieux, ne s'est pas interrompue un seul moment, puisqu'elle est encore dans l'Inde ce qu'elle y était autrefois, et qu'elle s'y rencontre avec les mêmes caractères et le même fond métaphysique. L'idée de la transmigration a seule pris, à cet égard, un développement considérable : elle n'est qu'en germe dans le Vêda, tandis qu'elle paraît avec toute son étendue dans les lois de Manu. L'âme du mort, du père de famille devenu Ancêtre à son tour, ce feu divin et inépuisable des générations, continue de vivre en vertu de la puissance qui, à l'origine des choses, l'animait : ou pour mieux dire, le mort aspire sans cesse à la vie, et, dans sa mystique existence qui n'est jamais finie, demande un aliment pour se nourrir. C'est au foyer du Sacrifice qu'il le reçoit, des mains de ceux auxquels il a transmis les formes de la vie humaine. Le sôma, les mets sacrés, l'hymne pieux, lui sont offerts, et lui sont transmis par Agni, qui est comme un cheval et comme un char. Ils viennent s'asseoir autour de lui sur le gazon sacré ; la famille réunie croit à la réalité de leur présence ; et quand Agni consume l'offrande, personne ne doute qu'ils n'en prennent leur part et ne la consomment avec joie. Le vivant qui n'offre pas le sacrifice aux morts est un voleur et un parricide.

La nature entière chante l'hymne aux Ancêtres, quand elle s'éveille avec le jour et qu'elle fait entendre les mille voix des êtres vivants (III, 419). C'est un sacrifice éternel offert aux pères du monde, aux premiers auteurs de la vie. C'est la Sainte Parole qui retentit au lever de l'aurore, quand il n'y a plus d'étoiles et que le soleil n'a pas encore paru. C'est la vie qui célèbre la vie et qui, sous les formes matérielles et passagères de la présente existence, répète le chant qu'elle a chanté jadis quand elle animait d'autres corps.

Les auteurs du Vêda ont poussé très-loin leurs réflexions relativement au principe et à la transmission de la vie. Leur doctrine mystique sur ce point embrasse la nature entière selon les lieux et selon les temps. Par une étroite parenté, elle rattache entre eux tous les vivants, et montre déjà aux hommes dans les êtres animés qui les environnent des frères et des sœurs, c'est-à-dire des formes de la vie qui ne sont pas essentiellement différentes de la leur. Selon les temps, elle unit les générations les unes aux autres par un lien de dépendance et de réciprocité, et devient ainsi le fondement de la famille.

Le soin religieux avec lequel les Aryas indiens ont conservé et conservent encore les sacrifices de famille, est un des faits d'histoire humaine qui méritent d'être signalés. La Foi est pour eux le principe conservateur de la famille. Par la perte de la Foi, l'irréligion envahit les familles ; par l'irréligion, les femmes se corrompent ; la corruption des femmes introduit dans la famille un sang illégitime ; les fils qui en naissent ne peuvent plus offrir le sacrifice aux Mânes ; les Ancêtres, privés des aliments qui leur sont dus, tombent de leur divin séjour ; et la famille est détruite dans ses chefs et dans leurs descendants.

Au temps du Vêda, un assez grand nombre de familles comptaient déjà dans le passé de nombreuses générations et nommaient leurs premiers ancêtres. Plusieurs d'entre elles avaient conservé avec ferveur les chants et les traditions d'autrefois, les rites sacrés, la science avec ses mystères, l'hymne avec ses rhythmes et ses mesures. Tels sont les poëtes qui font remonter leur origine à *B'rigu, Kanwa, Angiras, B'arata, Vasista*. Nous avons vu dans le précédent chapitre que ces souvenirs devaient remonter assez haut dans le passé, puisque, parmi ces noms et les faits qui s'y rattachent, plusieurs appartiennent à l'Iran et aux Aryas occidentaux aussi bien qu'aux Aryas vêdiques. Il serait donc possible de ne pas admettre la réalité de ces antiques personnages et de considérer leurs noms comme symboliques. Mais, de toute manière, le respect des Mânes et le culte des Ancêtres est le même, et n'en reste pas moins comme le fondement sacré de la famille.

Nous avons insisté sur ce fait, parce qu'il domine toute la civilisation indienne, et que, si le christianisme devait prendre la place des religions de l'Orient, les cultes domestiques seraient un des plus grands obstacles contre lesquels il aurait à lutter.

L'état primitif de la famille âryenne, non celui qui subsiste dans le Vêda, mais celui qui répond aux plus anciens temps de la race, est dépeint dans les noms des membres qui la composent. Ces noms, fait insigne, sont identiques dans toutes les branches asiatiques et européennes de notre race, et prouvent conséquemment que la famille existait dans l'Asie centrale avant qu'elles se fussent dispersées. Mais, tandis que ces mots n'ont pas de signification bien reconnaissable dans les langues de l'Europe, même dans le grec et le latin, ils sont, en sanscrit, formés régulièrement d'un suffixe connu et de racines dont le sens est généralement fort clair. Il s'ensuit que, dans les noms eux-mêmes, sont exprimés et les rapports saisis primitivement par nos aïeux entre les membres de la famille, et les premières fonctions qu'ils leur ont attribuées.

Or la famille naturelle se compose, essentiellement et uniquement, d'abord du mari et de la femme, qui deviennent le père et la mère, puis du fils et de la fille, qui sont entre eux frère et sœur. Les grands parents appartiennent à la famille antérieure; les oncles et les tantes font partie de familles collatérales. L'époux est appelé *pati* (πόσις), c'est-à-dire *maître*. Ce mot n'est pris nulle part, dans le Vêda, avec la signification de maître absolu, quand il s'agit des relations conjugales; l'époux n'a pas sur sa femme le pouvoir du maître sur un serviteur ou sur un esclave. Il est appelé *pati*, comme chef de la famille, tout d'abord représentée par la femme seule et contenue en elle. L'autonomie reste à l'épouse dans la mesure compatible avec les droits du chef qu'elle a reçu en mariage. Comme cet acte a été consenti librement par elle, elle n'a point aliéné sa liberté, ni les droits naturels de sa personne. Le rôle de l'époux à son égard est en effet d'être son protecteur, *náta*, celui qui seul peut et doit la défendre contre les dangers extérieurs. Si l'on admet qu'à l'époque où le nom de *pati* a été choisi par les Aryas pour désigner l'époux, leur civilisation en était encore à ses premiers rudiments et n'avait point atteint à beaucoup près le degré de développement où la société védique nous la montre, on comprendra que dans cette vie primitive, nos aïeux, toujours exposés aux attaques des ennemis du dehors, aient vu d'abord dans le mari le défenseur et par conséquent le maître de celle qui s'unissait à lui et que sa faiblesse livrait désarmée à tous les périls. Plus tard, au temps du Véda, ces périls n'ont point disparu, puisque la race des Aryas est en lutte continuelle avec les Dasyus et n'est pas encore fixée dans un lieu où elle doive trouver une entière sécurité. Le rôle de chef et de défenseur appartient donc encore au mari dans toute sa plénitude. Toutefois, la femme est si peu la servante de son mari, qu'elle partage avec lui toutes les fonctions d'où il peut tirer honneur et qui n'exigent pas la force du sexe viril. Elle offre avec lui le sacrifice; elle a sa place avec lui dans les cérémonies; elle va cueillir le *sôma* et le *dûrva* sur la colline; elle a soin des vases sacrés; elle prépare, pour sa part, la cérémonie sainte. Elle peut composer des hymnes : le Vêda en cite plusieurs que la tradition attribue à des femmes; et quand même cette tradition serait erronée, le fait seul de cette attribution prouve qu'au temps où les hymnes ont été recueillis, les Indiens ne trouvaient pas déplacé que des femmes en eussent été les auteurs. L'enseignement religieux, reçu ou transmis, comptait donc alors parmi les attributions de l'épouse. Or nous voyons aujourd'hui même que, dans les pays où la femme est l'esclave ou la servante du mari, chez les peuples musulmans par exemple, non-seulement elle ne reçoit aucun enseignement religieux et ne participe point aux cérémonies du culte; mais elle n'a même aucune part dans la vie future; elle meurt, comme si elle n'avait point d'âme immortelle; et dans le monde céleste, uniquement habité par les hommes, elle est remplacée, dans ses fonctions corporelles, par des êtres féminins idéaux qui n'ont rien de commun avec la réalité et qui n'ont jamais vécu. Dans les cérémonies du culte âryen primitif, l'époux, quand il présente l'offrande aux dieux, est appelé *déva* comme les dieux eux-mêmes et ne diffère d'eux que par la mortalité. Ce mot vient, comme on le sait, de la racine *div*, briller, qui existe dans plusieurs langues àryennes ; un passage d'un hymne indique très-positivement que cette épithète était donnée à l'officiant, parce que, s'approchant du feu plus que les assistants, soit avant le lever du soleil, soit après son coucher, ses vêtements en recevaient un éclat particulier et vraiment pittoresque (IV, 63 ; 67). Or l'épouse qui l'assiste est appelée *dêvî* : elle s'avançait donc aussi vers le foyer sacré, ce qui n'est aucunement le rôle d'une servante.

D'ailleurs le nom qu'elle porte est celui de *dam*, qui signifie dame ou maîtresse, et se rattache à une racine identique, exprimant la force physique qui dompte et la force morale qui commande. Quoique le mot français *dame* ne viennent pas directement du sanscrit, puisqu'il est dérivé du latin *domina*, cependant il est le même que le mot sanscrit, au même titre que le mot latin d'où il est venu. L'idée de commander est primitivement dans le nom de l'épouse, non pas à l'égard du mari qui est le chef de la famille, mais à l'égard des autres personnes. Pour cela même elle est appelée *patnî*, qui est lettre pour lettre le πότνια des anciens Grecs. Et pour qu'il ne reste à cet égard aucun doute, la femme est encore nommée *grihapatnî*, c'est-à-dire maîtresse de maison, comme l'époux est appelé *grihapati*. En un mot, dans toutes les circonstances où l'on donne à l'époux un titre qui ne désigne pas une fonction incompatible avec le sexe le plus faible, le même titre au féminin est aussi donné à la femme.

Plus tard l'époux et l'épouse deviennent père et mère : et dès ce moment leur rôle s'accroît, la famille est constituée dans presque toute sa plénitude. L'époux, *pati*, devient le nourricier de sa femme et de son enfant, incapables de pourvoir eux-mêmes à leur subsistance. Il s'appelle alors *pitri*, de la racine *pâ*, nourrir. Aucun acte en effet ne saurait prévaloir sur celui là dans le rôle du père. Tant qu'il était simplement époux, il pouvait partager avec sa femme, jeune et libre, le soin de chercher des aliments. Aussitôt qu'un enfant lui est né, il est chargé seul de cette fonction, que nulle autre ne peut précéder ni remplacer. Mais, comme il ne perd point pour cela son titre de chef de famille, qui se trouve au contraire agrandi, il en est résulté que les deux idées contenues dans les mots *pati* et *pitri*, très-distinctes à l'origine, se sont peu à peu confondues dans les idiômes occidentaux, et que le seul mot *pater*, πατήρ, *father* etc., est resté pour désigner le père nourricier et le chef de la maison.

Le nom de la mère, *mâtri*, vient certainement de la racine *mâ* et n'offre, dans l'ancienne langue des Aryas du sud-est, aucune difficulté grammaticale. Or cette racine signifie le plus habituellement, sinon toujours, mesurer, partager, distribuer. La mère semble ainsi avoir eu pour rôle principal d'être la distributrice des biens de toute sorte (*vasunâm*) envoyés par les dieux, ou conquis par le père : c'était la nourriture, le vêtement et en général tout ce qui pouvait contribuer à satisfaire aux premiers besoins d'une société naissante.

Quant au fils, il n'est pas seulement celui que le père et la mère ont engendré (*suta, sunu,* en anglais *son*); il a un rôle plus important; il devient excellemment le disciple du père, celui qui reçoit de lui le dépôt de l'hymne sacré et de l'enseignement religieux; c'est lui qui doit, en formant plus tard une famille à son tour, perpétuer l'offrande aux dieux et ce culte domestique, conservateur de la pureté des races, sans lequel les Ancêtres perdent la vie immortelle. Cette fonction du fils, déjà importante dans le Vêda, devint plus tard, dans les familles royales et sacerdotales de l'Inde brâhmanique, un des principaux fondements de la société.

A l'égard de la jeune fille, le fils est appelé *bhrâtṛi* (en latin *frater; bruder* en allemand, etc.). Il n'y a aucun doute que ce mot vient de la racine *bhṛi*, supporter, et qu'il signifie l'appui, le soutien. Comme il exprime la relation du fils avec la fille ou des fils entre eux, il exprime en général le secours que les descendants du père se doivent les uns aux autres et qui était sans doute dans ces temps antiques un gage excellent de sécurité. La fille en effet a des fonctions paisibles, et la force du fils fait de lui son protecteur naturel. Le mot *duhitṛi*, qui la désigne, lui assigne un rôle primitif qui jette un jour intéressant sur la vie pastorale de nos aïeux. *Duhitṛi* est en effet le même mot que le θυγάτηρ des Grecs, que le *tochter* des Allemands, le *daughter* des Anglo-saxons, etc.; comme le mot *swasṛi*, sœur, est le même que *schwester*, *sister*, et *soror*. Il exprime, lui aussi, une idée commune à toute la race, et précède le temps où les peuples qui la composent se sont séparés. *Duhitṛi* signifie celle qui trait les vaches. Car, encore bien que la racine *duh* signifie aussi *téter*, nous ne voyons pas que la fille ait jamais mérité plus que l'enfant mâle d'être désignée par cette opération, commune à beaucoup de jeunes animaux. Au contraire on ne voit, en aucun pays âryen, que les hommes aient eu pour fonction de traire les vaches; et nous voyons aujourd'hui même que ce rôle appartient à la fille, là où il y a d'autres enfants ou d'autres soins qui obligent la mère à demeurer dans la maison. Il faut donc croire que ce fut une fonction très-générale des filles, dans la famille primitive, que celle de traire les troupeaux, puisque le nom a passé dans presque toutes nos langues; et il faut croire aussi que ce rôle leur appartenait à une époque bien reculée, puisque ce mot n'offre aucun sens dans les langues de l'Europe et n'a de signification que dans celles de l'Asie. Aussi bien, voyons-nous que la vache est partout dans le Vêda, qu'il y a bien peu d'hymnes où elle ne soit pas nommée, qu'elle y est souvent le symbole de tout ce qui est utile ou excellent dans tous les genres, et qu'ainsi l'acte de traire une vache n'avait dans l'origine rien de bas n d'humiliant.

En résumé trois choses constituent la famille et contribuent à sa conservation : le sang ou la génération *janma*, qui procède d'Agni et donne lieu à la *jantu* (*gens*, γέννα) ; l'autorité du chef de famille sur la femme et sur les enfants ; le sacrifice, où le père joue le rôle de sacrificateur, *hôtri*, et de poëte, *kavi*, et qui se perpétue et se propage par l'enseignement qu'il donne à ses enfants sous le nom de maître spirituel, *guru*.

Le sacrifice, l'autorité du chef et la transmission du sang par la génération, sont considérés dans toute l'histoire de l'Inde comme étroitement liés entre eux. Quand s'accomplit l'union de l'homme et de la femme qui doit donner au premier le titre de *pati*, et préparer la procréation des enfants, un sacrifice accompagne cet acte naturel, et lui donne un caractère sacré, très-analogue à celui du mariage chrétien. Une mystique et une sorte de doctrine métaphysique servent de fondement à cette cérémonie et légalisent, en quelque façon, l'union des époux. Les voici en peu de mots : *Agni*, feu divin qui anime tous les êtres vivants, procède du sôma qui, versé sur lui dans l'acte religieux du sacrifice, lui donne la force et développe son corps glorieux, auparavant invisible. Celui qui donne tous les biens et qui les possède, *Viçwâvasu*, que ce soit le Soleil ou un autre âditya, est une forme intermédiaire qui procède de *Sôma* et dont Agni lui-même est une manifestation sensible. Enfin, sous sa forme individuelle et durable, le feu divin de la vie se localise et se produit dans l'homme, que l'antiquité âryenne désignait par le nom de *Manu*. Or, c'est une loi universelle de la nature, loi de bonne heure aperçue par nos aïeux, que la distinction des sexes est la condition de la génération des êtres. Ils séparèrent donc, dans leur doctrine sacrée, le principe masculin et le principe féminin, mettant dans le premier le germe vivant, qui n'était autre chose qu'Agni, et regardant l'autre comme une matrice dans laquelle ce germe est destiné à prendre sa nourriture et son développement. Le principe féminin s'unit successivement aux quatre formes que le Feu divin peut revêtir, Sôma, Viçwâvasu, Agni, Manu. De là cette figure, où l'Hymne nous représente la jeune fille comme épousant tour à tour ces quatre êtres symboliques, qui se la transmettent l'un à l'autre; c'est seulement en épousant le dernier, qu'elle devient mère des hommes. Si l'on voulait pousser cette étude jusque dans les profondeurs de l'analyse grammaticale, on verrait que le nom de *sôma* est un substantif dérivé de *sû*, qui signifie engendrer et d'où dérivent également *sûnu*, *sohn* et υἱός; de sorte que la liqueur du sacrifice peut aussi être regardée comme le symbole du liquide, où se transmet, du père à la mère, le germe vivant dont celle-ci reçoit le dépôt. Le mystère contenu dans la cérémonie du *kratu* (sacrifice) et la plupart des mots, des objets, des ustensiles et des actes dont elle se compose, peuvent tirer de ce symbolisme une explication satisfaisante. Nous ne le développerons pas ici.

L'union de l'homme et de la femme s'accomplit de la sorte sous l'invocation d'Agni, qui est le grand dieu des Aryas primitifs ; elle n'est elle-même qu'un acte individuel et très-borné, dans le grand œuvre de la vie universelle.

A un point de vue plus pratique, le mariage est, dans le Vêda, un acte religieux duquel il ne paraît pas que l'acte civil ait été aucunement séparé. L'idée religieuse est en effet mêlée, dans ces temps, à toutes les actions de la vie ; et, comme le mariage est le point de départ et l'acte constituant de la famille, nous ne saurions nous étonner qu'il ait été entouré de pompes sacrées et scellé par la religion. Il est souvent fait allusion dans les Hymnes à l'acte du mariage : nous allons transcrire, dans son entier, un hymne nuptial attribué à la fille de *Savitri*, hymne dont nous donnerons nous-même le perpétuel commentaire.

Savitri est le principe producteur contenu dans le Soleil (Sûrya) ; c'est le dieu qui fait apparaître les formes. Sa fille, *Sûryâ*, est le symbole de la nature féminine, qui épouse tour à tour Sôma, Viçwâvasu, Agni et Manu. Il était naturel, dans l'acte religieux du mariage, de donner à la fiancée le nom de Sûryâ et de l'unir sous ce nom à son fiancé ; c'est ainsi que, dans le culte catholique, le prêtre, à la messe du mariage, fait mention de Rachel et de Rébecca.

Dès lors, on peut appliquer à l'acte du mariage humain et aux parties qui le composent le symbole tout entier du mariage divin de Sûryâ. *Pûšan* représentera l'époux, à d'autant plus juste titre que ce dernier doit devenir le nourricier de la famille et que ce nom du Soleil vient d'une racine qui signifie nourrir. Les garçons d'honneur de la jeune fille seront figurés par les *Açwins*, cavaliers célestes qui précèdent le char de *Savitṛi* et qui portent sa fille *Sûryâ* sur leur char. Le reste de l'hymne s'explique de lui-même ; un seul point est obscur : c'est celui où le poëte, pendant que la jeune fille se dépouille de ses parures, la symbolise sous le nom de *Kṛityâ*, personnage dont le sens mystique est difficile à saisir.

Hymne nuptial.

L'autel est orné ; le feu sacré d'Agni brûle sur le foyer de terre ; les vases du sacrifice sont préparés et contiennent la liqueur mystique du *sôma*. Les prêtres sont à leur poste ; l'enceinte du sacrifice est garnie du gazon sacré : tout est prêt pour la cérémonie. Les familles se tiennent au dehors, attendant que le moment soit venu où les fiancés doivent s'approcher de l'autel et recevoir la bénédiction nuptiale. Le prêtre, tourné vers le feu de l'autel, prononce ces paroles :

1. La Vérité a consolidé la terre ; le Soleil a consolidé le Ciel.

Par la vertu du sacrifice, les Adityas s'affermissent, et Sôma s'étend dans la région céleste.

2. Par Sôma les Adityas sont forts ; par Sôma la terre est grande ; Sôma est venu se placer près des grandes étoiles.

3. Celui qui désire la libation pense à Sôma, dont la plante est broyée ; Sôma est reconnu par les prêtres, mais il ne forme pas encore un breuvage.

4. O Sôma, observé par tes gardiens, protégé par tes surveillants, tu reposes dans le mortier et tu subis une heureuse fermentation ; mais tu ne formes pas encore un breuvage terrestre.

5. Quand le moment de te boire est venu, ô Dêva, tu suffis à une suite de libations. Vàyu est le gardien de Sôma, qui marque la division des années et des mois.

En ce moment, la jeune fiancée s'avance dans l'enceinte du sacrifice, demandant à être unie à son fiancé ; elle est escortée de ses garçons d'honneur ; les deux familles et les assistants viennent après. Le pontife représente l'acte religieux qui va s'accomplir, sous la figure du mariage mystique de Sûryâ et de Sôma. Récit :

6. Cependant une jeune fiancée, issue de *Rêva*, se présente au milieu des chants sacrés. C'est Sûryâ qui s'avance, revêtue par l'Hymne d'une robe éclatante.

7. L'adresse a formé ses atours, l'œil a surveillé sa toilette, le ciel et la terre ont fourni sa parure, quand Sûryâ vient trouver son époux.

8. Les chants ont préparé son char ; le mètre Kurîra en est le cocher ; les Açwins sont ses deux garçons d'honneur ; Agni est son messager.

9. Sôma a désiré Sûryâ pour épouse ; les deux Açwins furent ses garçons d'honneur, lorsque *Savitṛi* le donna pour époux à sa fille, heureuse de ce choix.

10. Quand Sûryâ se rendit à la maison de son époux, le manas était son char; le feu du sacrifice lui servit de dais; deux coursiers éclatants le traînaient.

11. Fournis par la poésie et par le chant, tes deux coursiers marchent d'accord. L'ouïe forme tes deux roues, et ta voie se poursuit dans le ciel à travers le monde animé et inanimé.

12. Oui, les oreilles sont les roues de ton char; le souffle expiré en est l'essieu. Sûryâ monte donc sur son char qui est la prière et va vers son époux.

13. Le cortége nuptial envoyé par *Savitri* s'avance. Les chevaux se heurtent contre les *agás*, le char roule au milieu des deux *Arjunis*.

14. O Açwins, quand vous êtes venus sur votre char à trois roues demander pour Sôma la main de Sûryâ, tous les dieux ont applaudi, et *Púśan*, fils du ciel et de la terre, a orné les deux grands Parents.

15. O maîtres de la splendeur, quand vous êtes venus remplir pour Sûryâ votre fonction de garçons d'honneur, en quel lieu était la première de vos roues fortunées? Où étiez-vous placés pour faire votre présent?

16. O Sûryâ, les prêtres connaissent le moment où arrivent deux de tes roues; ils savent aussi dans leur sagesse qu'il y a une troisième roue que reçoit le foyer sacré.

Invocation et salut :

17. J'adresse mon hommage à Sûryâ, aux dieux, à Mitra et *Varuṇa* qui veillent sur tous les êtres.

Récit :

18. Deux astres nouveau-nés viennent tour à tour comme en se jouant et parcourent le ciel de leurs rayons magiques. L'un d'eux a l'œil ouvert sur tous les mondes; l'autre naît ensuite pour marquer les saisons.

19. L'un apparaît toujours nouveau pour être l'étendard des jours et le compagnon des aurores; l'autre, Tchandramas, dis-

tribue aux dieux la part qui leur revient et renouvelle sa longue existence.

Le prêtre se tourne vers les époux ; dans la fiancée, il continue de voir le principe féminin désigné sous le nom de Sûryâ ; il envisage en elle le dêva nommé Viçwâvasu, avec lequel elle est, comme vierge féconde, étroitement unie ; il l'adjure de la quitter et d'aller s'unir aux autres enfants du sexe féminin, qui font partie de l'assemblée, afin qu'à leur tour elles deviennent nubiles.

20. O Sûryâ, monte sur ton char doré, magnifique, rapide, garni d'excellentes roues, construit avec le *kiṅsuka* et le salmali. Qu'il te transporte heureusement vers ton époux, au séjour de l'immortalité.

21. Lève-toi, Viçwâvasu, que j'honore par mes prières et par mon culte. Une épouse est née pour toi ; cherche une autre femme parmi ces enfants qu'engendrent les pères. Ta naissance t'y réserve un lot que tu peux réclamer.

22. Lève-toi, Viçwâvasu. Nous t'honorons en te chantant. Cherche une autre femme. Unis ensuite l'époux à son épouse.

23. Elles sont droites et dépourvues d'épines les routes par lesquelles nos amis viennent solliciter le beau-père. Qu'Aryaman, que Bhaga les conduise. O dieux, que ce couple d'époux soit bien dirigé.

Ici le prêtre, s'adressant à la fiancée, prononce ces paroles mystiques qui lui donnent la liberté de s'unir à son fiancé :

24. Je te délivre de ce lien de *Varuṇa* dont t'a liée l'adorable *Savitṛi*. Sur le foyer de *Rita* (le Feu Brillant), dans le monde du Sacrifice, pour ton bonheur je t'unis à un époux.

Le prêtre, parlant en vertu de son autorité pontificale, prononce ces mots sur la fiancée qui est debout à côté de son époux :

25. Je l'enlève à l'autorité paternelle, pour la remettre dans la dépendance d'un mari. Puisse-t-elle, ô bienfaisant Indra, être fortunée et avoir de nombreux enfants !

L'époux prend la main de la jeune femme dans sa main ; et le prêtre dit ces mots :

26. Que *Púśan* te prenne par la main et t'emmène d'ici. Que les Açwins te portent sur leur char. Veuille aussi, digne du nom de maîtresse de maison (*grihapatnî*), visiter nos demeures et répondre aux vœux de notre sacrifice.

27. Que ta famille croisse dans notre maison. Éveille-toi pour le Feu domestique. Unis ton corps à celui de cet époux ; et tout deux répondez aux vœux de notre sacrifice.

La fiancée se dépouille de ses parures et de ses ornements de jeune fille, cérémonie qui paraît être le symbole de ce qui se passera dans la chambre nuptiale, et semble répondre à la cérémonie du voile chez les chrétiens. Pendant ce temps le prêtre dit ces mots :

28. Mais je ne vois plus que du rouge et du noir. C'est Krityâ qui s'attache à l'époux. Le nombre de ses parents augmente, et le mari se trouve enchaîné au milieu d'eux.

29. Donne aux prêtres tes vêtements ; donne leur tes parures. *Krityâ*, sous la forme de l'épouse, pénètre chez l'époux.

30. Avec cette pécheresse, le corps brillant est dépouillé de ses parures. Il est comme lié et resserré dans son vêtement.

31. Que les maladies, qui accompagnent naturellement les pompes nuptiales, soient repoussées par les dieux adorables vers les lieux d'où elles sortent.

32. Que les compagnons des époux ne voient point de voleurs sur leur chemin ; que les routes soient bonnes pour eux ; que leurs ennemis s'enfuient.

Le prêtre, à l'assemblée :

33. Que cette épouse soit heureuse. Approchez d'elle, regardez-la. Faites lui vos souhaits, et retournez dans votre demeure.

Don des vêtements ; purification de l'épouse.

34. Tel mets est brûlant ; tel autre est piquant ; tel est noir comme le vase où on le prépare ; tel autre est pareil à du poison ; on ne saurait les manger. Le prêtre, qui peut connaître Sûryâ, mérite d'avoir la robe de l'épouse.

35. Les désirs sont variés ; que chacun soit servi à son gré. Voici toutes les formes de Sûryâ : c'est le prêtre qui les purifie.

L'époux prend la parole ; et tenant de nouveau sa femme par la main, lui adresse ces mots :

36. Je prends ta main pour notre bonheur ; je veux que tu sois ma femme et que tu vieillisses avec moi. Bhaga, Aryaman, *Savitri*, le puissant Indra, tous les dieux t'ont donnée à moi, qui suis le Feu domestique.

37. O *Pûśan*, guide cette fortunée dans laquelle les enfants de Manu doivent trouver un germe fécond, disposée à se rendre à mes désirs, et que j'appelle de tous mes vœux.

Vœux du prêtre ; mystique du mariage :

38. O Agni, les *Gandarvas*, avec toute la pompe nuptiale, environnent le char de Sûryâ qu'ils t'amènent. En récompense donne aux maris une épouse et des enfants.

39. Oui, qu'Agni donne l'épouse, pleine de santé, pleine de beauté. Que le mari de cette épouse prolonge sa carrière et vive cent automnes.

40. Sôma en premier lieu, puis le *Gandarva* Viçwâvasu, s'unirent à toi. Ton troisième époux fut Agni. Le quatrième est un fils de Manu.

L'époux, s'adressant à sa femme, répète les paroles du prêtre :

41. Sôma t'a donnée au *Gandarva*, le *Gandarva* à Agni; Agni m'a confié cette fille opulente.

Le prêtre, aux époux :

42. Restez ici; ne vous éloignez pas; passez ensemble votre vie, heureux dans votre demeure et jouant avec vos enfants et vos petits enfants.

L'époux, à l'épouse :

43. Que le Chef-des-créatures nous donne une race nombreuse; qu'Aryaman prolonge notre vie. Entre sous d'heureux auspices dans la maison conjugale. Que le bonheur soit chez nous pour les bipèdes et les quadrupèdes!

44. Viens, ô désirée des dieux, belle au cœur tendre, au regard charmant, bonne pour ton mari, bonne pour les animaux, destinée à enfanter des héros. Que le bonheur soit chez nous pour les bipèdes et les quadrupèdes!

Vœux du prêtre :

45. O généreux Indra, rends-la fortunée. Qu'elle ait une belle famille! Qu'elle donne à son époux dix enfants! Que lui-même il soit comme le onzième!

46. Règne avec ton beau-père; règne avec ta belle-mère; règne avec les sœurs de ton mari; règne avec ses frères.

L'époux ; oraison :

47 Que tous les dieux, que les Ondes, protègent tout ce qui

nous est cher. Que Mâtariçwan, que *Dâtṛi,* que Saraswatî la généreuse nous accorde à tous deux son appui!

La famille, une fois constituée par le mariage et mise sous l'autorité sainte de la Foi, continue d'exister et de se développer sous la même influence. En effet, comme la naissance d'un être vivant n'est autre chose que la personnification d'Agni, elle est elle-même étroitement liée à l'institution religieuse; il en est de même de la mort. Le grand intérêt de la vie humaine, comprise entre ces deux extrémités, est de conserver le culte et la doctrine mystique dont le culte est l'emblème. Il y a donc une sorte de nécessité et de devoir à maintenir dans la famille la pureté de la religion sur laquelle elle repose. Le rapport de ces deux choses est tel que, dans la doctrine brâhmanique fondée sur le Vêda, il est presque impossible de dire si la famille est constituée pour la défense de la religion, ou si c'est la religion qui est faite pour perpétuer la famille et la maintenir dans son intégrité.

« La ruine d'une famille cause la ruine des religions éternelles de la famille; les religions détruites, la famille est envahie par l'irréligion.

Par l'irréligion les femmes de la famille se corrompent; de la corruption des femmes naît la confusion des castes;

Et par cette confusion tombent aux enfers les pères des destructeurs de la famille même, privés de l'offrande des gâteaux et de l'eau.

Quant aux hommes dont les sacrifices de famille sont détruits, l'enfer est nécessairement leur demeure. C'est là ce que l'Écriture nous enseigne. » *La Bhagavad-gîtâ,* I, 40.

La sainteté de l'union conjugale établie par le Vêda fut dans la suite entourée de toutes les garanties qu'une religion et une civilisation intelligentes peuvent concevoir. Des menaces sévères et des châtiments redoutables attendaient en ce monde et dans l'autre ceux qui en violaient la pureté : à ce point, que la constitution de la famille doit être regardée comme une des principales forces qui ont maintenu dans l'Inde la société âryenne jusqu'à nos jours.

II. Changements survenus dans la famille.

Les noms de parenté, dont nous avons donné ci-dessus l'explication, remontent à une époque de beaucoup antérieure au Vêda, et appartiennent évidemment à la période primitive des Aryas. C'est ce que prouve leur présence dans les diverses langues de la famille, et ce fait remarquable que ces noms n'y ont généralement aucun sens, tandis qu'ils en ont un, le plus souvent reconnaissable, dans les langues anciennes de l'Orient. Ils appartiennent donc, et cela depuis une époque fort antique, à la race commune et font partie du vocabulaire général. Si l'on voulait trouver ailleurs que dans les noms de parenté, d'autres renseignements sur cette période primitive, la méthode la plus simple consisterait à réunir tous les mots qui sont communs aux diverses langues indo-européennes, et à en donner l'interprétation comparative.

Ces mots en effet ne sauraient dater d'une époque postérieure à la séparation des peuples âryens ; car il n'est guère possible d'admettre que, sur un globe terrestre presque dépourvu de chemins, un seul de ces mots ait été après coup transporté dans toutes les directions et adopté uniformément par tous les peuples de la race.

Un fait propre à la langue vêdique marque d'une manière frappante la postériorité des Hymnes par rapport au temps où les noms de parenté furent créés. On remarquera que la plupart de ces mots sont des noms d'agent, caractérisés par le suffixe *tri* placé à la suite du radical. Ce suffixe, qui est très-commun dans la langue sanscrite, se rencontre également avec la même valeur dans les langues du midi et dans celles du nord de l'Europe. Or, on sait que dans les mots aucun élément n'est moins variable que les suffixes, parce qu'ils classent les mots eux-mêmes dans une catégorie logique déterminée et fixent irrévocablement leur emploi dans le discours. Ce qui caractérise le suffixe de l'agent dans la classe de mots qui nous occupe, c'est le *t*, puisque les lettres qui le suivent appartiennent aux flexions grammaticales et sont par conséquent sujettes à changer. On ne concevrait la disparition du *t* que de deux manières : soit en admettant que la langue a été adoptée, mal comprise et dénaturée par des peuples barbares, comme le latin par les peuples de la grande invasion ; soit en reconnaissant qu'une longue usure l'a peu à peu oblitéré. La première explication est inadmissible pour les Aryas vêdiques, car la pureté de leur race est un des faits les mieux constatés aujourd'hui. Lors donc que nous voyons le mot *swasṛi*, sœur, dépourvu de ce *t*, que les langues du nord de l'Europe n'ont point perdu (schwester, sister) nous sommes conduits à penser que le peuple qui a dit *swasṛi*, après avoir dit *swastṛi*, avait vu s'écouler de nombreuses générations avant d'adopter cette forme incomplète. Or les plus anciens hymnes du Vêda disent toujours *swasṛi*, et la forme pleine ne se trouve nulle part dans cet antique monument.

C'est pourquoi, l'état primitif de la famille et les fonctions de ses membres exprimées par les noms de parenté, ne répondent pas à la période vêdique, mais à une période de beaucoup antérieure et à une contrée qui n'était ni l'Hindustan ni le *Saptasindu*. En effet les rôles des membres de la famille sont déjà tout autres dans le Vêda que ces noms ne nous le feraient croire d'abord. L'inégalité des richesses les a profondément modifiés. Ce n'est pas seulement la différence des aptitudes individuelles qui rendait alors certaines familles plus riches que d'autres ; à cette cause générale qui se développe dans toute l'humanité, s'en joignait ici une autre non moins puissante, la conquête. L'état de guerre avec les habitants antérieurs de l'Inde est l'état permanent des Aryas vêdiques, depuis leur arrivée dans le Panjâb jusqu'au temps de Viçwâmitra et de ses fils. Or il semble bien, d'après beaucoup d'Hymnes, que ces étrangers étaient possesseurs de grandes richesses ; car la demande que les poëtes adressent sans cesse à la divinité est de faire passer dans leurs propres mains les biens des Dasyus, leurs vaches, leurs chevaux, leurs chars, leur or, leurs parures, et de donner la terre à l'Arya. On ne peut guère contester, sans être contredit par beaucoup de passages du recueil, que le butin ne fût partagé fort inégalement entre les chefs de guerre et les simples combattants ; tel est d'ailleurs l'ordre constamment admis par les peuples âryens, anciens et modernes, dans la distribution des dépouilles. Il en résultait que les fortunes individuelles devenaient, par le fait de la guerre, de plus en plus inégales. Les prisonniers de guerre, mis au service des vainqueurs et passant à l'état d'esclaves, déchargeaient les membres des familles âryennes qui les possédaient, d'une partie des fonctions que l'égalité primitive imposait à leur pauvreté. La fille conserva le nom de *duhitri*, mais n'eut plus à traire les vaches ; le frère fut toujours appelé *brâtri*, sans avoir la mission de défendre ni ses frères, ni sa sœur, protégés par une société déjà en partie organisée. Ces fonctions ne furent plus que nominales.

Toutefois, il ne faudrait pas non plus exagérer la portée des changements accomplis dans la famille depuis la période primitive ; car nous voyons dans le Vêda des fils chasseurs pourvoyant à la nourriture de leurs parents (III, 364.) ; et cela sans qu'il soit ici nullement question de la vie des anachorètes au désert, puisque ces derniers, qui d'ailleurs appartiennent à l'âge suivant, vivaient de végétaux et non de la chair des animaux sauvages. Mais c'est là une exception, nous le verrons bientôt, dans une société où les arts et le commerce étaient déjà développés. Il est donc intéressant pour nous de trouver, à l'origine de ces premiers et antiques changements dans la famille, sous sa forme la plus élémentaire, un fait d'économie politique, c'est-à-dire, un changement dans la distribution de la richesse.

Les mêmes causes sollicitèrent une révolution plus profonde encore. Il ressort, en effet, non-seulement des plus anciennes traditions occidentales, mais encore et surtout de la lecture du Vêda, que la constitution primordiale de la famille âryenne repose sur la monogamie. Que ç'ait été l'usage général des Aryas vêdiques de n'épouser qu'une seule femme, c'est ce que prouve constamment la lecture des Hymnes. Plus tard, lorsque la société brâhmanique se fut établie régulièrement dans l'Inde, avec son grand système des castes, la loi fixa les différents modes du mariage, selon l'état civil des personnes ; et partout elle suppose la monogamie, qu'elle déclare être le vrai devoir et la bonne coutume fondée sur la tradition. Il ne peut y avoir aucun doute à cet égard. Cependant il est également incontestable que la polygamie a été pratiquée sous la loi brâhmanique ; Manu en détermine les conditions. Il n'est pas non plus douteux qu'elle existait au temps du Vêda. Ce n'est pas que les Hymnes citent aucun homme ayant épousé plusieurs femmes; mais on y trouve quelquefois, en manière de comparaison, ces mots : « comme un prince entouré de ses épouses. » Il y avait donc des hommes riches pratiquant la polygamie.

Observons sans retard que dans les vers où cette pratique est mentionnée, elle n'est attribuée qu'à des seigneurs ; ni le peuple, ni les prêtres ne sont cités pour s'y être abandonnés. On conçoit en effet que la pluralité des femmes eût entraîné, pour les uns et les autres, des inconvénients majeurs à cette époque : pour les hommes du peuple, des dépenses auxquelles la médiocrité de leur fortune eût pu difficilement suffire ; pour les prêtres, l'impossibilité de partager entre plusieurs femmes le rôle sacerdotal de *dévî*, qui appartenait à l'épouse. Les seigneurs échappaient à ces difficultés par leurs richesses et par le rôle purement temporel, qui ne tarda pas à leur échoir exclusivement. On voit d'ailleurs qu'ils trouvaient dans la polygamie un avantage fort apprécié dans les Hymnes, celui d'avoir de nombreux enfants, qui devenaient des héros (çûra), c'est-à-dire des chefs militaires à opposer aux Dasyus. Plus tard, lorsque les castes eurent été régulièrement instituées, la monogamie primitive des brâhmanes vint se heurter contre une difficulté constitutionnelle. En effet la caste est fondée sur l'hérédité ; et celle-ci ne saurait se perpétuer que par les mâles, selon l'ordre de primogéniture. Le sacrifice de famille périt en l'absence d'un fils, puisque la fille en se mariant, adopte les religions domestiques de son époux. Il devient donc nécessaire, dans le régime des castes, que le brâhmane ait un fils. Si la femme qu'il a épousée ne lui donne aucun enfant, ou si elle ne met au monde que des filles, la loi de Manu autorise le père de famille à se marier une seconde fois. Nul malheur n'est redouté comme celui de mourir sans enfants mâles.

Ainsi s'introduisit, dès les temps védiques, et d'abord par suite de l'inégalité des fortunes, l'usage de la polygamie, qui des seigneurs s'étendit aux brâhmanes. Nous ne ferons toutefois ici qu'une seule remarque à ce sujet, mais une remarque de la plus haute importance. Car si les chrétiens voulaient un jour faire adopter dans l'Inde l'usage exclusif de la monogamie, ils seraient fort mal reçus, s'ils assimilaient la polygamie brâhmanique à celle des musulmans. En effet, jamais, croyons-nous, le mariage polygame n'a produit chez les Aryas du sud-est l'asservissement de la femme. Non-seulement celle-ci a toujours conservé dans la famille son double rôle de *dévî* et de *grihapatnî*, partageant avec l'époux les honneurs dus à son rang, et respectée de ses fils jusque dans leur vieillesse. Mais elle n'a jamais vu s'aliéner sa liberté ; le mariage a toujours été précédé du *swayamvara*, c'est-à-dire, du *libre choix* de l'époux par la femme ; et il a toujours été sévèrement interdit au père de la jeune fille de recevoir aucun présent, qui pût faire ressembler le don de sa fille à une vente ou à un contrat mercantile. L'influence occidentale sans doute a, dans ces dernières années, forcé les sultans à interdire les marchés de femmes ; cependant je crois pouvoir affirmer que, de mon temps, il y en avait encore un à Smyrne ; c'est du moins ce que l'on m'assurait dans cette ville. Là, le musulman venait passer en revue un certain nombre de femmes réunies, entre lesquelles il faisait son choix ; le teneur du marché prélevait un bénéfice pour prix de sa charge et versait entre les mains du père le reste de la somme qu'il avait reçue de l'acheteur. Le maître emmenait la jeune fille, qui devenait ainsi à la fois son esclave et sa femme. La suppression des marchés n'a point modifié la condition des femmes en Turquie ; seulement le contrat de vente se fait entre l'acheteur et le père, de gré à gré, dans les mêmes termes et avec les mêmes conséquences qu'autrefois ; les teneurs seuls et le scandale d'une exposition publique ont été supprimés. L'achat de la femme constitue son esclavage, et donne naissance au harem, avec les suites immorales et inhumaines qui en découlent. Ce serait faire à des hommes de même race que nous, et dont le sentiment moral ne le cède en rien au nôtre, une injure gratuite, que de leur attribuer un pareil système. Quand un brâhmane ou un seigneur épousait une seconde femme, la liberté la plus entière était laissée à la jeune fille et le second mariage s'accomplissait avec les mêmes cérémonies sacrées et les mêmes serments que le premier. Quand une jeune fille ou une veuve songeait à se marier, le père faisait annoncer dans le voisinage et souvent même au loin, que le choix d'un époux s'accomplirait chez lui un certain jour. Les prétendants se réunissaient dans la maison du père, qui les recevait avec les honneurs dus à leur rang. Au jour pur de la lune, annoncé pour ainsi dire officiellement, parés de guirlandes et de vêtements de fête, ils se rangeaient tous ensemble dans une même enceinte ; la jeune fille paraissait alors, et, dans la plénitude de son indépendance, choisissait pour époux celui qui lui plaisait. Elle le prenait par la main et ensuite s'accomplissaient les cérémonies sacrées. Quand on compare les marchés musulmans avec le swayamvara des Aryas de l'Inde, il est difficile d'imaginer deux procédés plus opposés l'un à l'autre. Et l'on conçoit que ces deux usages, s'étant perpétués jusqu'à nos jours, présentent dans leurs conséquences un contraste singulier, que l'un ait toujours sauvé la dignité morale et religieuse de la femme, tandis que l'autre aboutissait à son asservissement.

CHAPITRE VIII

DE LA SOCIÉTÉ CIVILE ET POLITIQUE

Si l'on veut comprendre par quelles transformations la société vêdique a passé pour atteindre à cet état définitif que les lois de Manu et les épopées nous dépeignent, il faut savoir à quel titre et dans quelles conditions les membres de la famille entraient dans le corps social au temps du Vêda. Cette question peut s'exprimer encore de cette manière : Les castes existaient-elles alors dans la société des Aryas? Et, si elles ne s'y rencontraient pas telles que nous les voyons dans la société brâhmanique, les Hymnes ne nous en offrent-ils pas les rudiments, ne nous en expliquent-ils pas l'origine? Si cette dernière solution est la vraie comme elle paraît l'être, nous devrons considérer la période des hymnes comme un âge de transition, entre l'état primitif indiqué par la signification des noms de parenté, et l'état définitif dont les épopées sanscrites nous offrent l'image. Si d'autre part le Vêda, rapproché des traditions indiennes, nous donne l'explication positive de l'origine des castes, et des causes qui les ont fait naître, une question subsidiaire s'ajoute d'elle-même à la précédente :

comment et dans quelles circonstances s'est opéré le classement des castes? On doit observer que cette dernière question est d'une nature absolument historique, et qu'elle porte sur l'antagonisme, pour ainsi dire éternel, des deux grands pouvoirs auxquels se soumettent les hommes; nous voulons parler du pouvoir spirituel, représenté pas les brâhmanes, et du pouvoir temporel, qui était entre les mains des rois. Or, il est indubitable qu'à l'origine des peuples âryens la séparation des deux pouvoirs n'existait pas, non plus, sans doute, que les pouvoirs eux-mêmes; il est certain aussi que dans la société brâhmanique, ils étaient solidement établis et entièrement séparés. Il y a donc eu un moment où cette séparation s'est opérée, lorsque l'un et l'autre étaient parvenus à ce point de développement où ils pouvaient également prétendre à la prééminence,

Toutes ces questions, qui n'intéressent pas moins la théorie politique que l'histoire, ne peuvent être résolues, pour les Aryas du sud-est, que si l'on s'entend sur la valeur du mot *caste* et sur le sens qu'on doit lui donner quand il s'agit de l'Inde. Nous allons essayer de définir la caste, d'après les nombreuses données, toutes concordantes, que renferment les lois de Manu, les Epopées, les Purânas et les divers écrits orthodoxes de la littérature brâhmanique.

Trois éléments constituent la caste : le partage des fonctions entre les hommes, leur transmission héréditaire et la hiérarchie. Par le partage des fonctions l'on doit entendre que chaque homme a sa fonction propre dans la société civile, politique et religieuse ; que cette fonction lui est commune avec les autres hommes de sa caste ; et qu'il ne doit pas empiéter sur les fonctions d'une nature différente remplies par des hommes d'une autre caste que la sienne. Ainsi le labour, le soin des troupeaux, le commerce, l'industrie, sont autant de fonctions qui appartiennent en propre à la caste des hommes du peuple ; servir les autres est la fonction propre de la caste inférieure. La guerre et le gouvernement des Etats, la législation et la justice, sont les attributions de la caste royale des guerriers. La prière publique et l'office divin appartiennent exclusivement à la caste sacerdotale. Dans un Etat où le laboureur et le marchand pourraient être chefs de guerre, il n'y aurait entre eux et le militaire aucune distinction de caste : c'est le fait que nous présente, plus que toute autre, l'histoire de la démocratie athénienne. De même, si un prince ou un chef d'armée pouvait, sans recourir au prêtre, offrir un sacrifice en son propre nom, il n'y aurait point pour lui de caste sacerdotale, puisque en ce moment même il serait prêtre. Les épopées homériques nous offrent de ce fait plusieurs exemples. Mais si en aucun temps le négociant ou l'agriculteur ne peut se substituer au chef de guerre, ni ce dernier au prêtre officiant, ni en général une fonction à une autre, cette séparation est un des éléments constitutifs de la caste.

L'hérédité n'est pas moins essentielle. L'héritage des fonctions venant à manquer, la fonction quitte une famille pour entrer dans une autre ; or, comme les pères ne meurent pas tous à la fois, et que des vieillards continuent souvent leur fonction pendant de longues années, du vivant même de leurs enfants, il en résulte que, si les fonctions ne se transmettent pas des pères aux fils, la caste n'atteint pas la famille, ni par conséquent la société. C'est ce que nous voyons chez nous, où les castes n'existent pas, parce que les fonctions ne sont pas héréditaires ; celles-ci sont ouvertes à tous ; les hommes de la dernière classe et de la plus basse naissance y peuvent devenir prêtres et avoir en main le pouvoir spirituel, qui est le premier et le plus redoutable des pouvoirs. Cet état de choses, qui n'est pas propre au christianisme, et que le buddhisme avait inauguré plusieurs siècles avant notre ère, est le plus opposé qui se puisse concevoir au régime des castes.

L'hérédité des fonctions suppose que le mariage est pratiqué par toutes les castes : et, si la société est fondée sur ce régime, il peut même se faire que cet état soit ordonné par la loi. Si une seule caste venait à s'y soustraire, ou la fonction périrait avec elle, ou bien elle serait remplie par des hommes des autres castes ; et ce serait la plus grave atteinte portée au régime tout entier. Or les filles, en contractant mariage, adoptent naturellement la condition de leurs époux ; elles perdent la leur si elle est différente, et dans ce cas elles passent d'une caste à une autre ; c'est là un inconvénient, dans une société dont le régime des castes est la base ; mais il est beaucoup moindre que si les hommes étaient exposés à perdre la leur. L'hérédité des fonctions repose donc principalement sur les mâles, sinon exclusivement sur eux. Dans l'Inde brâhmanique la transmission des castes par les mâles avait une importance d'autant plus grande, que ni le pouvoir sacerdotal, ni le pouvoir temporel des xattriyas, n'était centralisé ; les rois gouvernaient chacun leur petit royaume ; les *mahârâjas* ou grands rois n'étaient que des seigneurs suzerains ; on ne cite dans toute l'histoire de cette contrée qu'un fort petit nombre de rois *ćakravarttin*, c'est-à-dire gouvernant l'Inde brâhmanique toute entière ; encore leur pouvoir n'était-il qu'une sorte de suzeraineté. La perte de la caste, par le manque d'hérédité masculine, était pour leur famille la perte de la royauté. Quant aux prêtres, comme il n'y en avait pas un parmi eux qui eût quelque analogie avec le pape des chrétiens catholiques, leur autorité spirituelle était contenue dans un domaine fort étroit ; s'ils manquaient de fils, le culte de famille périssait avec eux, et tous leurs ascendants, que ce culte rattachait les uns aux autres par une chaîne mystique, subissaient la même déchéance. On voit donc que plus une caste avait une fonction relevée et spirituelle, plus il était nécessaire qu'elle pratiquât le mariage, et que pour elle le mariage produisît des enfants mâles.

Quand nous avons nommé la hiérarchie parmi les éléments constitutifs des castes, nous n'entendions pas seulement par ce mot une simple subordination conventionnelle, comme celle qui règle les préséances dans les Etats de l'Europe; nous voulions dire, comme le mot *hiérarchie* l'indique, que cette subordination est fondée sur le droit divin. Cette idée n'est pas absolument propre aux pays de l'Orient; elle a cours aussi chez nous. Nous voyons, en effet, que le pouvoir spirituel des prêtres est regardé comme d'institution divine par toutes les personnes qui ont foi dans la divinité de Jésus-Christ et qui tiennent l'Evangile pour un livre révélé. Les premiers pontifes, institués par Jésus, transmirent leur pouvoir par l'œuvre mystique de l'ordination, et non par le fait naturel de la génération; si les fils des prêtres, pendant les premiers siècles de l'Eglise, eussent été nécessairement prêtres à leur tour par la seule vertu de leur naissance, il se fût probablement fondé une caste sacerdotale parmi les chrétiens; et plus tard, lorsqu'on institua le célibat des prêtres pour être un des fondements de l'Eglise catholique, on eût rencontré les mêmes obstacles que plusieurs siècles auparavant le buddhisme avait rencontrés dans les mêmes circonstances. Les Eglises chrétiennes qui ont laissé aux prêtres le droit de se marier n'ont point pour cela fondé des castes, parce que, chez les chrétiens, la naissance ne confère aucun pouvoir spirituel, ce dernier se transmettant par le seul sacrement de l'Ordre. On voit dans quelle mesure la doctrine du droit divin est appliquée chez nous aux fonctions sacerdotales.

Il n'en est pas de même du pouvoir monarchique dans certains Etats et, en France même, pour plusieurs personnes encore attachées aux anciennes traditions de la légitimité. L'hérédité des fonctions royales, soit de mâle en mâle, soit simplement par ordre de primogéniture, est regardée comme la condition fondamentale de l'institution monarchique; il y a toutefois cette différence essentielle que, d'après le droit nouveau, c'est une constitution toute humaine, faite ou consentie par les citoyens, qui confère à un homme et à sa famille le pouvoir temporel avec l'hérédité, tandis que, d'après l'ancien droit, ce pouvoir et sa transmission étaient regardés comme une institution divine. Plusieurs princes démocratiques ont cru devoir ajouter à leur titre la consécration religieuse ; mais la cérémonie du sacre n'a rien ajouté à leur autorité réelle ni rien changé au jugement que leurs sujets volontaires portent sur eux. La royauté ne constitue donc pas une caste dans la famille qui l'exerce ; mais l'hérédité des fonctions y introduit l'un des éléments constitutifs de la caste ; et, dans les familles des rois légitimes, l'Europe nous offre véritablement des exemples de castes royales, localisées pour ainsi dire dans quelques descendances. Supposez que cette doctrine du droit divin s'étende, non à quelques exceptions, mais à la société toute entière, qu'elle embrasse toutes les familles et toutes les fonctions, distribuées méthodiquement et transmises comme des héritages : voilà le régime des castes, tel que l'Inde brâhmanique l'a conçu, et tel qu'elle l'a exposé partout dans ses écrits.

Quatre castes fondamentales servent de base à la société brâhmanique : les *Brâhmanes*, les *Xattriyas*, les *Væçyas* et les *Çûdras*. Un grand symbole fut conçu pour les représenter, dans leur origine et dans leur hiérarchie; ce symbole a été reproduit dans tous les temps et dans beaucoup de livres sanscrits; le buddhisme seul, qui tentait une révolution sociale dans la contrée, n'en tient aucun compte, ou ne le cite que pour le combattre.

« Pour la propagation de la race humaine, Brahmâ, de sa bouche, de son bras, de sa cuisse et de son pied, produisit le brâhmane, le xattriya, le væçya et le çûdra... Pour la conservation de cette création toute entière, l'Etre souverainement glorieux assigna des occupations différentes à ceux qu'il avait produits de sa bouche, de son bras, de sa cuisse et de son pied. Il donna en partage aux brâhmanes l'étude et l'enseignement, l'accomplissement du sacrifice, la direction des sacrifices offerts par d'autres, le droit de donner et celui de recevoir. Il imposa pour devoirs aux xattriyas de protéger le peuple, d'exercer la charité, de sacrifier, de lire les Livres saints, et de ne pas s'abandonner aux plaisirs des sens. Soigner les bestiaux, donner l'aumône, sacrifier, étudier les Livres saints, faire le commerce, prêter à intérêt, labourer la terre, sont les fonctions assignées au væçya. Mais le souverain Maître n'assigna aux çûdras qu'un seul office, celui de servir les classes précédentes sans déprécier leur mérite. » (*Manu*. I, xxxi. 87.)

L'origine divine des castes, le droit divin qui assigne à chacune d'elles ses fonctions, est un objet de foi dans la civilisation brâhmanique. Nous ne jugeons pas possible que cette croyance, à la fois religieuse et politique, se soit formée subitement à la suite d'une convention même tacite ; car, outre que les hommes consentent difficilement à être déprimés, il n'est guère croyable qu'une institution de cette nature, si elle eût été arbitraire, se fût conservée jusqu'à nos jours, après les appels successifs que l'Inde a entendus, sans y répondre, du buddhisme et du christianisme. On ne devra donc pas s'étonner, si l'on en retrouve déjà les éléments dans des hymnes composés antérieurement à la constitution définitive du brâhmanisme.

En effet, il est deux points que la lecture des hymnes peut établir, croyons-nous, de la manière la plus solide : premièrement, les castes ne sont point constituées régulièrement dans le Rig-Vêda ; en second lieu, ce livre contient tous les éléments du système des castes, non encore entièrement coordonnés.

Si la séparation des fonctions est un des éléments essentiels des castes, on peut affirmer qu'il n'y a pas de castes dans le Vêda. En effet, l'on y voit souvent des hommes qui viennent de faire la guerre, offrir, comme pères de famille, le sacrifice aux dieux, non par l'intermédiaire d'un pontife sacré, mais directement, c'est-à-dire broyant et purifiant le sôma de leurs propres mains, composant l'hymne, allumant le feu d'Agni; on peut même dire que c'est là un des faits les plus ordinaires que nous présentent les Hymnes. Inversement, on voit des hommes de famille sacerdotale prendre les armes et marcher au combat comme s'ils étaient des xattriyas. Tel est le fait dont se glorifient les descendants de *Kuça*, dans la dernière partie de la période vêdique (ii, 33). Les mariages entre seigneurs et prêtres non-seulement ne sont point interdits dans le Vêda, mais ne sont pas même signalés comme une dérogation à l'usage commun des Aryas. Il y a sur ce point essentiel une égalité réelle entre ces deux classes de personnes : et cela se conçoit d'autant mieux, que les fonctions de l'une et de l'autre n'étaient pas encore incompatibles. On peut lire, à ce sujet, l'hymne de *Çyâvâçwa* (ii, 350); ce jeune poëte était fils d'*Arcanânas*, brâhmane attaché à la personne du roi *Ratavîti;* ce prince habitait au pied des montagnes d'où descend la Gômatî, affluent occidental de l'Indus. *Çyâvâçwa* vit dans un sacrifice la fille du xattriya *Ratavîti* et en devint amoureux. Il la demanda en mariage : c'est un des principaux sujets de cet hymne, où le poëte demande aux Maruts leur protection pour ses amours. On peut aussi distinguer, dans les listes généalogiques données par les *Purânas*, un assez grand nombre de noms appartenant à des familles royales et qui sont évidemment ceux d'auteurs védiques, dont nous possédons des hymnes.

Si l'on interroge le Vêda relativement aux autres fonctions, il répond que le sacerdoce ne leur est pas incompatible, qu'un homme de prière peut aussi bien labourer la terre ou faire paître les troupeaux, que broyer le sôma ou allumer le feu divin. Toutefois, si l'on considère que la conquête faisait tomber entre les mains des Aryas un très-grand nombre de vaches et de chevaux, et de vastes domaines, on comprendra que le propriétaire de ces biens ne pouvait, par ses seules forces, les faire valoir, et qu'ainsi le concours d'autres hommes lui était indispensable. C'est ce que prouve l'hymne suivant du riche *Vâmadêva*.

A divers dieux.

« Avec le maître de la plaine pour ami, nous sommes sûrs de la victoire. Il donne à celui qui nous ressemble vache, cheval et délices de tout genre.

» O Maître de la plaine! envoie-nous les eaux aussi douces que le miel, comme la vache nous cède son lait. Que les Maîtres de la pureté nous donnent les ondes, non moins pures que le beurre, qui tombe en flots de miel.

» Que les plantes, les cieux, les ondes, l'air, soient pour nous aussi suaves que le miel. Que le Maître de la plaine ait pour nous la douceur du miel. Honorons-le avec innocence de cœur.

» Que le bonheur soit sur nos animaux, sur nos hommes, sur

nos charrues. Que nos rênes flottent avec bonheur; qu'avec bonheur pique notre aiguillon.

» O Çuna et Sira, aimez nos prières et versez sur elles ce lait que vous formez dans le ciel.

» Appproche-toi, ô fortunée Sîtâ! Nous t'honorons, pour que tu nous sois propice et fructueuse.

» Qu'Indra féconde Sîtâ; que *Pûśan* la décore. Que Sîtâ nous prodigue son lait pendant de longues années.

» Qu'avec bonheur les socs labourent pour nous la terre; qu'avec bonheur nos pasteurs conduisent les animaux. Qu'avec bonheur *Parjanya* répande sur nous son miel; qu'avec bonheur Çuna et Sîra nous arrosent de leur lait. »

Dans cet hymne le Maître de la plaine paraît être *Vâyu,* le Vent, ou bien *Agni; Çuna-sira* est un nom d'Indra; *Sîtâ* personnifie le sillon du labour, *Pûśan* le soleil, *Parjanya* la force fécondante de l'orage.

La nécessité où les Aryas furent conduits d'avoir des hommes à leur service et de se décharger sur eux d'une partie de leurs fonctions originelles, ne suffisait pas à elle seule pour faire du peuple une caste à part; nous voyons, en effet, la même chose exister chez toutes les nations modernes, qui pourtant ne sont pas soumises au régime des castes. Un homme du peuple n'est point exclu par le Vêda du droit d'offrir le sacrifice : du moins, il n'y a dans les Hymnes aucun passage qui prouve l'existence d'une telle exclusion. On voit au contraire des poëtes composer l'hymne et remplir toutes les fonctions sacrées, sans que leur pauvreté y fasse obstacle; or, la pauvreté avait pour conséquence, que ces pères de famille, avec leur femme et leurs enfants, devaient se suffire à eux-mêmes et exécuter, pour l'entretien de leur vie et de leur maison, la plupart des ouvrages qui furent plus tard le lot des hommes du peuple.

Aucune hiérarchie n'est indiquée dans les Hymnes entre les diverses classes des Aryas; nulle part il n'est dit que le brâhmane l'emporte sur le xattriya ou le xattriya sur le brâhmane. Enfin, il n'y a point de çûdras. Ce fait mérite une attention particulière : en effet, selon toute apparence, cette caste n'appartenait point à la race âryenne, mais se composait des anciens habitants de l'Inde, que la conquête avait soumis aux Aryas. On en peut conclure que, même à la fin de la période vêdique, ces races étrangères n'étaient point encore subjuguées; et, de plus, que si des familles ou des peuplades de race jaune ou noire obéissaient déjà aux nouveaux conquérants, elles n'étaient point assez complétement incorporées à leur société pour y être classées et pour ainsi dire hiérarchisées. Or, le régime des castes brâhmaniques renferme positivement, à toutes les époques de la littérature sanscrite, la caste des çûdras.

C'est assez dire que le grand symbole brâhmanique cité plus haut ne se rencontre point dans le Vêda. Il lui est tellement étranger et postérieur, que le nom même du dieu masculin Brahmâ ne s'y rencontre pas. Plusieurs poëtes ont déjà la notion de l'Etre existant par lui-même; mais Brahmâ n'est point son nom. La grande conception métaphysique des poëtes védiques porte le nom d'Agni, feu divin, essence mystique, qui, se dégageant peu à peu de sa forme matérielle, devint l'Être suprême et le principe universel de la vie et de la pensée. Si Brahmâ n'est point dans le Vêda, à plus forte raison le symbole de castes issues des quatre parties de Brahmâ, ne saurait-il s'y trouver.

Nous ne pouvons cependant passer sous silence l'hymne attribué à *Nârâyaṇa*, personnage divin qui est *Viṣṇu*, et adressé à *Puruśa*, qui est le principe masculin suprême. Cet hymne (IV, 341) est une sorte de genèse, dans laquelle il est dit expressément que le brâhmane est la bouche du *Puruśa*, la royauté ses bras, le væçya ses cuisses, et que le çûdra est né de ses pieds. Mais les critiques s'accordent à considérer comme apocryphe cet hymne sans nom d'auteur; et M. Langlois fait observer avec raison qu'il renferme une métaphysique qui est plutôt celle des *Upaniśads* que celle du Rig-Vêda. Nous croyons donc pouvoir le repousser en ce moment comme appartenant à une époque postérieure aux hymnes authentiques; et il reste par conséquent établi que le Rig-Vêda ne fait pas mention des çûdras, ou, en d'autres termes, que le régime brâhmanique n'y est pas encore constitué.

D'un autre côté, il est incontestable que l'on distinguait déjà les brâhmanes, les xattriyas et le viç, c'est-à-dire le peuple. L'hymne de Kutsa (I, 208) met en opposition les mots *brâhman* et *râjan*; Çyâvâçwa parle du prêtre et du père de famille réunis; Vâmadêva fait la même distinction; ailleurs il parle du prêtre entouré du peuple et de ses chefs. Un très-grand nombre de passages, dans divers auteurs, distinguent le peuple, ou le roi, ou le prêtre. Enfin il est un hymne très-curieux du même Çyâvâçwa, fils d'*Arćanânas*, de la famille d'Atri, où les trois classes sont très-nettement désignées par leurs fonctions essentielles et par les mots d'où plus tard les castes ont tiré leurs noms. Dans cet hymne tout est soumis au nombre trois, les strophes avec leurs rhythmes, les refrains et les objets désignés. Or, voici ce qui est dit des trois classes :

« 16. Favorisez la piété (*brahma*), favorisez la prière.

» Tuez les Râxasas; guérissez nos maux. Partageant les plaisirs avec l'Aurore et le Soleil, ô Açwins! prenez le sôma de votre serviteur.

» 17. Favorisez la force (*xattra*), favorisez les héros.

» Tuez les Râxasas; guérissez nos maux. Partageant les plaisirs avec l'Aurore et le Soleil, ô Açwins! prenez le sôma de votre serviteur.

» 18. Favorisez les vaches; favorisez le peuple (*viç*).

» Tuez les Râxasas; guérissez nos maux. Partageant les plaisirs avec l'Aurore et le Soleil, ô Açwins! prenez le sôma de votre serviteur. »

(*Çyâvâçwa*, III, 310.)

Nous devons donc rechercher dans le Vêda la condition où se trouvaient ces diverses classes de personnes et déterminer les relations qu'elles avaient entre elles à la fin de la période des Hymnes. En effet, comme l'établissement des castes eut lieu à cette époque, nous pouvons espérer que les Hymnes nous dévoileront, au moins en partie, les causes qui l'ont provoqué.

Le nom de *râja*, qui désigne les mêmes personnes que le mot *xattriya*, n'est pas propre à la langue sanscrite, et n'a pas été inventé durant la période védique. Car il se trouve chez plusieurs peuples occidentaux, qui n'ont rien tiré du Véda, ni de l'Inde. Tel est le *rex* des Latins, et le *reiks* des anciens idiomes germaniques. Mais la langue sanscrite, par la haute signification de ses racines, nous montre, dans le mot *râja*, des personnages qui se distinguaient au milieu du peuple par l'éclat de leurs vêtements et en général par la splendeur dont ils étaient environnés. Cet éclat n'est pas la lumière mystique que le feu sacré répandait sur les prêtres officiants et qui leur faisait donner le nom de *dévas*. C'est celui que donne la richesse. En effet, outre que la langue sanscrite rapporte le mot *râja*, qui veut dire roi ou seigneur, à la racine *râj*, briller, le mot germanique *reiks*, qui signifie également seigneur, se rapporte principalement à l'idée de richesse; et c'est même de lui qu'est dérivé le mot français *riche*. Le mot *rex* des Latins ne semble pas avoir exprimé cette idée; car le verbe *regere* n'a que le sens secondaire de régir. Toutefois il se peut que primitivement *rex* signifiât un seigneur, et que le nom de Marcius Rex voulût simplement dire Marcius le riche (1). Quoi qu'il en soit, le Vêda nous montre, dans la richesse, l'origine de la *royauté* des xattriyas. En effet, dans ces temps anciens, où la fortune d'un homme n'était point représentée par la quantité de monnaie dont on peut disposer, la richesse se confondait avec la splendeur des vêtements, de la maison, des serviteurs, des chevaux, des vaches, des voitures, des armes, en un mot de tous les objets dont l'éclat et la bonne tenue pouvaient caractériser un homme opulent.

C'est donc l'inégalité dans la distribution des richesses qui doit être considérée comme l'origine de la classe royale, laquelle fut plus tard la caste des xattriyas. La richesse, qui accroît les domaines et augmente le nombre des serviteurs, met entre les mains de ceux qui la possèdent une puissance d'action supérieure à celle des autres hommes. Et par là, il ne faut point entendre cette puissance mystique dont dispose le prêtre, quand il délie la jeune fille des chaînes de la virginité pour la remettre entre les mains d'un époux, ou quand il appelle la pluie qu'Indra et les Maruts distribuent, ou quand il chasse les maladies, ou quand il évoque les dieux et les amène jusque sur le kuça dans l'assemblée des

---

(1) Il faut ajouter que le mot *rex* n'a peut-être rien de commun avec *regere*, dont le participe *rectus*, ainsi que le mot *regula*, se rapporte au sanscrit *riju*, droit, mot indépendant de *ráj* et de *rája*.

sacrificateurs. Le pouvoir royal de l'homme opulent est une force (*xattra*) ; en effet, dans la guerre, le *râja* est le chef qui commande l'armée, ou une partie plus ou moins grande de l'armée, et qui fait, par l'autorité du commandement, mouvoir les hommes comme il le veut, au prix même de leur vie ; s'il est vainqueur, le butin augmente sa richesse et son pouvoir. Dans la paix, l'étendue de ses domaines met sous sa direction les hommes qu'il emploie, et fait d'eux ses agents ; il est la force qui les meut et qui leur fait exécuter pour lui une foule d'ouvrages qu'il ne pourrait exécuter lui-même. Telle est la puissance du xattriya des Hymnes.

L'héritage en fait un roi féodal. Car, avec la richesse, se transmet du père au fils le pouvoir et l'éclat qui l'environnent. Il a une armée (*sêna*) dont il dispose, un château fort sur la colline (*pura*, en grec πόλις, *burg* en allemand) ; de là, il domine sur ses possessions territoriales, et voit pour ainsi dire ce qui s'y passe ; il est à la fois le protecteur (*nâta*) et le maître de son peuple (*viçpatis*, δεσπότης). Sa souveraineté s'étendant sur des familles de plus en plus nombreuses à mesure que le besoin d'être défendues est ressenti par elles, le *râja* vêdique ne tarde pas à avoir une province, avec des peuples qui lui payent des redevances. Enfin ce système vraiment féodal se développant, le Vêda, dans un hymne de *Savya* (I, 102), nous montre que les rois se subordonnaient quelquefois les uns aux autres, et que quelques-uns exerçaient des droits de suzeraineté sur leurs pairs ; ils portaient dès lors le titre de grand-roi, *mahârâja*. Si l'on réunissait divers passages des Hymnes, on pourrait avoir le portrait d'un roi védique. Ce roi terrible est monté sur un éléphant ou sur un char doré, l'aigrette au front ou la tiare sur la tête. Entouré d'un noble et brillant cortége de xattriyas, il resplendit au milieu d'eux par les pierreries dont il est paré, par son arc doré, son carquois et ses armes étincelantes. Ce riche et puissant seigneur commande à des fantassins et à des cavaliers ; l'honneur le conduit ; il est ferme dans la bataille et ne reçoit de blessures que par devant.

Nous avons vu que le partage exclusif des fonctions, c'est-à-dire le privilége, n'était pas encore reconnu à cette époque, non plus que la subordination des xattriyas et des brâhmanes. Mais le droit divin s'appliquait déjà à l'autorité royale, et cela sous les mêmes formes où il a été pratiqué depuis par les monarchies féodales de l'Europe. Fut-ce par une convention tacite entre les prêtres et les rois, ou par l'effet d'une violence exercée par ces derniers sur le sacerdoce, ou enfin par une suite naturelle de faits et d'idées ? Cette dernière supposition est, sans contredit, la plus vraisemblable. En effet, le pouvoir féodal des xattriyas n'était pas le produit d'une élection populaire ; nulle part dans le Véda il n'est parlé de rois élus par leurs sujets. Et en réalité, dans les conditions où se trouvait le pouvoir, étroitement uni à la richesse, comment le peuple héréditairement soumis à ses seigneurs et à leurs fils, eût-il pu donner ce qu'il n'avait pas lui-même? Le droit de nature qui fait succéder le fils à son père transmettait aussi le pouvoir. Or, le fait naturel se transformait aisément en une institution divine, chez un peuple dont la religion ne renfermait que des symboles où les lois de la nature étaient seules représentées. L'habitude de voir le pouvoir se perpétuer dans les mêmes familles devint une sorte de consécration ; et quand une cérémonie religieuse s'accomplit pour la première fois sur un râja, elle ne fit que constater un fait antique et répondit en réalité à la croyance de tous. La tradition indienne fait remonter le premier sacre royal à *Ayu*, fils de *Purûravas*, fils d'*Ilâ*, fille de *Manu;* Manu, chef de la race humaine, était lui-même fils de *Vivaswat* qui est le soleil. Mais *Ilâ* est donnée comme épouse de *Buḍa*, fils de *Sôma* qui est la lune. *Ilâ* avait dix frères parmi lesquels se trouve *Ixwâku*, dont les héros du *Râmâyana* furent les descendants. Or cette dynastie est également composée de rois sacrés. Le *B'âgavata Purâṇa* rapporte que le fils de *Diṣṭa*, l'un des frères d'*Ixwâku*, devint væçya ; que la fille d'un autre, nommé *Çaryâti*, épousa le prêtre solitaire *Ćyavâna* ; qu'un autre encore, nommé *Driṣṭa*, fut le chef d'une famille brâhmanique, et que le dernier, *Kavi*, se fit anachorète. On voit que l'archéologie indienne contenue dans les *Purânas* ne partage point les fonctions entre les anciennes familles, et ne suppose pas que les castes existassent dans ces temps reculés. Si donc elle fait remonter très-haut l'usage du sacre pour certaines familles, c'est qu'en effet cette cérémonie s'y accomplissait dès la plus haute antiquité. La pièce de théâtre qui a pour titre *Vikramôrvaçî* et qui met en scène les amours d'*Urvaçî* et de *Pururavas*, expose aussi la naissance et le sacre d'*Ayu*, leur fils. La cérémonie s'accomplissait en grande pompe sur le théâtre ; le public, qui assistait à la représentation, voyait l'onction royale, l'huile extraite de la sainte fiole par les mains du prêtre. Et ainsi se manifestait sous ses yeux l'alliance du pouvoir temporel des rois et du pouvoir mystique ou spirituel des brâhmanes.

Le Rig-Vêda ne nous permet pas de douter que le sacre était en usage au temps des Hymnes. On y trouve souvent des expressions comme celle-ci : « Agni, roi sacré » (Gôtama) ; « un prince royal sacré par Agni (Parâsara) ». Deux hymnes nous ont été transmis, comme ayant été composés expressément pour le sacre d'un roi ; voici l'un des deux, qui semble en effet n'être autre chose que les paroles de la consécration prononcées par le prêtre :

« Je t'ai amené au milieu (de nous). Sois ferme : soutiens-toi sans trembler. Tout le peuple te désire. Que ta royauté ne chancelle pas.

« Crois en grandeur. Ne tombe point ; sois comme une montagne inébranlable. Tiens-toi aussi ferme qu'Indra. Affermis ta royauté.

« Qu'Indra, par la vertu d'un ferme holocauste, le soutienne fermement. Que Sôma, que Brahmanaspati lui soient favorables.

« Le ciel est ferme ; la terre est ferme ; ces montagnes sont fermes ; tout ce monde est ferme. Que le roi des familles soit ferme aussi.

« Que le royal *Varuṇa*, que le divin *Vṛihaspati*, qu'Indra et Agni soient le ferme soutien de ta royauté.

« A un ferme holocauste nous joignons la ferme libation du sôma. Qu'Indra rende ton peuple fidèle à payer les redevances. »

Cette pièce montre plus clairement que toutes les analyses philologiques, que la force était le caractère essentiel du pouvoir des xattriyas. Par les mots « je t'ai amené au milieu », on doit entendre qu'il s'agit ici de l'enceinte sacrée ; c'est ce que prouvent le troisième et le dernier verset, où l'on voit que la cérémonie royale était accompagnée du sacrifice aux dieux.

Le second hymne, attribué à *Abivartta*, fils d'Angiras, nous présente la même cérémonie du sacre avec quelques détails de plus ; mais, comme le premier, il ne contient que les paroles pour ainsi dire sacramentelles :

LE PRÊTRE. « Par la vertu de l'holocauste, qui fait qu'Indra se tourne vers nous, ô Brahmanaspati, fais aussi que nous nous tournions du côté du trône.

(*Au roi.*) « O toi qui règnes sur nous, tourne-toi contre les ennemis qui nous attaquent. Tiens-toi ferme devant les combattants.

« Que le divin *Savitri*, que Sôma te soutiennent dans ta marche. Que tous les êtres se tournent vers toi à ton approche.

LE ROI. « O dêvas, j'offrirai l'holocauste, qui a fait la grandeur et la puissance d'Indra. Que je devienne sans rival.

« Que je sois sans rival ; que je triomphe de mes ennemis, que je règne sans conteste. Que je brille parmi tous les êtres et parmi mon peuple. »

Il ne manquait à la royauté, pour qu'elle fût une caste comme elle le devint plus tard, qu'une seule chose, le privilége, c'est-à-dire l'exclusion absolue de tout homme n'appartenant pas à une famille royale, héréditaire et sacrée. On sait que ce privilége ne tarda pas à être reconnu par les peuples et légalement constitué ; mais on sait aussi qu'il y eut de temps en temps des conspirations et des usurpateurs. Tel fut ce fameux *Ćandragupta*, à la cour duquel résida, comme ambassadeur, Mégasthène.

Au-dessous du pouvoir royal des seigneurs était le peuple. La constitution brâhmanique, qui lui assigna, pour fonction de droit divin, le soin des troupeaux, l'industrie et le négoce, ne fit que constater un fait ancien que les hymnes du Vêda signalent fort souvent. Tandis, en effet, que le seigneur occupait dans sa forteresse la partie élevée du pays, le peuple était répandu dans la plaine, sur les terres en pente et dans les prairies. Là, ses principales occupations étaient de faire paître les immenses troupeaux de vaches des xattriyas, de conduire la charrue, de répandre l'orge dans les sillons, ou de rentrer les récoltes. On peut remarquer qu'il n'est presque jamais question des brebis dans les Hymnes ; non que cet animal fût d'un faible avantage pour les Aryas, puisqu'il leur fournissait les vêtements et les filtres de laine où se clarifiait le sôma ; mais le mouton est un habitant des montagnes, et l'Arya recherchait les prairies et les coteaux. La brebis des Gandàras, qui semblent être les peuples du Kandahar, était célèbre par la finesse de sa laine, à laquelle une jeune épouse compare le fin duvet qui couvrait son propre corps, caractère distinctif de la race âryenne.

Les métiers n'étaient point inconnus des viças ; le fer, l'argent, l'or et des bois de différentes sortes, sont les matières les plus souvent nommées dans les Hymnes ; les calices où l'on versait le sôma étaient de bois ; à la fin de la période, il y en avait qui étaient d'or, ouvrages d'habiles fabricants ; les roues des chars étaient à jantes et à rayons ; elles avaient par conséquent un moyeu et un axe de fer. Les armes sont souvent citées pour leur éclat, ou pour la richesse de la matière dont elles étaient faites ; ce n'est point le cuivre, mais le fer, qui est employé dans la plupart de ces fabrications, ce qui prouve un certain degré d'avancement dans l'art de préparer les métaux et de leur donner une forme. Du reste, les bracelets, les colliers d'or, les aigrettes d'or, la tiare ou couronne composée de matières précieuses, objets souvent nommés dans le Vêda, prouvent que le travail manuel avait acquis chez les Aryas une certaine perfection. Ils faisaient grand usage de navires, non simplement pour se transporter eux-mêmes, comme les sauvages dans leur pirogue, mais comme moyen de transport ordinaire pour leurs marchandises ; les produits de l'agriculture, les objets fabriqués, les toiles, les tapis même étaient transportés par les rivières, d'une contrée dans une autre, au moyen de navires évidemment déjà grands et fabriqués de plusieurs pièces. Les marchands qui voulaient tenter la fortune et s'enrichir avaient pris pour rendez-vous le *Samudra*, c'est-à-dire le bassin principal de l'Indus (*Praskanwa*, I, 91) ; là se faisaient les échanges ; là s'accomplissait un mouvement continuel de passagers allant d'une rive à l'autre, et établissant des relations fréquentes entre les courtes et fraîches vallées de la rive droite et les grands pays de l'est, où la race des Aryas s'avançait toujours, par une sorte de déplacement non interrompu. L'usage déjà existant des pèlerinages aux lacs sacrés, *tîrta*, et la connaissance du chameau comme véhicule, permettaient aux Aryas de se reporter vers le nord et le nord-est, dans les régions élevées et vers les cols, par lesquels ils pouvaient entretenir des relations avec les peuples occidentaux. Je n'ai trouvé dans le Vêda aucune mention de ces caravanes (*sârda*) qui, dès ces temps reculés, parcouraient l'Asie, qui rendirent célèbres plusieurs de ses villes et qui sont si souvent signalées dans les écrits brâhmaniques. Il semble que le commerce des viças fût renfermé presque entièrement dans le bassin de l'Indus et de ses affluents, et ne s'avançât guère au delà de la *Saraswatî*. La partie inférieure du grand fleuve, du *Samudra*, n'est point signalée ; le désert et la montagne sont les limites du commerce ; et par là on ne peut entendre que le désert de Marwar et les monts Himâlaya. Du reste, ce désert n'a point de nom ; et il n'y a dans le Vêda aucun nom propre de montagne, si l'on excepte le *Muñjavat*, mot qui ne désigne peut-être pas un mont particulier. Les rivières et le Samudra sont les routes naturelles et les points de repère des populations âryennes, comme les vallées sont les domaines de leurs seigneurs.

Y avait-il des villes au temps du Vêda? Aucune n'est nommée ; et, bien que les Purânas en nomment plusieurs comme appartenant à des princes vêdiques, nous n'avons aucune raison de croire qu'il y eût autre chose alors que des villages. Le château sur la hauteur, le village sur la pente ou dans la plaine : tel semble être l'aspect général des établissements âryens. Le village était rempli par les *viças*, qui s'y livraient à leurs métiers divers ; il y avait une fête où les jeux, les exercices du corps, les spectacles de marionnettes sur de petits théâtres de bois (II, 168.), les repas avec des convives invités, formaient des délassements usités dans le peuple. Le seigneur distribuait des largesses à ses sujets, fidèles à payer les redevances et à fournir les hommes exigés par la guerre. Il est un jeu que nous devons signaler ici comme ayant, dès cette époque, envahi la société âryenne, jeu qui passionna plus tard les xattriyas, au point de causer dans l'Inde de véritables révolutions de palais; c'est le jeu de dés. Les peuples s'y livraient déjà avec une telle passion, qu'un poëte, *Kavaśa*, crut devoir composer un hymne pour en marquer les funestes effets. Nous citons cette pièce, où l'on trouvera plusieurs traits de mœurs qui s'ajouteront à ceux que nous venons d'indiquer :

A *Vibâdaka*.

« J'aime avec ivresse ces enfants du grand *Vibâdaka*, qui s'agitent et tombent dans l'air et roulent sur le sol. Mon ivresse est pareille à celle que cause le sôma, né sur le Mujavat. Que *Vibâdaka*, toujours éveillé, me protége!

« J'ai une femme qui n'a contre moi ni colère, ni mauvaise parole. Elle est bonne pour mes amis comme pour son mari. Et voilà la femme dévouée que je laisse, pour aller tenter la fortune !

« Cependant ma belle-mère me hait; ma femme me repousse. Le secours que me demande le pauvre est refusé. Car le sort d'un joueur est celui d'un vieux cheval de louage.

« D'autres consolent la femme de celui qui aime les coups d'un dé triomphant. Son père, sa mère, ses frères lui disent : « Nous « ne le connaissons pas ; emmenez-le enchaîné. »

« Quand je réfléchis, je cesse de vouloir être malheureux par ces dés. Mais, en passant, mes amis me poussent; les dés noirs en tombant ont fait entendre leur voix. Et je vais à l'endroit où ils sont, comme une femme perdue d'amour.

« Le joueur arrive au rendez-vous; le corps tout échauffé, il se dit : Je gagnerai. Les dés s'emparent de l'âme du joueur, qui leur livre tout son avoir.

« Les dés sont comme le conducteur de l'éléphant, armé d'un

croc avec lequel il le presse. Ils brûlent le joueur de désirs et de regrets, remportent des victoires, distribuent le butin, font le bonheur et le désespoir des jeunes gens, et pour les séduire se couvrent de miel.

« La troupe des cinquante-trois se livre à ses ébats ; elle ressemble au juste et divin *Savitri*. Ils ne cèdent ni à la colère, ni à la menace ; le roi lui-même s'abaisse devant eux.

« Roulant par terre, secoués dans l'air, ils sont privés de bras, et commandent à celui qui en a. Ce sont des charbons célestes, qui tombent sur le sol et qui glacent et brûlent le cœur.

« L'épouse du joueur abandonnée s'afflige ; sa mère ne sait ce qu'est devenu son fils. Lui-même, poursuivi par un créancier, tremble : la pensée du vol lui est venue ; il ne rentre chez lui que la nuit.

« En revoyant sa femme, il songe que d'autres sont heureuses, que d'autres ménages sont fortunés. Mais dès le matin il attelle de nouveau le char de ses noirs coursiers, et, quand *Agni* s'éteint, il couche à terre comme un misérable *Vriśala*.

« Je salue avec respect celui qui est le roi et le chef de votre grande armée. Je ne dédaigne pas vos présents, et je vous tends les deux mains. Mais je vous dirai en toute vérité :

« O joueur, ne touche pas aux dés. Travaille plutôt à la terre, et jouis d'une fortune qui soit le fruit de ta sagesse. Je reste avec mes vaches, avec ma femme ; j'ai ici quelque chose qui a pour garant le grand *Savitri*.

« O dés, soyez bons pour nous, et traitez-nous en amis. Ne venez pas avec un cœur impitoyable. Réservez votre colère pour nos ennemis. Qu'un autre que nous soit dans les chaînes de ces noirs combattants. »

(*Kavaśa*, IV, 192.)

Le jeu, dont les pernicieux effets sont retracés dans cet hymne avec une si vive réalité, était une cause de plus qui favorisait l'inégale distribution des richesses et leurs déplacements dans la société âryenne. Il résultait de ces causes réunies que la classe populaire renfermait des riches et des pauvres, et que la pratique de la charité et de l'aumône était devenue nécessaire. C'est ce que constatent deux hymnes, spécialement destinés à faire l'éloge et à montrer les avantages de la bienfaisance ; en voici quelques versets :

« Les dieux ne nous ont point condamnés à mourir de faim ; car les hommes ont une ressource chez le riche. L'opulence de l'homme bienfaisant ne périra point. Le méchant ne trouve point d'amis.

« Quand le riche se fait une âme dure pour le pauvre qui demande à manger, pour l'indigent qui l'aborde, quand il garde tout pour lui, il ne trouve point d'ami...

« Que le riche soulage celui qui a besoin et qui trouve la route trop longue. La fortune tourne comme les roues d'un char, et visite tantôt l'un, tantôt l'autre.

« Je le dis en vérité : le mauvais riche possède une abondance stérile ; cette abondance est sa mort. Il ne sait honorer ni Aryaman, ni Mitra. C'est un pécheur endurci qui mange tout.

« Mais le soc de la charrue, ouvrant sa voie féconde à travers les guérets, augmente l'aisance du bon riche. Le prêtre instruit est plus respectable que le prêtre ignorant. Le bienfaiteur généreux doit l'emporter sur l'égoïste...

« Les deux mains se ressemblent et ne font pas la même œuvre. Deux vaches qui ont été mères en même temps, ne donnent pas le même lait. Deux frères jumeaux ne possèdent pas la même force. Deux hommes, quoique du même sang, ne sont pas également généreux. »

Attribué à un auteur imaginaire nommé *B'ixu* (mendiant), cet hymne montre à quel point était parvenue l'inégalité des richesses, et que par conséquent les causes qui l'avaient produite agissaient déjà depuis longtemps. Il est à remarquer que la tradition présente ce *B'ixu* comme fils d'Angiras, c'est-à-dire de prêtre, puisque sous ce dernier nom les Indiens personnifiaient le plus souvent le sacerdoce. On pourrait donc croire, sur cette seule indication, que dès cette époque il existait des prêtres mendiants, sinon reconnus comme un ordre pieux, du moins se rencontrant individuellement dans la société des Aryas; c'est ce que le premier verset de l'hymne paraît confirmer.

CHAPITRE IX

ORIGINE DES CASTES

La condition du sacerdoce à cette époque est un des sujets les plus importants à étudier de près dans le Vêda ; car les faits nombreux fournis par les Hymnes nous donnent l'interprétation de l'un des plus grands événements de l'antique histoire de l'Inde, nous voulons dire de l'établissement définitif des castes.

Or pendant la période plus ou moins longue qui a précédé les temps védiques, et dans le temps des plus anciens des hymnes que nous possédons, la place des prêtres n'avait rien de fixe dans la société. On était prêtre, non par fonction, mais par circonstance. Le même homme qui se battait contre les Dasyus ou qui labourait ses terres, offrait comme père de famille le sacrifice aux dieux. Sans être xattriya, c'est-à-dire homme de pouvoir, il n'était cependant point brâhmane d'une façon permanente, ce nom ne lui étant donné que pendant le temps où il remplissait la fonction de prêtre ; il pouvait être râja à la guerre ou dans son château, s'il était riche, et brâhmane aux heures du jour où il officiait pour lui et les siens. Les traditions purâniques et les listes qui les accompagnent, contiennent un grand nombre de noms d'hommes ayant eu ce double caractère. Mais à mesure que la distribution des richesses devint plus inégale et que les occupations se répartirent avec plus de fixité parmi les hommes, il se forma des familles d'artisans, de laboureurs ou de commerçants, comme il se formait des familles de xattriyas; et tandis que les premiers étaient tout entiers à leur travail, et les autres aux exercices de la guerre ou au gouvernement de leurs provinces, on vit le sacerdoce se fixer aussi dans certaines familles. Le Vêda nous offre l'exemple de prêtres officiant pour le public, composé du peuple et de ses seigneurs. De même que les rois rattachaient leur origine à d'antiques parents, issus directement de Manu ou remontant même jusqu'à Vivaswat ou à Sôma, les grandes familles sacerdotales se groupèrent autour de certains noms plus ou moins sacrés, *Angiras, Atri, B'rigu, Vasista* et plusieurs autres. Beaucoup aussi n'avaient point ces ascendants illustres et formaient une classe de personnes sans richesses et sans noblesse, que la dignité de leur ministère distinguait seule au milieu des viças.

La prépondérance des familles seigneuriales allait naturellement croissant. Comme elles occupaient le sol en grande partie et qu'elles commandaient les armées, leurs revenus territoriaux et leur part de butin l'emportaient toujours sur le lot des familles plébéiennes. Or, lorsque les rôles furent partagés de telle sorte que les prêtres fussent exclusivement occupés de leur ministère et n'eussent entre les mains aucune partie du xattra, c'est-à-dire du pouvoir militaire et politique, il arriva que leurs richesses ne s'augmentèrent plus, ou même allèrent en diminuant. La disproportion entre la fortune du prêtre et celle du xattriya fut de plus en plus grande, et força le premier à se mettre au service du second. Ce n'est point un tableau de fantaisie que nous traçons en ce moment : car il n'est pas besoin de lire un grand nombre d'hymnes, pour se convaincre que la puissance des rois était en proportion de leur avoir, et que celui-ci s'accroissait continuellement, par l'exploitation de leurs domaines et par la conquête ; tandis que les hommes de prière, exclusivement occupés des cérémonies saintes, de la méditation et de l'enseignement, se trouvaient, par la force des choses, soumis à la classe puissante des xattriyas. On vit donc, et le Vêda en cite un grand nombre, beaucoup de prêtres offrir le sacrifice pour le prince qui les gouvernait, et se faire leurs *purôhitas*, c'est-à-dire leurs chapelains. Dans cette condition, ils étaient vraiment au service du prince et de sa famille. Ils composaient pour lui des hymnes, dont beaucoup sont entre nos mains ; ils demandaient et obtenaient en son nom la protection des dieux ; ce pouvoir mystique, qu'ils mettaient à sa disposition, relevait encore son prestige aux yeux des populations. Et le prince donnait en échange au prêtre les biens matériels, qu'il possédait en abondance et dont le prêtre n'était pas aussi bien pourvu. Telle fut cette antique alliance des rois et des prêtres, décrite, avec une sincérité et une naïveté qui nous étonnent, dans un grand nombre d'hymnes : naïveté qui prouve après tout que cette alliance avait été l'œuvre du temps et de la force des choses, qu'elle était acceptée par tous et qu'elle n'était pas le produit d'une convention tacite formée pour l'asservissement des peuples. L'étude sans préjugé du Vêda réduit à rien, selon nous, les théories haineuses et les déclamations, que nos jours ont entendues sur ce sujet. Voici quelques passages, pris sans choix et au hasard, qui montrent la condition des prêtres au milieu de la société féodale du Vêda.

À l'Aurore.

« Ainsi que tu nous as déjà éveillés, ô brillante Aurore, éveille-nous aujourd'hui pour nous combler de biens, à la voix du Vâyya Satyaçravas, ô illustre par ta naissance et célébrée pour tes coursiers...

» O fille du ciel, riche en présents, lève-toi pour nous aujourd'hui; toi qui t'es déjà levée à la voix du puissant Satyaçravas, ô illustre par ta naissance et célébrée pour tes coursiers...

» O riche et brillante, ceux qui t'apportent l'offrande et qui te chantent dans leurs hymnes deviennent fameux, opulents et capables d'être bienfaisants, ô illustre par ta naissance et célébrée pour tes coursiers...

» Opulente Aurore, accorde une mâle abondance à ces nobles

seigneurs, qui nous ont comblés de présents, ô illustre par ta naissance et célébrée pour tes coursiers...

» Opulente Aurore, donne la force et la prospérité à ces seigneurs, qui nous ont distribué des vaches et des chevaux, ô illustre par ta naissance et célébrée pour tes coursiers...

» O fille du ciel, fais-nous riches en troupeaux de vaches et apporte-nous ces biens, avec les rayons purs et brillants du soleil, ô illustre par ta naissance et célébrée pour tes coursiers... »

(Satyaçravas, fils d'Atri, II, 373.)

A Indra.

« Faible que je suis, je voudrais faire un brillant éloge du grand et robuste Indra, qui donne la force aux hommes, qui vient au milieu du peuple et, pour prix de ses louanges, au moment du combat, lui assure sa protection...

» Nous sommes à toi, Indra, nous et ces prêtres qui engendrent la force. Les chars arrivent. O toi dont la mort d'Ahi a prouvé la vigueur, qu'il en vienne un vers nous, beau comme *Bhaga*, puissant et chargé d'offrandes.

» Indra, en toi réside la force adorable, l'abondance. Immortel danseur, fais notre fortune et donne-nous une brillante opulence, pour que nous puissions célébrer les bienfaits d'un maître magnifique...

» Que ces coursiers ornés d'or que m'a donnés le généreux Trasadasyu, fils de Purukutsa, que les dix chevaux blancs du fils de *Girixita* me transportent à l'assemblée du sacrifice.

» J'ai aussi reçu de *Vidat'a*, fils de *Márutâçwa*, de forts et magnifiques chevaux, distingués par leur couleur rougeâtre. J'avais répondu à son appel ; il m'a donné des milliers de parures ; il a voulu que je fusse orné comme un seigneur.

» Qu'on attelle aussi à mon char les beaux et brillants chevaux de Dwanya, fils de Laxmana. Que les richesses viennent avec grandeur vers le *riśi Samvarana*, comme les vaches viennent au pâturage. »

(Samvarana, fils de Prajâpati, II, 395.)

Voilà donc un bràhmane avide de richesses, qui recevait de toutes mains. Voici une pièce, qui semble être la réunion de deux hymnes en un seul, et où l'on trouve quelques détails de plus sur le même sujet.

A Agni.

« O Agni vêçwânara, un roi pieux, prudent et généreux, *Tryaruṇa* fils de *Trivṛishṇa* m'a rendu riche; il m'a donné deux bœufs attelés à un char, avec dix mille vaches. Qu'il te souvienne de lui.

» Il m'a donné cent vingt vaches et deux chevaux de trait, traînant une charge précieuse. O Agni vêçwânara, pour prix de nos louanges et de nos offrandes, accorde à *Tryaruṇa* ta protection.

» O admirable Agni, Trasadasyû en te louant a pu obtenir ta faveur. Qu'il en soit de même de *Tryaruṇa* qui, d'une âme dévote, s'est uni aux prières et aux libations, que moi *Tuvijâta*, j'ai faites en ton honneur.

» — Moi *Açwamêda*, voulant sacrifier, j'ai entendu quelqu'un me dire : « Allons. » Je viens avec mon hymne, je me présente avec mon offrande. Mais que celui-là me donne la richesse et les moyens d'exprimer mes pieuses pensées.

» Cent mâles taureaux m'ont été donnés, à moi *Açwamêda*, et accroissent ma fortune. Que la triple offrande soit aussi douce que la liqueur du sôma.

» Indra et Agni, vous qui avez cent trésors à votre disposition, donnez à *Açwamêda* une mâle vigueur et un large domaine. Qu'il soit comme le soleil immortel dans les cieux. » II, 282.

L'œuvre sainte s'offrait donc à l'encan; à moins que le premier verset d'*Açwamêda* ne soit une forme poétique, pour faire savoir aux assistants que nul d'entre eux ne saurait égaler en largesses son bienfaiteur. Quoi qu'il en soit, pour qu'il ne reste aucun doute sur ce point, nous citerons encore l'hymne suivant :

A Agni.

« Que, dès le matin, des louanges soient données au bienfaisant Agni, hôte et ami des hommes, immortel qui chérit tous les holocaustes des mortels.

» Augmente la force de Dwita, qui te présente une pure offrande. O immortel, ce chantre aime à t'honorer par ses diverses libations.

» J'invoque dans ma prière le dieu aux splendeurs immortelles, en votre faveur, ô seigneurs. — Puisse leur char voler sans crainte, ô toi qui donnes les coursiers !

» Protége ceux qui accomplissent les œuvres variées du sacrifice, dont la bouche a le dépôt de l'hymne, qui dans ce sanctuaire étendent le gazon sacré et rassemblent les offrandes.

» Ces princes m'ont donné cinquante chevaux, et j'ai payé ce présent par mes hymnes. O immortel Agni, accorde à ces maîtres généreux une large et brillante abondance, une grande et mâle famille. »

(Dwita, fils d'Atri, II, 273.)

La vente est réelle, quoique le marché soit tacite et hors des règles ordinaires du négoce. Que le prêtre vive de l'autel, il n'y a en cela aucune anomalie, lorsque le prêtre remplit sa fonction sacrée pour le public ; il conserve en effet son indépendance spirituelle dans toute sa plénitude. Mais les exemples modernes ne prouvent-ils pas surabondamment que la prière pour le roi peut devenir pour le prêtre une servitude, lors même que le prêtre ne tient du roi aucune partie de son avoir? Si l'on suppose que la classe des purôhitas soit devenue nombreuse à la fin de la période des Hymnes, on conçoit aussi qu'il a dû en résulter deux conséquences : premièrement, grâce à la protection spéciale et à la libéralité des princes, les purôhitas ont surpassé en autorité les simples prêtres et ont tenu la tête de cette sorte de clergé ; en second lieu, leur sujétion étant réelle, leur fonction s'est trouvée dégradée comme leur condition personnelle ; ces dignitaires, pour ainsi dire, ont eu par le fait moins de dignité que les *riṡis* ordinaires, parce qu'ils ont eu moins d'indépendance. Or le nombre des poëtes védiques, ainsi subordonnés aux princes, est considérable, surtout à la fin de la période. *Vâmadêva, Parasâra, Dîrġatamas, Kaxîvat, Agastya, Vasiṡṭa* lui-même, et beaucoup d'autres, reçoivent des présents, payent en hymnes, et vont ainsi soumettant le pouvoir spirituel des dêvas au pouvoir temporel des râjas.

Mais c'est là une anomalie, un état transitoire et violent, dans une société qui tend à se constituer en castes et à se fonder sur une véritable hiérarchie. En effet, si Indra ou Agni sont la source du pouvoir royal des râjas légitimes et sacrés, ceux qui sur terre représentent Agni ou Indra, qui parlent au nom des dieux, qui lient et délient les hommes des chaînes où leur fonction et leur état naturel les retiennent, ceux enfin qui font les rois sacrés, occupent naturellement un rang supérieur à ces rois. Ajoutez que le brâhmane est l'homme de la prière et l'auteur de l'hymne; il en est donc aussi l'interprète. A lui par conséquent appartient l'enseignement moral et religieux; les âmes sont à lui pour ainsi dire, sinon les corps; c'est lui qui imprime aux idées leur direction, qui règle les mouvements des cœurs, les retient ou les pousse, et qui peut, par la seule vertu de son enseignement, que la foi autorise, les précipiter où il lui plaît. Que peut le râja ? En paix, imposer aux hommes des redevances, les forcer à les lui servir, juger leurs procès et les condamner même à la mort; qu'est cela pour des hommes de foi ? En guerre, les mener à sa suite contre des ennemis qui parfois sont les siens, mais non les leurs, et les obliger par le serment ou par la terreur à livrer pour lui leur vie. Ce sont là des actes de puissance, mais qui n'atteignent que les corps. Le pouvoir mystique, qui s'exprime par le symbole de la foi religieuse et qui se personnifie dans le prêtre, atteint l'homme dans le fond le plus intime de sa conscience. Il est donc en fait le premier.

Que le prêtre, et, dans une religion centralisée, le souverain pontife lui-même, soit pauvre comme le *Vasiṣṭa* des Hymnes, cela n'atteint aucunement son pouvoir spirituel, comme le prouve la lutte de ce même *Vasiṣṭa* avec le riche *Viçwâmitra*, qui fut vaincu (Râmâyana I); mais à une condition : c'est que le prêtre fasse acte de pauvreté, comme les

B'ixus du buddhisme, d'autant plus puissants qu'ils ne possédaient rien ; ou que, s'il a cette richesse qui constitue le pouvoir temporel presque à elle seule, il la tienne du peuple des croyants et non d'un certain prince, quel qu'il soit. La subordination, disons mieux, la soumission des brâhmanes védiques aux râjas venait uniquement, comme on le voit, de l'avidité des prêtres, qui couraient à la richesse et ne la pouvaient recevoir que de leurs seigneurs. Lorsque le Buddha voulut séculariser le sacerdoce et lui donner l'indépendance absolue, dont il jouit encore en Orient dans plusieurs de ses églises, il renonça d'abord aux biens de ce monde et fit de la pauvreté une obligation rigoureuse. Mais à la fin de la période védique, on voit cette même question, non encore mûrie pour ainsi dire, se présenter sous un tout autre aspect. En effet, l'indépendance du sacerdoce, dans le régime des castes qui tendait à s'établir, ne pouvait exister, que si le pouvoir spirituel des prêtres venait à être reconnu comme supérieur à tous les autres ; et cette reconnaissance ne pouvait avoir lieu, que si un jour ce pouvoir se trouvait réuni avec le pouvoir temporel entre les mains d'un même homme, possédant d'ailleurs une noblesse héréditaire solidement établie et universellement reconnue. On conçoit bien que, chez un peuple jeune encore et plein de foi, l'autorité du sacerdoce devait avoir un prestige supérieur au pouvoir féodal lui-même, lequel ne s'exerçait que dans un rayon territorial très-court, tandis qu'un prêtre d'antique famille sacerdotale, parlant au nom de la religion commune, pouvait exercer son empire sur le peuple âryen tout entier.

Il faut lire, dans le Râmâyana et ailleurs, la lutte de *Vasista*, représentant le pur sacerdoce, pauvre et obséquieux, mais non subjugé, et du riche *Viçwâmitra*, non encore parvenu à la dignité de bràhmane ; et il faut voir par quels moyens et par quels efforts prolongés, ce puissant seigneur sut y parvenir. Lorsque l'on compare ces faits, tels que la tradition épique les a conservés, avec les hymnes de *Vasista* et avec ceux de *Viçwâmitra* et de sa famille, qui sont très-nombreux et qui sont aussi les plus authentiques de tout le Vêda, un grand jour est répandu sur cette lutte, qui devient dès lors un véritable point d'histoire, et des plus instructifs pour nous. En effet la lutte des deux *risis*, racontée avec une exagération symbolique dans les Epopées, se trouve aussi dans ces hymnes, sombre et parfois farouche, exprimée avec cette violence contenue et par ces allusions mystérieuses, les seules que l'Hymne pieux puisse comporter. Viçwâmitra, devenu bràhmane, acquit, comme on le sait, par la supériorité de son génie et par l'énergie de ses austérités, une grande autorité dans le sacerdoce âryen. Le nombre et la beauté de ses hymnes lui donnent une place à part dans le Vêda ; un d'eux eut même la réputation singulière d'effacer les fautes et de purifier les âmes ; c'est celui qui renferme la belle prière nommée *Savitri*, signalée dans les lois de Manu (ii, 77). Mais Viçwâmitra mourut avant que les castes fussent organisées ; ce rôle était réservé à sa famille ; lui-même avait toutefois donné dans sa personne l'exemple d'un râja devenu brâhmane et mettant le pouvoir sacerdotal au-dessus de l'autorité du seigneur.

Viçwâmitra était fils de *Gâdi*, petit-fils de *Kuça* qui donna son nom à la famille des *Kuçikas*. Kuça descendait en ligne directe de *Purûravas*, par *Vijaya*, frère d'*Âyu* en qui le plus antique sacre royal avait été accompli, selon la tradition. Roi lui-même et père de rois, *Purûravas* était fils d'*Ilâ*, fille de *Manu*, et de *Buda*, fils de *Sôma* qui est le régent de la Lune. Par Manu cette famille se rattachait à *Vivaswat* qui est le régent du Soleil. Ainsi, par toutes ses origines, Viçwâmitra était le descendant et l'héritier légitime de l'une des plus grandes familles royales des Aryas.

Viçwâmitra avait une sœur nommée *Satyavati*, qui épousa le brâhmane *Riçika*. Celui-ci descendait de *B'rigu*, l'un des antiques instituteurs du sacrifice, et représentait par conséquent la puissance sacerdotale dans l'une des plus anciennes familles de *riṡis* : on sait que plus tard ce fut sous le nom de *B'rigu* que furent édictées les lois de Manu, code brâhmanique par excellence.

Riçika et *Satyavati* eurent un fils nommé *Jama-*

dagni, poëte vêdique, qui épousa *Rênukâ*, fille de *Rênu*, autre poëte vêdique, fils de Viçwâmitra. Jamadagni et Rênukâ eurent un fils nommé *Râma*, célèbre dans l'orient indien sous le nom de *Paraçu-Râma*, qui veut dire Râma-à-la-hache, par opposition avec un descendant royal d'*Ikṣwâku* frère d'*Ilâ*, nommé *Râma-candra*, venu beaucoup plus tard et qui est le héros du Râmâyana.

Voici le tableau qui représente les ancêtres de *Paraçu-Râma*.

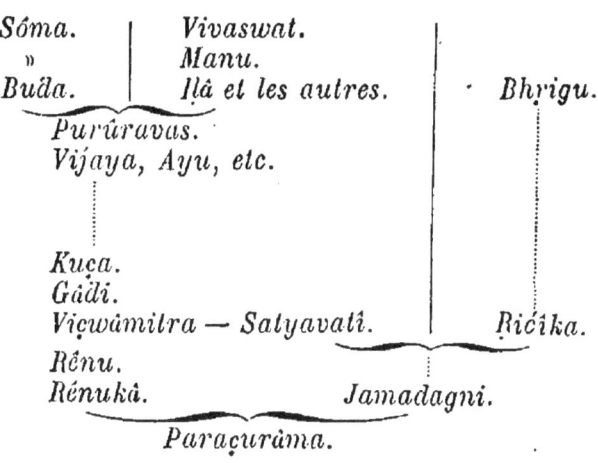

Il est évident, par cette simple généalogie que les *Purâṇas* et les Epopées nous donnent et que le Vêda ne contredit pas, que Paraçu-Râma réunissait en sa personne le pouvoir sacerdotal, tout spirituel alors mais opprimé, et le pouvoir d'action des xattriyas. Car en ses veines coulait le sang des *Purûravas* et celui de *B'rigu*. Or Paraçu-Râma n'est pas dans le Vêda; mais son père y est encore et son bisaïeul y occupe la première place. Depuis Viçwâmitra, la famille de Kuça était devenue sacerdotale, sans perdre son autorité temporelle ; car, outre la noblesse de son origine, le Vêda nous montre qu'elle possédait de grands biens, et, comme dit *Vasista*, « des trésors auxquels rien ne résistait. » Lorsque commença la lutte des rois et des prêtres, que rendait imminente l'orgueil des uns et l'avilissement des autres, le fils de Jamadagni, tout fils de roi qu'il était, n'en fut pas moins naturellement conduit à faire prévaloir, dans sa propre personne, le spirituel sur le temporel et à remettre au second rang les xattriyas, que leurs richesses et leur force avaient élevés au premier.

Nous appelons l'attention du lecteur sur ce grand fait, jusqu'ici peu compris ou peu élucidé, de l'histoire indienne.

Au moment où les anciens ordres âryens allaient se transformer en castes, une lutte accidentelle les précipita vers cette révolution. Voici comment le *B'âgavata-Purâna* raconte ce grand évènement, qui mit fin à la période du Rig-Vêda, constitua les castes dans leur hiérarchie, et marqua le commencement de la grande ère brâhmanique :

« Le plus jeune des fils de *Jamadagni* fut célèbre sous le nom de *Râma* (Paraçurâma)... C'est lui qui détruisit la race corrompue des xattriyas qui pesait sur la terre, race ennemie des brâhmanes, enveloppée par la passion et les ténèbres ; et cependant il n'en avait reçu qu'un faible outrage... *Arjuna*, chef des xattriyas et souverain des *Hœhayas*, ayant honoré, en lui offrant un culte, *Datta*, qui était une portion de *Náráyana*, en reçut pour récompense mille bras, la faculté d'être invincible devant ses ennemis..., la beauté, l'éclat, la vigueur, la gloire, la force ; irrésistible dans sa marche, il parcourait les mondes, semblable au vent... Un jour qu'il parcourait en chassant une épaisse forêt, il entra par hasard dans la partie du bois où se trouvait l'ermitage de *Jamadagni*. La vache qui donne le beurre de l'offrande fournit à l'ascète solitaire le moyen de rendre les devoirs de l'hospitalité au roi, ainsi qu'aux ministres, à l'armée et aux bêtes de somme qui le suivaient. A la vue de cette précieuse vache, qui surpassait ce que pouvait sa propre puissance, le roi, avec ses *Hæhayas*, ne se trouva pas satisfait, parce qu'il désirait posséder la vache du sacrifice. Le brâhmane la lui ayant refusée, le roi, dans son orgueil, ordonna à ses hommes de la saisir, et ceux-ci emmenèrent de force la vache, qui se lamentait, avec son veau. Quand le roi fut parti, Râma revint à l'ermitage ; et en apprenant l'acte de violence qu'avait commis *Arjuna*, il fut transporté de colère, comme un serpent qu'on aurait blessé. Prenant sa hache terrible, son bouclier, son arc et son carquois, le héros irrité se mit à la poursuite du roi, semblable à un lion qui s'élancerait sur la trace d'un éléphant. Le roi rentrait dans sa capitale quand il vit le fils de *Bhrigu* accourant de toute sa force, armé de son arc, de ses flèches et de sa hache, vêtu d'une peau d'antilope noire, et les cheveux tombant en mèches brillantes comme les rayons du soleil. Il lança contre lui dix-sept armées formidables, composées d'éléphants, de chars, de cavaliers et de fantassins armés de massues, de glaives, de flèches, de cimeterres, de projectiles enflammés et de lances. Seul, le bienheureux Râma les détruisit toutes. De quelque côté que le héros, rapide comme le vent et la pensée, frappât avec sa hache sur l'armée ennemie, les guerriers, avec les écuyers et les chevaux, tombaient à terre, le cou, les bras et les cuisses coupés. En voyant couchée sur le champ de bataille, dans la fange formée par des flots de sang, son armée, où les corps, les armures, les arcs et les étendards étaient brisés sous les coups de la hache et des flèches de Râma, le roi des Hæhayas s'avança plein de fureur, ses bras ajustèrent à la fois sur cinq cents arcs autant de flèches dirigées contre Râma ; le plus habile des archers brisa tous ces arcs au même instant, avec les flèches de son arc unique. Arrachant de ses mains des arbres solides pour s'en faire une arme, le roi courut de nouveau impétueusement au combat ; aussitôt, d'un coup de sa hache au tranchant aigu, Râma lui abattit violemment les bras, comme s'il eût coupé en deux un serpent. Puis le héros lui trancha la tête, cette tête qui ressemblait au sommet d'une montagne ; leur père mort, ses dix mille fils s'enfuirent de crainte. Ayant ramené à l'ermitage la vache avec son veau, le héros, vainqueur de ses ennemis, rendit à son père l'animal, qui était agité d'un trouble extrême.

» Râma fit à son père et à ses frères le récit de l'exploit qu'il venait d'accomplir ; Jamadagni l'ayant entendu, lui parla en ces termes : « Râma, ô puissant Râma, tu as commis une faute en
» tuant sans raison un roi, un dieu parmi les hommes, qui
» réunit en sa personne tous les dieux. Nous sommes en effet
» des brâhmanes, ô mon fils, et c'est à la patience que nous
» devons d'être honorés, la patience, qui a placé sur le trône
» du Très-Haut le dieu précepteur du monde. C'est par la pa-
» tience que la fortune de Brahmâ brille comme la splendeur
» du soleil ; le bienheureux Hari, qui est le Seigneur, est bien
» vite satisfait des hommes doués de patience. Le meurtre d'un
» roi, qui a reçu la consécration royale, est plus grave que celui
» d'un brâhmane ; aussi dois-tu te laver de cette faute... en
» faisant un pèlerinage aux étangs sacrés. » Instruit par son père, Râma répondit qu'il suivrait ses conseils ; et après avoir, pendant une année entière, visité les étangs sacrés, il revint à l'ermitage.

» Cependant les fils d'Arjuna, pensant toujours à la mort de leur père, ne pouvaient trouver un seul moment de joie. Un jour que Râma avait quitté l'ermitage avec ses frères, pour se rendre dans la forêt, ils saisirent l'instant de son absence et accoururent avec le désir de satisfaire leur haine. Voyant Jamadagni assis dans l'enceinte du feu et l'esprit absorbé dans la contemplation..., ces hommes aux intentions cruelles lui donnèrent la mort..., puis ils coupèrent la tête du sage et entraînèrent violemment sa femme avec eux. La vertueuse Rênukâ, égarée par le chagrin et par la douleur, se frappant de ses propres mains, s'écriait : Râma! Râma! viens, mon cher fils! Râma ayant entendu de loin ce cri lamentable, revint en toute hâte à l'ermitage, et vit son père égorgé. Transporté hors de lui par la violence de la douleur et de la colère: Ah! père vertueux, s'écria-t-il..., tu nous a donc quittés pour monter au ciel. Après s'être ainsi lamenté, il laissa entre les mains de ses frères le corps de son père, et lui-même ayant pris sa hache ne pensa plus qu'à détruire la race des xattriyas. S'étant rendu à *Mahiśmati*, cette cité que les meurtriers d'un brâhmane avaient privée de son éclat, il éleva au milieu de la ville une grande montagne des têtes de ses habitants. De leur sang il forma un fleuve redoutable, fait pour inspirer la terreur à ceux qui n'étaient pas amis des brâhmanes. Ayant ensuite rapproché la tête de son père du cadavre qu'il déposa sur le tapis sacré, il honora par des sacrifices l'Esprit divin. A l'officiant *hôtri* il donna la partie orientale de la terre, au *brahman* la méridionale, à l'*adwaryu* l'occidentale, et à l'*udgâtri* la partie du nord. Aux autres officiants il donna les points intermédiaires, à *Kaçyapa* le centre, au surveillant du sacrifice l'*Aryâvarta*, et aux assistants ce qui restait encore après ces distributions.

» Se lavant ainsi de toutes ses souillures par le bain qui termine la célébration du sacrifice, Râma resplendit au milieu de la *Saraswati*, fleuve de Brahmà, comme le soleil que n'obscurcirait aucun nuage... Il réside aujourd'hui même dans la montagne de Mahêndra, où, entièrement calmé, il a déposé l'instrument de sa vengeance, pendant que ses actions sont l'objet des chants des *Sidâas*, des *Gandarvas* et des *Tchâranas*.

» C'est ainsi que... le Seigneur, âme de l'univers, s'étant incarné dans la famille des *Bhrigus*, détruisit à plusieurs reprises les guerriers, qui étaient devenus un lourd fardeau pour la terre. »

Le fantôme immense du fils de Jamadagni plane en quelque sorte sur toute l'antique période brâhmanique. Pareil au Briarée d'Homère, il imprime par sa seule présence une terreur singulière dans l'âme des plus braves xattriyas. Longtemps après lui, *Vis̀ṇu* s'incarna de nouveau, et pour la 9ᵉ fois, sous la forme du second *Râma,* fils de *Daçarata;* ce prince n'avait en lui aucun caractère sacerdotal ; plusieurs de ses ancêtres sont nommés dans le Vêda comme des xattriyas généreux et protecteurs des brâhmanes ; on peut citer, par exemple, *Purukutsa* et *Trasadasyu,* dont les noms ont été signalés ci-dessus. Râma, par une longue suite de princes, énumérée dans le *B'âgavata-Purâṇa,* descendait d'*Ixwâku,* frère d'*Ilâ* et fils de *Manu.* C'était une famille de purs xattriyas. D'après la tradition, Râma, conquérant du Sud et propagateur de la puissance âryenne, posa de nouveau la question de prééminence entre les brâhmanes et les ràjas, et la résolut à l'avantage de ces derniers, laissant aux prêtres la puissance de gouverner les âmes en matière religieuse, et affermissant entre les mains des rois le pouvoir politique et civil, qui, dès lors, n'en sortit plus. Voici en quels termes est racontée, sous la forme mystique et symbolique d'une entrevue des deux Râma, cette dernière et suprême lutte des pouvoirs, inaugurée par les derniers chantres vêdiques :

« Le roi d'*Ayôdyâ* (Aoude), faisant marcher devant lui *Vasis̀ṭa* et les autres maîtres spirituels, se mit en route avec ses fils magnanimes. Pendant qu'il cheminait vers la ville suivi de son cortége, des oiseaux de mauvais augure traversèrent les airs d'un vol sinistre ; mais en même temps des bêtes sauvages, contredisant ce présage funeste, se présentèrent à sa droite. A la vue de ces prodiges, le roi, hors de lui-même, interrogea *Vasistʼa* : Pourquoi ces oiseaux de mauvais augure, et ces bêtes à notre droite ? Pourquoi, ô maître, mon cœur sans raison tremble-t-il ? Interrogé de la sorte, le sage répondit au roi *Daçarat'a* : Écoute les suites de ces présages ; les oiseaux annoncent un terrible danger qui nous menace ; et les bêtes, qui courent paisiblement à notre droite, indiquent que tu triompheras du péril. Tandis qu'ils conversaient de la sorte, il s'éleva un grand vent de tempête, qui faisait voler dans l'air des fragments de rochers, et semblait ébranler la terre ; tous les horizons se couvrirent de ténèbres ; le soleil ne brilla plus, et le monde entier fut enveloppé de poussière comme d'un nuage de cendre. Tous les guerriers furent épouvantés, *Vasistʼa* s'enfuit avec les autres sages et les fils de *Raju*.

» Quand la poussière se fut calmée, les guerriers se retournèrent, et virent s'avancer le fils de Jamadagni, les cheveux noués ensemble, invincible comme le grand Indra, pareil au dieu de la Mort, lançant des éclairs comme un feu ardent, insupportable aux regards, portant sur son épaule une hache et un arc, et brandissant un javelot horrible, épouvantable. Quand ils virent debout devant eux Râma, fils de Jamadagni, embrasé de colère et tel qu'un feu enveloppé de fumée, les brâhmanes et *Vasistʼa* leur chef murmuraient de mystiques prières pour apaiser son courroux, et ils se disaient entre eux : « Irrité du meurtre de
» son père, ce puissant Râma vient peut-être exterminer encore
» toute la race des guerriers. Pourtant sa fureur était calmée.
» Après avoir déjà fait d'eux un horrible massacre, il va peut-
» être de nouveau détruire les xattriyas. »

Puis ils lui rendirent hommage. Alors le fils de Jamadagni parla ainsi au fils de *Daçarat'a* :

« Vaillant Râma, on dit que ta valeur est merveilleuse ; je l'ai compris d'après l'arc que tu as déjà brisé. J'ai appris cet exploit, et je suis venu ici, apportant avec moi mon grand arc ; c'est avec cet arc que j'ai conquis la terre. Tends-le à ton tour ; mets-y cette flèche, et lance-la, fils de *Raġu*. Allons, prends cette arme que je te présente ; si tu es assez fort pour le plier, je t'offrirai un combat singulier qui honorera ta vaillance... Ces deux arcs divins, Râma, sont célèbres dans les trois mondes ; ils sont solides, difficiles à courber pour une main débile. L'un d'eux, celui que tu as brisé, avait été donné par les dieux à Çiva ; celui-ci fut donné par eux à *Viṣṇu* ; il est égal à l'autre par la force et la matière, la grandeur et la forme... *Viṣṇu* l'a remis entre les mains du fils de *Bhṛigu*, *Riċika*. Le glorieux *Riċika* l'a transmis à son fils Jamadagni, qui fut mon père. Plein de mauvais desseins, *Arjuna* donna la mort à mon père, qui avait déposé les armes et qui vivait au désert loin de tous les désirs. Courroucé par sa mort, j'ai plusieurs fois avec cet arc exterminé les xattriyas. Avec lui, j'ai vaincu la terre, je l'ai conquise et donnée à Kaçyapa. Moi-même ensuite, j'ai quitté mes armes, et je suis allé sur le Mêru, me livrer à de saintes austérités... En apprenant que tu venais de briser l'arc de Çiva, je suis venu ici pour te voir. Conforme-toi donc à tes devoirs militaires ; prends, ô Râma, cet arc de *Viṣṇu* ; tends-le et mets-y cette flèche ; si tu es capable de le bander, je t'accorderai ensuite la bataille. »

Râma lui répondit :

« On m'a raconté tes actions horribles ; je ne te reproche pas ce que tu as fait pour venger ton père. Mais tu avais auparavant détruit des guerriers pleins de force et de vaillance ; ne sois pas trop fier de cet acte cruel. Donne donc cet arc divin, et regarde ma force et ma puissance. Sois témoin aujourd'hui que la race des xattriyas conserve encore quelque pouvoir. » Là-dessus, avec un léger sourire, Râma prit l'arc divin des mains du fils de Jamadagni ; prenant aussi la flèche et l'encochant, il tendit avec une extrême promptitude le grand arc du dieu *Viṣṇu*. Et le tenant dans ses mains, il ajouta ces mots : « Tu es brâhmane ; pour cela même et par égard pour Viçwâmitra (ton aïeul et mon maître) je te dois le respect ; je ne lancerai donc pas contre toi cette flèche meurtrière; mais je couperai devant toi cette voie supérieure que tu poursuis par tes austérités; et par la vertu de cette flèche, je t'exclurai des saintes demeures. Car ce trait divin de *Viṣṇu*, qui brise la force et l'orgueil d'autrui, ne saurait être par moi décoché en vain. Aussitôt, rapide comme la pensée, Brahmâ et les dieux vinrent pour contempler le fils de *Daçaraťa*, armé de l'arc tout-puissant. »

Le fils de Jamadagni, les mains jointes, lui dit alors :

« Quand je donnai la terre à *Kaçyapa*, il me dit : « Tu ne dois plus avoir ton siége dans les limites de mon empire. » Depuis lors, en effet, je n'habite plus en aucun lieu de cette terre, et je suis résolu à tenir ma promesse. Veuille donc, ô Xattriya, ne pas couper pour moi la voie céleste; exclus-moi seulement du séjour de la pureté suprême. Je reconnais que tu es l'Immortel, l'éternel meurtrier de *Madu*. Salut à toi? Pardonne!... Je n'ai point de honte, seigneur des trois mondes, d'avoir été contraint à courber mon front devant toi. »

Alors le fils de *Daçarata* lança la flèche vers la demeure élevée du fils de Jamadagni, et dès ce moment celui-ci demeura banni du séjour suprême. Quand la flèche fut partie, les dieux, s'élevant dans les airs sur leurs chars glorieux, célébrèrent le fils de *Raġu*; tous les horizons et les cieux s'éclaircirent, et Paraçu-Râma s'en retourna dans son ermitage.

CHAPITRE X

NATURE DU CULTE; ORGANISATION ET POUVOIR SPIRITUEL DU SACERDOCE

I.

Le culte était-il public ou privé? S'il était public, en quel sens et dans quelle mesure l'était-il?

Il est difficile de ne pas admettre que dans les plus anciens temps de la race âryenne le culte était privé, c'est-à-dire individuel. Toutefois, comme nous voyons encore dans le Vêda de nombreux exemples de cérémonies s'accomplissant en famille, suivant les rites et les usages les plus antiques, tout nous porte à croire que le culte, tout privé qu'il fût, s'étendait néanmoins à tous les membres de la communauté domestique. Le père et la mère de famille ne sont appelés *déva* et *dêvî* qu'à cause de leur fonction sacerdotale; et comment croire que le rôle des enfants pût, du moins jusqu'à un certain âge, être autre chose que celui d'auditeurs, de disciples et de serviteurs pour les choses sacrées? On est ainsi conduit à penser qu'aux heures de la prière, la famille toute entière se réunissait et, sous la direction du père, qui était alors un véritable pontife, accomplissait une cérémonie, où chacun avait sa fonction déterminée. Lorsque le culte se développa et prit un caractère public, les cérémonies de famille subsistèrent encore : on continua d'allumer le feu sacré dans les maisons et d'offrir aux dieux par son intermédiaire l'oblation des gâteaux et du lait ; ces usages pieux, propres aux familles et perpétués à travers les générations, portent dans la langue bràhmanique le nom de *kuladarma* et sont considérés comme un des principes conservateurs de la société.

Mais dès l'origine, le culte d'Agni, avant lequel il ne semble pas qu'aucun autre ait existé chez les Aryas, prit un caractère symbolique. Or conçoit-on qu'un symbole puisse exister sans qu'une notion métaphysique, ou du moins abstraite, s'y trouve cachée ? Autant vaudrait dire qu'il y a des représentations qui ne représentent rien et des idées sans objet. Quelle que soit la valeur scientifique d'un symbole, il suppose toujours une vue d'ensemble prise sur la nature, et une première tentative d'interprétation. Le symbole fixe, conserve et transmet cette donnée initiale de la science, et peut ensuite servir de point de départ à des explications plus analytiques et plus vraies des choses. On peut donc regarder comme supérieur à la foule l'esprit qui conçut le premier symbole. Admettons que ce symbole fut Agni, puisque, d'après le Rig-Vêda, nul autre ne l'avait précédé et ne lui est demeuré supérieur. Mais ce symbole, comme tout autre, exige une interprétation pour être compris, un maître spirituel enseignant pour être transmis, un lieu d'assemblée, une réunion d'hommes pour être vulgarisé, un ensemble d'actes physiques pour être autre chose qu'une abstraction, à peine saisissable au vulgaire et promptement effacée des esprits. Ce sont là les nécessités, pour ainsi dire absolues, sur lesquelles reposent tous les cultes, sans exception. Si maintenant on tient compte de l'inégalité naturelle des hommes, on voit que quelques-uns d'entre eux seulement sont capables de comprendre la valeur des symboles créés par les premiers pontifes, hommes d'une supériorité intellectuelle évidente ; et que, parmi ceux qui les comprennent, un plus petit nombre encore est capable de les interpréter et de les exposer par la parole. Ces faits sont d'autant plus frappants, qu'un système symbolique est plus voisin de son origine : car il arrive un temps où le dogme, parvenu à son développement, peut être fixé par l'écriture, arrêté dans ses moindres parties et livré à la mémoire inintelligente des conservateurs de la foi. Lors donc que le premier symbole âryen eût été créé, les nécessités dont je viens de parler se présentèrent toutes à la fois, ou le symbole lui-même dut péricliter et périr. Nous ne prétendons pas en effet que les premières créations religieuses de l'esprit humain n'aient pas eu cette destinée ; et nous serions portés à croire que, depuis la première apparition de l'homme sur la terre, bien des ébauches successives se sont ainsi perdues sans retour. Nous voyons d'une part que le Vêda ne nous signale chez les Aryens aucune doctrine antérieure au culte d'Agni, et de l'autre que ce symbole a déjà une étendue et une profondeur si grandes, qu'il lui a suffi de se transformer pour donner naissance au brâhmanisme tout entier : or le brâhmanisme dure encore.

Quoi qu'il en soit, le premier symbole âryen dut, par la force des choses, prendre un caractère public en se répandant, et demeurer en dépôt entre les mains des hommes capables de le comprendre et de l'interpréter. La perpétuation des cultes de famille ne fut pas un obstacle à la célébration de cérémonies publiques. Lorsque *B'rigu* eut, selon la tradition vêdique, allumé pour la première fois le feu sacré, les faits nous prouvent que deux conséquences se développèrent simultanément : le culte d'Agni s'étendit à toute la race des Aryas, à l'orient et à l'occident; et le sacerdoce se fixa dans certaines familles, qui, dans l'Inde, donnèrent naissance à la caste des brâhmanes.

Durant la période des Hymnes, il n'y a aucun doute que les mêmes cultes étaient pratiqués dans toutes les parties du *Saptasindu;* car nous avons des hymnes composés dans presque toutes les vallées de ce pays, et d'autres dont les auteurs habitaient plus à l'est, sur la Saraswatî, sur la Yamunâ et même sur le Gange. Dans un autre chapitre nous verrons que ces mêmes cultes existaient à une époque au moins aussi reculée vers le nord et le nord-est de l'Iran, dans les contrées arrosées par l'Oxus et ses affluents. Le culte d'Agni, avec ses principaux développements, était, au temps des Hymnes, commun aux diverses branches asiatiques de la famille âryenne ; il avait donc eu le temps de se répandre au milieu d'elles et de s'y faire adopter universellement ; et par conséquent il y avait longtemps déjà qu'il avait paru pour la première fois, lorsque furent composés les plus anciens hymnes de notre Recueil. La tradition rattache à certains noms l'invention des cérémonies sacrées : nous venons de citer *B'rigu* comme celui qui le premier alluma le feu sacré. Il ne faut peut-être pas attacher une valeur bien positive ni une signification personnelle à ce nom, qui semble se rapporter à la racine *b'rij'*, faire cuire, frire ou griller sur le feu. La tradition ajoute qu'il avait reçu le feu de *Mâtariçwan*, qui est le vent. Elle attribue l'invention de l'*araṇî* à l'antique *Purûravas*, fils de *Buda* qui est le savoir, et d'*Ilâ* qui est l'invocation. Quant à *Buda*, il est fils de *Sôma*, fils d'*Atri*, né de l'Etre éternel ; *Ilâ* est fille de *Manu*, personnification de la race humaine, issue de *Vivaswat* et, par lui, de l'Etre éternel. Mais ce sont là des généalogies, fondées plus tard sur des textes du Vêda, pour expliquer dans le brâhmanisme l'origine de toutes choses ; ce n'est pas ici le lieu d'en discuter le sens ni la valeur. Le Vêda rapporte généralement à *Angiras* l'invention des rites, c'est-à-dire des cérémonies usitées dans le sacrifice. *Angiras* est un ancêtre de *B'rigu*; il en résulterait que les rites existaient avant l'invention du feu, ou du moins avant que *B'rigu* eût enseigné aux hommes à faire brûler ou rôtir au feu d'Agni la chair des victimes et les offrandes non sanglantes, qu'Agni recevait pour les transmettre aux dieux. Nous ne prétendons point résoudre ici une telle question, qui exigerait de longues discussions et des documents puisés ailleurs que dans le Vêda; nous ne faisons que la signaler. Le sacrifice du matin fut attribué par la tradition brâhmanique à *Atarvan*, qui l'institua en l'honneur des Cavaliers célestes nommés *Açwins*, et sous le nom duquel fut publié plus tard le quatrième Vêda.

Quant au second fait, que le sacerdoce se fixa dans certaines familles, le seul recueil du Vêda le prouve surabondamment; nous y voyons en effet les auteurs des hymnes citer leurs pères et leurs ancêtres, établir, proclamer comme un fait la transmission de l'Hymne et des rites dans leur descendance, parler des dieux aux assistants avec une sorte d'autorité reconnue, marier les époux, sacrer les rois; et cela, pendant que d'autres familles existent à côté d'eux, tout à fait étrangères aux cérémonies du culte, à la composition de l'Hymne et à l'enseignement sacré. De ces dernières, les unes sont des familles seigneuriales, adonnées à la guerre ou au gouvernement, les autres sont plébéiennes et pratiquent les métiers, l'agriculture et le commerce. Ce fait est général dans le Vêda ; mais nous n'avons pas besoin d'y revenir plus longuement ici, puisqu'aux précédents chapitres nous avons traité de la société védique. Il importe seulement de se rendre compte des causes qui ont produit ce résultat, et dont la principale me semble être la supériorité intellectuelle des anciens prêtres, supériorité que faisait valoir encore leur petit nombre et qui, par l'enseignement paternel, se perpétuait naturellement dans les familles et tendait à y constituer un droit divin.

En vertu des mêmes causes, le culte prenait un caractère de plus en plus public. En effet, moins le nombre des familles sacerdotales était grand, plus étaient relativement nombreux les hommes qui avaient besoin d'elles pour l'accomplissement des cérémonies sacrées. Le prêtre officiait non-seulement pour lui, pour sa femme et pour ses enfants, mais pour le roi et sa famille, pour le village entier et pour la tribu. Lorsqu'une cérémonie solennelle s'accomplissait, telle que le sacre ou le mariage d'un prince, ou telle qu'un *açwamêda* (sacrifice du cheval), le prêtre voyait se réunir autour de l'autel des troupes nombreuses de fidèles accourues de tous côtés. Le culte alors était évidemment public et ne conservait plus aucun caractère dénotant une cérémonie privée. Ajoutons que dans ces circonstances, que l'on pourrait appeler rares, les frais du culte, nécessairement considérables, étaient supportés par ceux qui offraient le sacrifice et qui décrétaient la fête, et non par le pontife, souvent beaucoup moins riche que son seigneur ou même tout à fait pauvre. Or, nous avons vu que la fortune du seigneur, en majeure partie agricole, se composait des redevances que ses sujets lui payaient; il représentait l'Etat, pour ainsi dire, et son trésor était comme un trésor public, dont il avait la libre disposition. Les prêtres féodaux des temps védiques offraient ainsi un sacrifice dont tout le monde faisait les frais. Si, à force de piété, un seigneur venait à vider son trésor, c'était au peuple à le remplir de nouveau, souvent pour la même destination.

Que manquait-il à ces cérémonies pour constituer un culte public, dans toute l'étendue de ce mot? Rien. Lors donc que la société âryenne se constitua définitivement en castes, ce ne fut point une révolution religieuse, ni même sacerdotale; ce fut une révolution sociale et politique. De nos jours, si les efforts de l'Angleterre parvenaient à faire disparaître le régime des castes, la puissance temporelle des brâhmanes en souffrirait beaucoup, mais ce ne serait point un pas de plus vers leur conversion au christianisme. L'on verra de même que la suppression du pouvoir temporel des papes ne portera pas la plus légère atteinte au catholicisme, et que la foi n'en sera ni plus forte, ni plus faible.

Du reste nous voyons bien, dans le Véda, que

les prêtres n'étaient pas toujours les aumôniers des seigneurs féodaux, et qu'ils offraient souvent le sacrifice en toute liberté. Peut-on dire qu'alors le culte fut vraiment public? Il n'y a pas à en douter. En effet, l'office divin exigeait pour s'accomplir la présence, non d'un prêtre, mais de sept. Qu'il y ait eu un temps où un prêtre unique ait offert le sacrifice, cela est probable, sinon certain. L'antique tradition vêdique, sans cesse répétée dans les Hymnes, où il est dit que les *Ribus* partagèrent en quatre la coupe sacrée qui était unique auparavant, ne semble-t-elle pas faire allusion à ce développement des cérémonies du culte? Mais ces personnages, *Ribu*, *Vibwat* et *Vâja*, fils de *Sudanwan*, remontent, s'ils ont jamais existé, à une époque de beaucoup antérieure au Vêda. De sorte que, dès les premiers temps de la période des Hymnes, sept prêtres officiants participaient déjà au sacrifice et remplissaient, autour du foyer d'Agni, des fonctions différentes et parfaitement déterminées. Si le culte libre eût été privé, ou seulement s'il eût été contenu dans les limites de la famille, il eût fallu que chaque père trouvât sous son toit domestique six enfants pour compléter le nombre marqué par le rituel. De plus, il lui eût fallu attendre que ses fils eussent atteint l'âge de la prêtrise, avant de pouvoir offrir pour lui et les siens le sacrifice aux dieux. Ce sont là des impossibilités si manifestes, que l'on peut admettre, en toute sécurité, que les sept prêtres officiants sont une preuve de la publicité du culte d'Agni. Rien ne s'oppose, du reste, à ce que parmi ces prêtres il y eût des parents, des frères, des pères et des fils, surtout dans les familles sacerdotales nombreuses, comme il en existe quelques-unes dans le Vêda.

II.

Si l'on veut maintenant se représenter les Aryas répandus sur le sol du *Saptasindu,* souvent dispersés dans les prairies ou sur le penchant des montagnes, souvent aussi groupés, par villages ou par hameaux, sous l'autorité d'un *râja ;* et si, d'une autre part, on se souvient que les familles sacerdotales formaient une sorte de minorité dans tout le pays, on concevra que leur présence dans chaque village tendait à les rapprocher les uns des autres et à les constituer en autant de petits corps ecclésiastiques séparés. Et comme le savoir et le pouvoir se recherchent toujours, sous peine de périr l'un ou l'autre, ou tous deux, une fréquentation mutuelle s'établissait entre les seigneurs et les prêtres, les premiers assurant la richesse aux seconds, qui leur communiquaient en échange une portion de leur autorité divine.

Mais, répétons-le, il n'y a dans toute la période du Vêda, aucune organisation générale du sacerdoce, nul clergé, nulle église, rien qui ressemble au pape des chrétiens catholiques, rien même qui puisse être assimilé à l'autorité épiscopale. Les prêtres sont indépendants les uns des autres, étrangers les uns aux autres, comme les peuplades pour lesquelles ils célèbrent l'office divin. Du moins il n'y a dans les Hymnes rien qui indique une subordination quelconque des prêtres entre eux. Et comme les Hymnes sont intimement mêlés aux actes de la vie réelle, on peut en conclure qu'en effet une telle subordination n'existait pas. Elle ne se produisit pas non plus dans le brâhmanisme : fait d'autant plus remarquable que nous l'avons encore sous nos yeux dans l'Inde contemporaine. La supériorité intellectuelle d'un brâhmane sur les autres, sa science profonde, sa vertu éprouvée, son grand âge, en un mot tout ce qui aurait pu lui donner une sorte de suprématie, ne lui attirait que le respect et la déférence de ses pairs. La subordination ne put même pas s'établir en matière purement spirituelle : il est incroyable avec quelle audace se développèrent les théories philosophiques dans des écoles exclusivement composées de prêtres, et qu'elle hardiesse de pensée montrent déjà quelques-uns d'entre eux dans le Vêda. Un prêtre chrétien qui se montrerait aussi indépendant serait aussitôt banni de l'Eglise ; un chrétien laïque s'exposerait à des persécutions et à des vexations de toute sorte.

Tel est le fait que nous signale toute l'histoire de

l'Inde brâhmanique et que nous voyons exister également dans le Vêda, d'où il a pris naissance. Nous allons en dire la cause, afin que s'il y a là quelque chose dont nous puissions profiter pour notre propre indépendance, nous ne manquions pas de l'y aller chercher.

Le système des castes est incompatible avec l'organisation hiérarchique d'un clergé. Car ici le simple prêtre tient tout son pouvoir de l'ordination, que lui confère son évêque; et dans l'organisation catholique, la plus parfaite en ce genre, l'évêque lui-même ne peut remplir ses divines fonctions sans être confirmé par le pape, qui est le successeur de Pierre; quant à Pierre, il a été établi par Jésus, qui était le fils de Dieu. Telle est la procession du pouvoir sacerdotal dans l'Eglise catholique; et cette Eglise n'en reconnaît pas d'autre. Il en résulte que le prêtre est subordonné spirituellement à son évêque, comme à son père en Dieu, et que cette subordination est la condition même du pouvoir sacerdotal. Un prêtre, révolté contre son évêque, à plus forte raison contre son pape, est aussitôt frappé d'interdit; sa doctrine est stigmatisée; lui-même cesse de pouvoir accomplir les saintes cérémonies. Il n'a donc, en aucune manière ni à aucun titre, la liberté de penser en matière religieuse; et comme il n'est presque aucune science qui ne touche de près ou de loin à la religion, cette liberté est généralement refusée en toute matière au clergé catholique. Nous n'avons rien à dire ici des simples chrétiens, puisque ce chapitre roule principalement sur le sacerdoce. Cependant nous ferons observer que les prêtres sont pris sans distinction dans toutes les classes de la société laïque, ce qui établit entre elles et eux une sorte de solidarité. Si le prêtre appelle père son évêque, il appelle fils et filles tous les membres de la communauté catholique. Les gens croyants et vraiment pieux ne se révoltent jamais contre leur prêtre et le prennent en toutes choses pour leur directeur spirituel ; ils font à leur foi le sacrifice de leur liberté de penser, et subordonnent même la science aux doctrines établies par l'autorité ecclésiastique. A la vérité ces personnes sont aujourd'hui si rares que, pour ma part, je n'ai jamais pu en rencontrer une seule parmi les gens instruits, et qu'ayant conversé souvent avec des hommes et des femmes du peuple, j'ai trouvé le plus grand nombre toujours prêt à méconnaître un article de foi pour le plaisir de penser librement. J'aurais pu inférer de là que la liberté de penser n'est pas moins naturelle que la foi et que le règne absolu de celle-ci est une chose que les hommes n'accepteront jamais. Que d'autres, s'ils le veulent, tirent cette conclusion. Si je parle de ces faits, c'est pour faire comprendre, à fortiori, que la dépendance spirituelle est la condition inévitable d'un corps sacerdotal, constitué hiérarchiquement en Eglise et formant un clergé. J'aurai donné toute mon explication, si je prouve que l'indépendance des doctrines est au contraire un résultat naturel du système des castes.

Dans ce régime, nul ne peut être brâhmane, si son père ne l'était avant lui ; on naît brâhmane, on ne le devient pas ; telle est la règle générale, sinon absolue. C'est donc de la génération que je tiens ma qualité de prêtre et non d'une ordination venue du dehors. L'autorité divine que je possède, je la dois à ce dieu qui vit et agit perpétuellement dans la nature, et qui donne aux êtres, avec la vie, les qualités, les figures et les fonctions qui leur conviennent ; et puisque c'est par la génération, et non autrement, que les figures des pères se perpétuent dans leurs enfants, c'est aussi par elle que se transmettent les aptitudes naturelles et les rôles que chacun doit remplir. La même cause qui fait qu'un lion n'engendre pas un éléphant, ni la vache pesante un oiseau aux ailes rapides, fait aussi qu'un çûdra aux bras courts, à la face plate, au nez épaté, à la peau noire, ne saurait mettre au monde un brâhmane au beau visage ovale, au nez légèrement aquilin, aux grands bras, à la peau blanche. Elle répartit, cette cause puissante appelée *Puruṡa*, les qualités entre les hommes ; et les fonctions dérivent naturellement des qualités natives. Je suis le raisonnement d'un prêtre indien, et je l'entends dire à ceux qui lui parlent d'ordination : « c'est le Principe Masculin suprême qui m'a fait ce que je suis ; mon père était brâhmane, je le suis donc aussi ; je voudrais cesser de l'être que je ne le pourrais, puisque telle est la loi de ma nature, loi qui m'a été imposée, avant ma naissance même, dans le sein d'une mère brâhmanî où un père brâhmane avait déposé le germe d'où je suis venu. Je n'ai nul besoin d'un secours étranger pour être prêtre ; mon esprit est fait pour étudier la science sacrée sous la direction de mon père, parce que telle est la fonction naturelle du prêtre et de ses enfants. Et quand mon intelligence aura atteint la limite de la science, si elle est capable de s'avancer au-delà, sa fonction naturelle l'y poussera même malgré elle, puisque telle est la mission de ma caste sur la terre. Si vous étiez brâhmanes comme moi, ma maison vous serait ouverte ; nous converserions ensemble sur les sujets les plus élevés de la métaphysique, sur l'Etre suprême neutre et indivisible, sur la marche de l'âme et sur beaucoup d'autres choses ; mais vous êtes les enfants des laboureurs et vos sœurs sont des servantes ; je ne puis entrer en discussion avec vous ; allez, vous n'êtes que des çûdras. » Puis se tournant vers les brâhmanes qui l'écoutent, je l'entends leur dire avec cette simplicité candide que seules possèdent les âmes libres : « pourquoi ces étrangers veulent-ils que nous nous soumettions à leurs chefs et que nous adoptions leur foi? Les brâhmanes ne sont-ils pas tous également les conservateurs et les interprètes de la Sainte écriture? Quand les *riṡis*, nos ancêtres, ont composé les chants du Vêda, n'étaient-ils pas tous également libres, puisque le même Brahmà parlait par leur bouche et, les inspirant tous, ne pouvait ni se contredire lui-même, ni se subordonner à lui-même? Et lorsque Manu énonça les lois qui règlent les fonctions des castes, n'établit-il pas la supériorité du brâhmane sur les trois autres ordres? Mais il ne dit pas qu'un brâhmane dût être supérieur à un autre ; car, en nous créant de sa bouche, Brahmà donna également à nous tous pour fonction de composer l'Hymne et de célébrer le sacrifice. Nos premiers pères ont transmis à leurs descendants ce pouvoir que nous tenons d'eux ; et comme la génération d'un brâhmane est en tout semblable à celle d'un autre brâhmane, nous ne saurions comprendre qu'un prêtre puisse commander à un autre prêtre et lui imposer une foi dont il n'est ni le premier auteur, ni l'unique interprète. C'est dans nos ermitages, par la science et par la méditation, que chacun de nous donne à la Sainte écriture ses commentaires et ses développements légitimes ; là, Brahmà habite avec nous et illumine le fond de notre pensée. Ensuite, dans nos savantes réunions, auxquelles président *Ilâ, B'aratî* et la divine *Saraswatî*, chacun de nous apporte et met en commun le fruit de ses contemplations solitaires, et chacun après se retire en liberté, pour méditer de nouveau et pousser plus loin, s'il le peut, la science des choses divines. Telle est notre vie, ô sages brâhmanes, dont nulle puissance étrangère, nulle prédication venue du dehors, ne saurait détourner le cours, ni soumettre l'indépendance. On raconte encore aujourd'hui qu'autrefois, dans le Jambudwîpa, le fils d'un ràja nommé *Çruddôdana* voulut enseigner aux populations une doctrine nouvelle, livrer le Vêda aux castes inférieures et faire des prêtres avec des hommes dégradés : mais comment un brâhmane régénéré pourrait-il prendre naissance dans la matrice d'une çûdrâ ? Et quelle autorité sacrée pouvait avoir ce Çâkya, qui n'était lui-même qu'un xattriya ? Aussi tout roi et fils de roi qu'il était, et quoiqu'en se donnant le nom de *Budda* il affectât de paraître un sage et de mieux interpréter que nos pères la Sainte écriture, ne put-il tenir contre la divine autorité des brâhmanes, en chacun desquels réside le Vêda tout entier. Son Eglise, comme il l'appelait, fut dispersée et chassée du Jambudwîpa et de l'Inde tout entière. Sa hiérarchie ecclésiastique, transportée au delà des grands fleuves, des montagnes et des mers, n'a pu prévaloir que chez des hommes inférieurs aux væçyas et aux çûdras. Nos pères ont ainsi conservé cette indépendance et cette sérénité inaltérable de la pensée, que donne la science et dont le Vêda est l'éternel fondement. »

La génération, fondant les castes, rend ainsi les brâhmanes indépendants les uns des autres et changerait en usurpation toute tentative faite par un d'eux de se donner une suprématie spirituelle. Tel a été, en effet, à toutes les époques, le principe constitutif de la caste sacerdotale dans l'Inde ; et nous ne trouvons dans le Vêda rien qui indique que, dans les temps les plus reculés, les choses s'y soient passées autrement. Si nous avons développé ce sujet et jeté même, à propos du Vêda, un coup d'œil sur les temps modernes, c'est pour faire comprendre contre quelle difficulté pratique les prédications catholiques vont se briser, quel obstacle elles auront à vaincre ou quelle étrange concession elles devront faire. Ainsi s'explique encore pourquoi les missionnaires anglicans, et généralement les chrétiens, dirigent particulièrement leurs efforts contre l'institution brâhmanique, pour y substituer à l'indépendance individuelle leurs puissantes hiérarchies cléricales, renouvelant ainsi la tentative que le Buddhisme n'a pu faire réussir autrefois dans des conditions cependant plus favorables.

Aux temps vêdiques, nous voyons la classe des prêtres, tout en conservant à chacun la plus entière liberté de penser, prendre des forces et marcher vers l'unité de dogme et de caste à la fois, au moyen de certaines réunions ou conférences. Ces petits conciles se formaient d'eux-mêmes autour de l'autel d'Agni, où la réunion de sept prêtres officiants était une occasion toute offerte de conférer sur des sujets sacrés ou profanes :

« Celui qui ne connaît pas l'Etre ne comprendra rien à mon hymne; ceux qui le connaissent ne sont pas étrangers à cette réunion. »

Ces paroles sont tirées du grand hymne de *Dîrga-*

tamas, où ce poëte, proclamant lui-même en face du foyer sacré sa propre inspiration, dit encore :

« Le Seigneur maître de l'univers et rempli de sagesse est entré en moi, faible et ignorant, dans ce lieu où les âmes obtiennent avec la science la jouissance paisible de ce fruit doux comme l'ambroisie. »

Ces réunions devaient sans doute être plus nombreuses et plus efficaces, lorsque, dans les sacrifices solennels, les râjas appelaient autour d'eux les prêtres des contrées voisines. Ces assemblées nous sont représentées par les poëmes épiques comme durant un assez grand nombre de jours, se formant autour de la demeure royale, et remplissant même les villes. Je suppose que la pompe était moins grande aux temps du Vêda ; mais il n'en est pas moins certain que des rois pieux et généreux, tels que *Tryaruna, Ratavîti* et d'autres encore, organisaient déjà de somptueuses cérémonies, où beaucoup de prêtres devaient se trouver rapprochés.

L'usage de se retirer dans des ermitages paraît avoir existé déjà à cette époque. Les traditions des temps postérieurs le disent ; mais il serait difficile de savoir dans quelle mesure la retraite au désert était alors pratiquée. Toutefois, quel que fût alors l'état du monachisme indien, on ne saurait méconnaître qu'il devait déjà contribuer pour sa part à la formation de la caste sacerdotale, à sa séparation d'avec les autres castes, au développement des dogmes et à la préparation des lois. Un ermitage en effet n'est pas seulement l'habitation d'un solitaire livré à la méditation ; c'est un point de réunion pour les hommes pieux et savants, qu'attirent les austérités et les profondes connaissances du *Muni*. On sait que plus tard ce fut dans ces solitudes, souvent enchantées, mais toujours paisibles, au sein de la grande et belle nature des montagnes de l'Inde, que s'élaborèrent la plupart des systèmes religieux et philosophiques du brâhmanisme.

Les *tîrtas* et les *prayâgas* commençaient aussi à être fréquentés. Les premiers sont des lacs d'eaux pures et salutaires, où les personnes pieuses vont se livrer à la méditation et se laver de leurs péchés, comme en Occident les touristes se donnent rendez-vous pour leurs plaisirs ou pour leur santé dans de semblables lieux. Les *prayâgas* sont les confluents des fleuves et des rivières ; celui du Gange et de la Yamunâ finit par l'emporter sur tous les autres ; il est encore aujourd'hui le plus célèbre de tous chez les Indiens ; les Musulmans eux-mêmes, séduits par la sainteté du lieu, y ont construit une grande ville, qui porte en leur langue le nom d'Allahâbad, la Cité-de-Dieu. Les confluents des rivières du *Sapta-sindu* et les lacs situés au nord de cette contrée, dans les grands monts que traverse le haut Indus, étaient, au temps du Vêda, les lieux où se rendaient les « pèlerins », qui pour les gagner accomplissaient souvent de « longs voyages ». Comment croire que des hommes de prière, dont l'esprit était toujours occupé de théologie et de métaphysique, pussent s'y rencontrer et y séjourner, sans s'entretenir des sujets dont leur intelligence était remplie, ou sans traiter des relations qu'eux-mêmes et leurs pairs pouvaient avoir soit avec leurs princes, qui n'étaient pas toujours pieux, soit avec les gens du peuple, dont eux-mêmes étaient les guides spirituels et presque les législateurs ?

Ainsi tendait à se former, non une Église, puisque l'indépendance des prêtres était un fait que rien ne tendait à détruire et que l'état social favorisait ; mais un corps sacerdotal, dont les membres étaient égaux entre eux, dont les doctrines se fondaient ensemble par de mutuelles réactions, dont les tendances dogmatiques et politiques, les traditions de race et l'autorité, étaient analogues ; une société sacrée dans la société civile ; en un mot, une caste.

III.

Nous allons dire sur quels fondements l'autorité spirituelle du brâhmane reposait alors.

Dans les premiers temps, et plus tard aussi par un effet nécessaire de la constitution des castes, une alliance intime existait entre l'autorité du prêtre et l'autorité paternelle. Car le père de famille était pontife au milieu des siens, lorsqu'il célébrait trois fois par jour le sacrifice d'Agni : comme père il était le maître de maison ; comme pontife il dirigeait tous les actes de la cérémonie ; et les personnes auxquelles il donnait ses ordres étaient les mêmes dans ces deux cas : c'était les membres de sa famille. A l'égard du fils, le chef de maison n'était pas seulement le père selon la nature, l'auteur du corps et le propagateur de la vie ; il était aussi le maître spirituel, qui transmet l'Hymne avec la science sacrée ; de sorte que le fils voyait à la fois ces deux choses dans son père et confondait pour ainsi dire dans sa personne l'autorité naturelle, qui suit la marche de la génération, et l'autorité acquise, que la science donne au maître sur son disciple. Ce fondement du pouvoir brâhmanique est très-solide ; et ce pouvoir prit beaucoup plus d'empire sur les esprits, que l'ordination n'en put donner aux prêtres buddhiques et, plus tard, aux prêtres chrétiens. L'ordination, en effet, ne s'appliquant aux hommes que selon le hasard des vocations individuelles, et ne s'appuyant que sur une tradition souvent attaquée, a toujours quelque chose, sinon d'arbitraire, au moins d'artificiel. Au contraire, la transmission brâhmanique de l'autorité sacrée ne quitte pas l'ordre de la génération naturelle, lequel ne peut jamais être troublé. Et lorsque le sacerdoce se fut fixé dans certaines familles, le parallélisme de ces deux choses se montra d'une manière plus évidente encore et plus incontestée. La tentative du buddhisme, de faire un bien commun de la puissance spirituelle du prêtre, et de partager le sacerdoce entre toutes les castes, ne fit que confirmer, en fin de compte, ce pouvoir entre les mains des brâhmanes, par le peu d'autorité que parurent avoir les prêtres nouveaux, issus de l'ordination, en présence d'une autorité héréditaire si antique.

Le père instruisait son fils. Ce dernier ne tardait pas à acquérir la science sacrée et, tout jeune encore, pouvait déjà surpasser en connaissances des hommes beaucoup plus âgés que lui, appartenant aux autres castes. Marié à son tour, et de bonne heure, à une jeune fille brâhmanî, il devenait père et réunissait en sa personne la double autorité que son propre père possédait avant lui. Cet ordre de choses se perpétuant, une forte chaîne se formait, par laquelle les générations successives étaient unies l'une à l'autre. Quand on songe à la force réelle que les simples héritages mettent entre les mains d'un fils après la mort de son père, force qui pourtant est divisible, périssable, précaire, et ne peut être possédée à la fois par le père et par le fils, on peut imaginer quelle puissance spirituelle prodigieuse l'hérédité du sacerdoce constituait dans une famille, où la science du fils n'ôtait rien à celle du père, où tous deux à la fois pouvaient exercer, sans dépréciation, une autorité qui n'allait pas s'amoindrissant, et qui se communiquait toute entière de l'un à l'autre sans se partager.

Cette autorité qui, en fait, était constituée par la

génération, l'était en droit par le rôle mystique du prêtre. La science qui enseigne les rites permet à ceux-là seuls qui la possèdent de les accomplir selon la règle et la tradition ; cette même science enseigne aussi à eux seuls la signification et la valeur des symboles. Par là, l'homme de prière, instruit dans la théologie, se trouve être le seul qui puisse entrer en relation directe avec la divinité, objet de sa science. En effet, c'est dans un sacrifice où les rites sont suivis que la divinité se communique au prêtre ; et c'est à la condition d'être invoquée par lui, c'est-à-dire appelée, dans le langage fixé par la science elle-même. Le peuple ignorant et profane s'adresse à son prêtre quand il veut se mettre en rapport avec ses dieux. Or ces relations sont doubles, selon que le fidèle offre ou demande : celui-ci est de la sorte naturellement amené à présenter son offrande aux dieux par l'intermédiaire du prêtre, et à leur demander aussi par sa bouche leurs faveurs. Agni, visible dans le feu sacré, invisible dans son essence intime quand il a consumé son propre corps, Agni était le véhicule naturel, l'entremetteur et le messager, c'était, comme on disait alors, le cheval destiné à porter aux dieux du ciel les offrandes des fidèles, que lui transmettait le prêtre ; en retour, le prêtre demandait, en son propre nom et au nom des fidèles, la protection des dieux distributeurs de tous biens, *dâtârô vasûnâm*, δοτῆρες ἐάων. Les hommes s'accoutumaient ainsi à penser que les biens ne leur arrivaient que par suite de leur propre piété, c'est-à-dire par le moyen du prêtre et des rites sacrés :

« L'onde descend égale à l'onde »,

d'abondantes libations procurent des pluies abondantes ; le sacrifice engendre la fertilité. Telle est la doctrine constamment reproduite dans les hymnes du Vêda ; et si on veut la voir mise sous une forme dramatique, il suffira de lire, au 1ᵉʳ chant du *Râmâyana*, l'histoire de ce jeune solitaire, *Riśyaçringa*, dont le seul départ pour la ville royale fait tomber la pluie du ciel et rend la vie à une nombreuse population affamée par la stérilité. On ne saurait croire à quel point fut portée la confiance des Indiens en la puissance surnaturelle du prêtre. Nous renvoyons, sur ce sujet, aux récits des miracles accomplis par le *Budda Çâkyamuni*, et surtout au merveilleux tableau de sa solennelle transfiguration. A l'époque vêdique, nous sommes loin encore de pareils excès : mais le principe existe ; la croyance à un pouvoir mystérieux du prêtre est solidement établie.

Ce pouvoir, du reste, ne s'étend pas seulement sur des phénomènes physiques, tels que la pluie ; il va beaucoup plus loin. Nous avons vu en effet que le prêtre intervient dans les actes les plus importants de la vie : par son pouvoir mystique il délie la jeune fille des chaînes où, depuis sa naissance, *Varuna* retenait sa virginité, et il l'autorise à s'unir sans péché à un époux ; c'est lui aussi qui prend dans la main du xattriya mort l'arc, symbole de guerre et de science royale, et qui accomplit sur le cadavre la cérémonie où l'âme obtient sa délivrance. Par cette double vertu de son pouvoir mystique, le prêtre remplit aussi les rôles de médecin et d'enchanteur : rien ne paraît plus singulier et ne s'explique pourtant plus aisément, que de voir le même homme recourir aux propriétés de certaines plantes, bien connues de lui, pour guérir une maladie, et en même temps imposer les mains sur le malade, pour lui ôter son mal par une véritable incantation. Etait-il donc un trompeur et un charlatan ? Nous ne le croyons pas ; car les hymnes védiques qui ressemblent le plus à une formule de magie, à un *mantra*, portent tous les caractères de la sincérité. Mais on doit considérer que dans cette société védique, où le peuple était tout occupé des métiers et les xattriyas de la guerre et du gouvernement, la science sous toutes ses formes était le domaine particulier des prêtres. Ils étudiaient les vertus des plantes, des terres et des eaux, comme ils étudiaient les mouvements des astres ; toutes ces diverses connaissances se rattachaient à la science sacrée et en faisaient en quelque sorte partie. Lorsque la théorie philosophique leur montra dans le feu l'une des formes sensibles d'un même principe universel, duquel ils tenaient eux-mêmes l'intelligence et la vie, ces hommes, qui s'élevaient déjà si haut au-dessus du vulgaire et qui avaient sur la nature une si vaste vue, purent et durent trouver dans la science un puissant moyen d'action, qu'ils employèrent. La croyance aux dieux leur faisait voir, dans toute la nature, des forces, non pas seulement matérielles comme les abstractions de nos physiciens, mais vivantes et intelligentes, auxquelles par conséquent l'homme de dieu pouvait adresser des adjurations en même temps qu'il appliquait au mal son remède empirique.

Ainsi le rôle mystique du prêtre et sa science lui donnaient en droit l'autorité spirituelle, qu'en fait sa naissance lui avait transmis. Lorsque l'usage de la retraite au désert se fut répandu, le sacerdoce en reçut un accroissement de pouvoir. En effet, pour mener cette vie solitaire des *munis*, il fallait avoir une grande force d'âme et exercer sur le corps un empire capable de réprimer les mouvements de la chair et de faire taire les réclamations des sens; il fallait, dans un âge ordinairement avancé, briser et détruire des habitudes invétérées; on n'y pouvait réussir que par l'énergie de la volonté et par l'absorption de l'âme dans la méditation. Or la science d'une part, et, de l'autre, l'empire sur soi-même, sont deux choses qui attirent toujours l'admiration du vulgaire, étonnent notre faiblesse et notre ignorance et donnent à celui qui les possède un incroyable prestige. Les montagnes et les forêts de l'Inde virent bientôt s'élever en grand nombre des ermitages, où de pieux *rišis* s'exerçaient dans l'art de méditer et de se dompter eux-mêmes. Là se développa cette théologie savante, dont les œuvres n'ont jamais été surpassées en profondeur et en subtilité. Quand un de ces austères savants allait ainsi se fixer au désert, il attirait autour de lui des légions de brâhmanes avides de savoir, des rois pieux, des hommes dévots, qui venaient recueillir quelques mots de sa bouche ou seulement voir son visage; et l'on disait que sa seule présence rendait la montagne resplendissante.

A la fin de la période vêdique, l'autorité spirituelle du sacerdoce était immense. L'un des grands poëtes du Vêda, *Vasišta*, n'était qu'un prêtre sans richesse, dénué par conséquent de tout pouvoir temporel. Et pourtant, lorsque le riche et puissant *Viçwâmitra*, qui n'était encore qu'un xattriya, voulut lui faire violence, la tradition raconte avec quelle facilité il repoussa son attaque et dispersa ses soldats. Et, lors même que la tradition sur ce point serait artificielle et mensongère, ne suffit-il pas de signaler un grand fait : dans l'organisation hiérarchique des castes, celle des brâhmanes fut la première.

CHAPITRE XI

DES CÉRÉMONIES DU CULTE

Dans les chapitres suivants, nous abordons les principales questions relatives à la religion des Aryas.

On peut se former une idée très-précise des cérémonies vêdiques en réunissant les nombreux passages des Hymnes où elles sont dépeintes. Presque tous les détails de ces rites antiques sont donnés par les poëtes; quelques-uns de leurs chants les décrivent même dans leur ordre de succession; l'heure, le lieu du sacrifice, l'autel, l'holocauste, les prêtres, leurs mouvements et leurs fonctions, sont signalés, chaque chose à sa place, un si grand nombre de fois et avec une telle uniformité, qu'il ne reste dans tout cet ensemble qu'un très-petit nombre de points obscurs. Il serait d'autant plus digne d'intérêt de rassembler dans le Rig-Vêda tous les traits qui concernent les cérémonies, qu'ils peuvent fournir, sinon le point de départ historique, du moins l'explication de beaucoup de traits analogues dans les religions anciennes et modernes de l'Occident. Voici les principaux d'entre eux.

En un lieu découvert, d'où l'on pouvait commodément observer les mouvements des étoiles, du soleil et de la lune, souvent sur les collines, on dressait un espace circonscrit, que l'on entourait d'une sorte de grille de bois ou de palissade formée de poteaux. C'était l'enceinte sacrée. Des portes en fermaient ordinairement l'entrée, qui ne s'ouvrait qu'aux heures du Sacrifice :

« Ouvrez-vous, portes éternelles, II, 220. »

Aux jours de fête, des fleurs et des banderolles ornaient les poteaux sacrés de cette sorte de τέμενος, qui n'était point une habitation, et n'était saint que par l'usage auquel il était destiné. Il y a donc une différence assez grande entre l'enceinte védique et le temple grec, qui paraît avoir été dès l'origine un *naos*, c'est-à-dire une maison, destinée à être le séjour constant et réel d'une divinité, représentée par sa statue. Il y a bien plus de différence encore entre cette enceinte et une église chrétienne : cette dernière n'est pas une demeure pour la divinité, laquelle n'est présente que dans l'hostie ; c'est un abri pour l'assemblée des fidèles, de sorte que le même mot sert à désigner le temple et la réunion des chrétiens.

Dans le lieu saint était construit un massif de terre, plat par-dessus et de forme carrée. C'était l'autel. On lui donnait le nom de trône d'Agni, ou de foyer d'*Ilâ*. Les quatre faces de l'autel étaient orientées de manière à regarder les quatre points cardinaux ; le prêtre officiant se tournait vers l'est quand le sacrifice se faisait à l'aurore; mais il pouvait se tourner aussi dans une autre direction aux autres heures du jour, de manière à regarder toujours le Soleil. A droite de l'autel, c'est-à-dire au midi, se trouvait un autre point déterminé, qui était lui-même comme un second autel; et un autre se trouvait encore à gauche. Ils étaient réunis à l'autel par une sorte de courbe tracée à terre, qui paraît avoir fait donner à leur ensemble le surnom de serpent (sarpa); son nom ordinaire était *trivêdi*, c'est-à-dire les trois *védis* ou autels. La forme quadrangulaire de l'autel principal n'est pas sans importance; car de ce trône élevé, le dieu Agni regardait vers les quatre points de l'horizon; et lorsque la notion du Feu, se développant, devint celle de Brahmâ, celui-ci fut représenté avec quatre visages tournés dans quatre directions et opposés deux à deux.

Un tapis formé d'herbe appelée *kuça*, qui est le *poa cynosuroïdes* des botanistes, était étendu autour de l'autel, suivant une courbe déterminée. Plus tard, et déjà durant la période védique, lorsque ce tapis de gazon fut devenu un pur symbole déjà vieilli, on le remplaça par le nombre mystique de vingt-et-un brins de la même herbe. Mais enfin, l'herbe sacrée était destinée à recevoir les dieux, lorsqu'ils viendraient assister à la cérémonie :

O *Dadikrás*, ô *Açwins*, venez-vous asseoir sur notre gazon,

telle est la demande perpétuellement répétée, que

les poëtes adressent dans les Hymnes à leurs divinités. Les femmes étaient ordinairement chargées d'aller le matin recueillir le kuça, comme aussi de maintenir la propreté dans l'enceinte du sacrifice; plus tard ce rôle appartint aux novices, c'est-à-dire aux jeunes garçons qui étudiaient l'Écriture sainte sous la direction des brâhmanes, et qui remplissaient ainsi le rôle des diacres (διάκονος) de la primitive Église chrétienne. Des calices et des assiettes, primitivement de bois et qui sont encore le plus souvent faits de cette matière dans le Vêda, étaient disposés à certaines places dans l'enceinte sacrée, là où devaient se tenir les prêtres et les dieux. Des fagots sur l'autel, un mortier avec son pilon, un pressoir, un filtre de peau de vache percée de petits trous ou, bien souvent, de laine feutrée, un grand vase, une cuiller, et enfin l'*araṇî*, forment à peu près tout le matériel nécessaire à la célébration du sacrifice, que nous allons décrire.

Au lever du jour, avant que le Soleil fût sur l'horizon, quand disparaissait une certaine étoile variant suivant les jours de l'année, les prêtres au nombre de sept se rendaient à l'enceinte sacrée; quatre d'entre eux s'asseyaient et entonnaient l'hymne qui évoquait les dieux; les autres préparaient les objets du sacrifice. Allumer le feu divin et préparer le *sôma* étaient leurs deux œuvres essentielles. Le mot *sôma* désigne la plante connue des botanistes sous le nom d'*asclepiade acide*; les femmes l'allaient cueillir sur la colline, où elle croissait à la lumière de la Lune, aussi nommée *Sôma*. Les prêtres détachaient les sommités laiteuses de ses tiges et les réunissaient dans le mortier, où le pilon les écrasait. De là, cette matière broyée était portée sur le plateau du pressoir, qui en exprimait le suc. Ce pressoir n'existait pas primitivement, ni même partout à l'époque védique; car nous voyons souvent dix ministres, qui sont les dix doigts des mains, remplir cet office à eux seuls; ailleurs ou plus tard, ils furent remplacés par deux plateaux de bois, puis de métal, et même d'or. Le jus du sôma était reçu par le prêtre nommé *pôtri* (purificateur) sur le filtre, à travers lequel il tombait dans le vase nommé *pôtra*. Il n'est pas probable que l'on fît tous les jours la préparation de la liqueur sacrée : car il est dit dans un hymne qu'elle suffisait pour quinze jours (IV, 176). De plus il est évident que le sôma n'était pas, du moins ordinairement, employé aussitôt après son extraction ; car c'est une liqueur fermentée, qui d'abord est un suc blanchâtre aussi doux que le miel, qui prend ensuite une couleur transparente, une odeur agréable et pénétrante, qui pétille et qui, versé sur le feu, s'enflamme et disparaît dans l'air. Bu par les hommes, il les excite, les remplit de joie, d'ardeur, de courage, exalte leurs forces, et les enivre. C'est la liqueur du dieu des batailles, d'Indra ; c'est aussi celle des xattriyas et des guerriers au moment du combat. Impur, il se corrompt ; filtré, il devient limpide et généreux.

A tous ces traits il est aisé de reconnaître une liqueur fortement spiritueuse, qui demande par conséquent un certain nombre de jours pour subir une « heureuse fermentation. » Le sôma était donc une sorte de vin, dans un temps et dans un pays où le vin et la vigne étaient absolument inconnus.

Dans les sacrifices ordinaires le sôma, préparé à l'avance et fermenté, se trouvait disposé et mis en place avant le commencement de la cérémonie, pour être employé au moment convenable. Lorsque les quatre chantres avaient entonné l'hymne, les autres s'occupaient aussitôt à allumer le feu nouveau. La première partie de ce rite fondamental s'accomplissait à droite, au moyen de l'*araṇî* : ce mot, qui est au duel, désignait deux morceaux de bois sec, dont l'un avait une petite fossette et l'autre, appelé *pramanta*, était taillé en pointe ; c'étaient le père et la mère d'Agni. La pointe ayant été placée dans la fossette, un mouvement de rotation rapide était imprimé au père au moyen d'une lanière de cuir, et, les deux pièces s'échauffant par le frottement, la fumée et les étincelles ne tardaient pas à paraître. La petite flamme, vive mais prête à s'éteindre, est portée sur l'autel où un bûcher de bois et d'herbes sèches la reçoit. Aussitôt un puissant aliment lui est donné. Car la flamme, qui s'attache à la paille et aux branches les plus légères, monte en quelques moments à la partie supérieure, où il semble qu'elle va mourir ; mais un prêtre s'avance, portant dans un vase le *havis* ou beurre clarifié, qu'il répand sur le foyer. Le beurre se fond, coule en brûlant, et ramène la flamme à la partie inférieure, d'où elle ne se détache plus jusqu'à ce que le bûcher tout entier soit consumé. Ce temps mesure celui de la cérémonie. Pendant que le feu divin illumine de ses rayons les prêtres ou dêvas qui l'environnent (III, 225), s'accomplissent les offrandes et les mouvements règlés par le rituel.

L'offrande est double, solide ou liquide. L'offrande liquide, c'est avant tout le sôma, que l'on offre seul ou mêlé avec de l'eau ou du lait. Le mélange des liqueurs sacrées se fait dans un grand vase nommé *samudra*. De là il passe dans les calices, que tiennent en main les sept prêtres ; et ceux-ci, sous la conduite du *nestri*, c'est-à-dire du guide, tournent, en marchant vers la droite, autour de l'autel d'Agni, et répandent dans le feu la liqueur de leurs calices. Agni la reçoit, la consume, et, sous la forme de vapeurs invisibles, la transmet aux dieux. De la même manière se présente l'offrande solide, composée d'orge frite ou de gâteaux, ordinairement faits de farine et de beurre. C'est au moyen de la cuiller que cette offrande est jetée dans le foyer d'Agni.

Tel est l'holocauste. Son nom sanscrit *huta* dérive de la racine *hu*, qui est la même que celle du grec θύω, et qui, comme ce dernier, signifie sacrifier. Le prêtre qui présidait à ce rite était appelé *hôtri*, c'est-à-dire sacrificateur, θύτης. La nature de l'offrande est à remarquer ici : on voit en effet qu'elle n'était point sanglante. L'usage grec d'offrir aux dieux la chair des victimes et de nourrir ces Principes de vie avec des aliments qui avaient eu vie, contraste avec celui des Aryas védiques, lesquels n'offraient aux Asuras divins que des céréales, du lait ou ce que produit le lait, et enfin cette spiritueuse et mystique liqueur du sôma. Cette différence dans les rites semble répondre à une différence dans l'alimentation des deux peuples : on voit en effet que les Grecs de tous les temps ont fait un usage continuel et général de la viande, tandis que les Aryas du sud-est se sont bornés aux végétaux et aux produits de la vache, et ont proscrit l'usage de la viande à toutes les époques, au moins pour la caste supérieure des brâhmanes. Nous verrons néanmoins tout à l'heure que dans certaines circonstances ils offraient aussi des sacrifices sanglants et mangeaient eux-mêmes la chair de la victime.

Voilà ce que renferme une cérémonie védique, d'après le Rig-Véda. Il faut observer que pendant le développement de ces rites, l'hymne était chanté à haute voix par les prêtres, nommés *udgâtri*. Une importance majeure était attachée à l'Hymne, appelé *stuti*, c'est-à-dire *louange*. On comprend en effet qu'une cérémonie silencieuse serait d'une faible efficacité ; car les rites ont naturellement une signification symbolique. Les assistants en comprendraient difficilement la valeur, si la parole sainte du prêtre ne venait la leur expliquer. C'est ce qui est arrivé pour une notable partie des rites chrétiens : comme le prêtre ne les explique presque jamais au peuple, le peuple les voit sans les comprendre : les ornements sacrés, les flammes qui brûlent sur l'autel, les mouvements variés et les chants du chœur, sont devenus pour les fidèles des objets de spectacle, dont le sens leur échappe entièrement. Nous voyons bien par les Hymnes qu'il n'en était pas ainsi des cérémonies âryennes au temps du Vêda : car l'hymne lui-même donnait perpétuellement aux assistants l'explication de ce qu'ils avaient sous les yeux. La langue vêdique avait en outre cet avantage qu'étant celle de tout le monde et ne tenant que d'elle-même ses racines et ses formes, elle était toujours comprise ; les noms des objets sacrés, des rites, des prêtres et des dieux, portaient avec eux la lumière dans l'esprit des fidèles ; de sorte que par là encore, l'explication était à côté du symbole.

L'hymne interprétatif des symboles, les symboles idéaux, tous les actes de la cérémonie, la disposition des objets sacrés, leur nature et la destination qui leur était donnée, seraient autant de choses dépourvues de sens, si l'on n'admettait pas que les Aryas croyaient à la présence réelle des dieux. Un d'entre ces êtres idéaux se rendait visible chaque jour dans le Sacrifice, et perpétuellement dans la nature, partout où la vie, la chaleur et la lumière se manifestaient : c'était Agni. Dans la flamme du bûcher, il se montrait revêtu d'un corps mortel. Quand on répandait sur le foyer le beurre clarifié, c'était bien réellement pour nourrir ce corps, cette forme visible et mouvante du plus grand des dieux : car, privée d'aliments, elle ne pouvait vivre et allait aussitôt disparaître. La flamme d'Agni éclairant au loin tous les horizons, les dieux l'apercevaient et se rendaient autour du foyer dans cette enceinte qui leur était préparée. Quoique personne ne les vît, personne n'était admis à douter de leur présence : non-seulement, pendant le sacrifice, les rayons pénétrants d'Agni allaient frapper les regards des dieux, mais « dans quelque région lointaine qu'ils fussent », la voix de l'hymne retentissait à leur oreille. Aussitôt ils annonçaient leur venue par les signes ordinaires de leur présence : les Açwins et l'Aurore, par cette blancheur, qui aux approches du jour se répand de tous côtés ; Sûrya, par ces traits ardents que lance le soleil, quand le bord de son disque paraît au-dessus des collines ; Indra, par les mouvements merveilleux des nuages suspendus aux flancs des monts, lorsque les premières chaleurs du jour viennent les dilater ; les Maruts, par ces brises vives et légères, qui le matin semblent marcher avec le soleil et lui faire cortége. Ces êtres brillants et rapides venaient tous au festin sacré. Chacun d'eux en prenait sa part. Invisibles dans leur essence surnaturelle et divine, on voyait bien cependant qu'ils étaient là, emportant avec eux, dans les régions transparentes de l'air, ces breuvages et ces mets que le visible Agni leur transmettait. Le *Gandarva* immortel, ce coursier divin qui se charge de toutes les senteurs, Agni-et-Sûrya, dispersait dans l'atmosphère et assimilait au vaste corps des dieux l'offrande pieuse, aliment de leur immortalité. Pour nous, qui ne croyons plus aux dieux depuis qu'ils sont partis, et qui sommes à peine des Aryas, quand nous quittons le séjour des villes et que nous allons comme eux vivre aux champs ou sur le penchant des montagnes, nous ne pouvons, malgré notre science et notre incrédulité, échapper à ces impressions de la nature vivante et mouvante. Les merveilleuses lumières, dont le peintre éternel orne la terre, éblouissent et charment mes yeux; les bruits infinis des êtres vivants que réveille le jour remplissent mon oreille; leurs troupes sans nombre, qui dormaient sous la rosée de la nuit, secouent leurs ailes, s'envolent et se confondent; un grand hymne s'élève, inspiré par « le poëte antique, » auteur des rhythmes du monde; mon cœur s'échauffe, ma pensée s'émeut en l'écoutant; moi aussi je suis prêt à mêler ma voix à celle de tous ces êtres qui célèbrent la vie, et à dire à cet Inconnu, qui manifeste ainsi sa présence jusqu'en moi-même :

« Vous êtes le Dieu suprême, l'Esprit éternel et céleste; c'est ce que confessent tous les *Risis*; c'est aussi ce que tu m'annonces; je crois en la vérité de ta parole; mais je ne sais comment tu te rends visible. Toi seul tu te connais toi-même, être des êtres, prince des vivants, Dieu des dieux, Seigneur des créatures. »

C'est en toi que nous sommes, moi et tous ces êtres qui m'environnent.

« Je vois dans ton unité tout l'Univers, avec les choses mobiles et immobiles. Tu brilles comme le feu et comme le soleil dans ton immensité, montagne de lumière de tous côtés resplendissante. Sans commencement, sans milieu, sans fin. Par ta chaleur tu échauffes cet univers; car tu remplis à toi seul toute l'étendue du ciel et de la terre et tu touches à toutes les régions. Voici les troupes des êtres qui vont vers toi et qui semblent dire *swasti*, c'est bien; et ils te célèbrent dans de sublimes cantiques. Raconte-moi donc qui tu es: sois-moi propice; louange à toi. Je désire te connaître, essence primitive; car je ne puis saisir la marche de ton action.

(*La Bhagavad-gîtâ,* 8 et 9.)

Et je chanterai avec Viçwâmitra :

La Sâvitrî.

« Cet hymne excellent et nouveau t'est adressé par nous, ô radieux et brillant Soleil: c'est notre hommage.

» Prends plaisir à ces chants que nous accompagnons d'offrandes. Aime notre prière, comme l'époux amoureux aime son épouse.

» Qu'il soit notre protecteur, ce Soleil qui voit et contemple toutes choses.

» Nous adorons la lumière admirable du Créateur resplendissant, qui lui-même provoque nos prières.

» Apportant avec nous la prière et l'offrande, nous sollicitons les bienfaits du Créateur adorable et resplendissant.

» Par des sacrifices et par de saints cantiques, les brâhmanes honorent le Créateur resplendissant, guidés par l'intelligence et inspirés par la prière. »

Quoi d'étonnant que cette intelligence qui les guidait et qui s'exaltait elle-même au chant des hymnes, crût saisir dans la marche éternelle du monde de grandes puissances auxquelles elle prêtait la vie avec le gouvernement de toutes choses? Et quand ces êtres forts semblaient manifester leur action dans des phénomènes revenant chaque jour, quoi d'étonnant que les Aryas crussent naïvement à leur présence réelle autour du foyer d'Agni? Qu'était-ce autre chose, sinon localiser pour ainsi dire dans un espace circonscrit le fait universel dont la nature leur offrait le spectacle? L'homme ne peut adorer toujours. Les besoins de la vie le ramènent, quoi qu'il fasse, aux fonctions naturelles de son être. Mais comme il faut qu'il adore, réglant lui-même ses actes d'après les mouvements divins du jour et des saisons, il accomplit aux heures les plus propices l'œuvre sainte, qui est l'acte principal de la vie et celui qui domine tous les autres.

Trois moments du jour étaient consacrés aux cérémonies du culte, le matin, le midi, le soir. C'est là les trois *savanas*, si célèbres dans toute l'Asie âryenne, et que l'Europe a depuis longtemps trouvés dans l'Avesta de Zoroastre sous le nom, à peine modifié, de *havana*. Une étoile, paraisssant à l'horizon dans les premières lueurs de l'aurore, marquait, pour chaque époque de l'année, le commencement du sacrifice; elle portait le nom de *savanagraha*. Le *Viṣṇupâda*, c'est-à-dire la station du soleil ou l'azimut du méridien, était pour les pieux bràhmanes un objet continuel d'étude; quand le disque du soleil atteignait cette élévation, d'où bientôt il allait redescendre, c'était le moment du savana de midi et le commencement du second sacrifice. Enfin quand le soleil disparaissait derrière les hauteurs du couchant (gayaçiras), c'était l'heure du sacrifice du soir; celui-ci se prolongeait quelquefois jusqu'à l'apparition des étoiles, lorsque la lune paraissait seule régner au milieu du ciel obscurci. Voyez l'hymne admirable de Kutsa, commençant par ces mots :

> La Lune, poursuivant son vol à travers les vagues de l'air, s'avance dans le ciel. O rayons du jour à la trace dorée, l'œil ne peut retrouver votre voie. Ciel et terre, voyez ce que je suis, etc.
>
> (*Kutsa*, I, 201.)

Nous ne pouvons dans cette étude générale nous arrêter longtemps sur les époques de l'année ou du mois marquées par des sacrifices solennels. Les *trikadrus*, dont la nature est encore mal connue, la nouvelle lune et le jour qui la précédait, vraisemblablement aussi les solstices et les équinoxes, et en général tout ce qui fait époque dans le déroulement astronomique de l'année, donnait lieu à des cérémonies particulières. Et cela se conçoit d'autant mieux que le développement de la vie, ou, pour parler comme les Indiens, la marche de l'âme, procède par des séries étroitement liées avec les phénomènes du ciel. Nous ne parlerons pas non plus spécialement des sacrifices et des cérémonies accomplis dans certaines circonstances particulières, comme la naissance, le mariage, la mort, le sacre d'un roi ; nous avons décrit à leur place quelques-unes d'entre elles. Mais nous ne pouvons passer sous silence l'antique *açwaméda*, le sacrifice du cheval.

L'açwaméda est la seule cérémonie mentionnée dans le Rig-Vêda, où un être vivant fût immolé. Nous verrons ci-dessous la symbolique de cette immolation, que nous allons seulement décrire. Rappelons d'abord que le sacrifice du cheval était une œuvre solennelle, entourée de toute la pompe que comportaient ces temps anciens ; qu'il était coûteux pour celui qui l'offrait ; que par conséquent il était rare. Une description très-détaillée des préparatifs et de l'appareil exigés par *l'açwaméda*, est donnée au 1er livre du *Râmâyana*. C'était à cette époque un sacrifice vraiment royal, dont bien peu de personnes auraient pu supporter les frais ; une foi ardente, ou une vaste ambition, ou enfin une circonstance unique, pouvaient seules entraîner un prince à l'offrir. Aux temps épiques c'était un grand mérite pour un prince aux yeux de ses sujets d'avoir offert *l'açwaméda*; et l'on disait communément qu'en offrant cent fois dans sa vie le sacrifice du cheval, un roi pieux égalait Indra lui-même et prenait sa place sur le trône du ciel. Le Rig-Vêda ne renferme que deux hymnes composés spécialement pour le sacrifice du cheval ; ils sont tous deux du même poëte, *Dîrġatamas* ; l'un est descriptif, l'autre est symbolique ; de sorte qu'il ne serait nullement surprenant qu'ils eussent été composés tous deux pour une seule et même cérémonie. Quoi qu'il en soit, quand on compare ce fait unique d'un sacrifice sanglant avec l'offrande perpétuellement nommée et décrite des gâteaux et du beurre, on ne peut s'empêcher de conclure que l'oblation d'un animal immolé était un fait très-rare dans la période des Hymnes, et que les sacrifices de tous les jours n'offraient aux dieux que des victimes non sanglantes. Plus tard même, le corps de l'offrande put se réduire à si peu de chose qu'il disparaissait pour ainsi dire devant l'offrande spirituelle d'un cœur pur et d'un esprit élevé vers Dieu :

Quand on m'offre en adoration une feuille, une fleur, un fruit ou de l'eau, je les reçois pour aliments comme une offrande pieuse. Ainsi donc, ce que tu fais, ce que tu manges, ce que tu sacrifies, ce que tu donnes, ce que tu t'infliges, fais m'en l'offrande... et avec une âme toute à la sainte communion, libre, tu viendras à moi.

Ces paroles sont empruntées à la *B'agavad-gîtâ*, poëme appartenant à la doctrine brâhmanique la plus avancée. Dans le buddhisme, l'offrande disparaît entièrement : l'homme s'immole lui-même ; il est le sacrificateur et la victime ; ou pour mieux dire, il n'y a plus d'oblation ni de sacrificateur, parce que le principe absolu, dans lequel on atteint *l'extinction* de soi-même (*nirvâna*), ne résidant pas ailleurs que dans l'univers et dans l'homme qui en fait partie, le véritable sacrifice consiste dans la science et dans la vertu, par lesquelles on échappe aux conditions de la vie individuelle.

Chez les Grecs, le sacrifice du cheval était particulièrement célébré en l'honneur de Neptune : ainsi, chaque année, sur la côte d'Argolide, devant la grande source sous-marine de Diné, l'on précipitait un cheval dans la mer du haut des rochers du rivage. Mais l'usage des sacrifices sanglants était universellement répandu dans le monde grec. Sans compter les autels isolés, entourés seulement d'une enceinte de pierres, de bois ou de fer, ou simplement d'un fossé avec sa berge, on ne voyait guère de temple devant lequel il n'y eût un autel de pierre pour l'immolation des victimes. On doit même observer à ce sujet que l'autel est le véritable lieu du sacrifice. Le *naos*, qui est l'habitation du dieu, est une simple maison, où il demeure, non-seulement sous la figure emblématique de sa statue, mais en réalité quand il lui plaît de s'y rendre. Après que la victime est immolée, on en offre au dieu présent dans son temple, par l'intermédiaire du feu, les parties où semble résider plus particulièrement la vie ; les prêtres et les assistants consomment le reste. Or, si l'habitation appelée *naos* est utile au dieu, quand, sous la forme humaine, il veut séjourner ici-bas, les dieux cependant ont une essence invisible, un corps glorieux, que les injures de l'air ne sauraient atteindre ; par leur action continuelle, ils sont partout présents dans le domaine qui leur est assigné ; en quelque lieu que s'offre le sacrifice, ils s'y peuvent rendre en un instant très-court, et y recevoir leur part. L'autel et le bûcher se suffisent donc à eux-mêmes, et le temple n'est qu'une partie accessoire dans les cultes antiques de la Grèce. Mais à mesure que l'anthropomorphisme prit le dessus chez les Hellènes, le temple prit une importance majeure. De plus, le mystère divin s'accomplissait dans le temple ; c'est à sa porte que le prêtre appelé *myste* (μύστης) recevait des mains des adorateurs ou du sacrificateur nommé θύτης (*hôtṛi*) l'offrande qu'il présentait à son tour à la divinité. Otez ce temple, renversez ces murailles ; le regard des profanes, y pénétrant avec le jour, verra ces mystères qui ne doivent être ni vus du peuple, ni racontés par ceux qui les ont vus.

Telle est l'importance du temple grec et généralement de tous les lieux fermés et impénétrables, où s'accomplissaient des cérémonies mystérieuses. Il pouvait même, pour beaucoup de sacrifices et pour une partie notable des sacrifices sanglants, se passer entièrement de l'autel. Ainsi l'offrande des gâteaux, ou du miel, ou du vin, celle du voile et des autres objets sacrés, se faisait directement devant la porte du temple, entre les mains du myste et sans que l'on eût recours ni à l'autel, ni au sacrificateur. D'ailleurs, il en fut chez les Hellènes comme chez les

Indiens : les grands sacrifices entraînant des dépenses que peu de personnes étaient capables de supporter, l'usage des hécatombes dut subir avec le temps des modifications considérables ou disparaître presque entièrement, comme l'*açwaméda* des Aryas du sud-est. Nous voyons, en effet, dans l'histoire des cultes helléniques, l'immolation des bœufs par centaines cesser de bonne heure, et l'hécatombe ne continuer d'être que sous une forme symbolique et figurative. L'usage des gâteaux sacrés, faits le plus souvent de farine et de miel, permit à l'art religieux des Grecs de changer matériellement le corps de l'offrande, sans en changer la forme, et d'offrir en hécatombe des bœufs de véritable pain d'épice. Il serait intéressant de savoir si ces figures d'animaux étaient offertes sur l'autel et brûlées en holocauste par les mains du sacrificateur, ou bien si elles étaient reçues par le myste et portées directement par lui sur la sainte table.

L'hymne de *Dîrgatamas* nous montre que les victimaires étaient des hommes étrangers aux cultes ordinaires et aux fonctions brâhmaniques, qu'ils accomplissaient leur œuvre sous la direction des prêtres officiants, et que dans cette cérémonie, comme dans les autres, il n'y avait aucun acte secret, aucun mystère à accomplir.

L'Açwamêda.

Que Mitra, *Varuṇa*, Aryaman, Vâyu, Indra, *Ribuxas* et les Maruts, ne réclament rien de nous, pendant que nous allons chanter dans le sacrifice les vertus du rapide cheval, né des dêvas.

Quand on amène la victime prisonnière, ce beau cheval magnifiquement orné, qu'on frappe avant lui un bouc de couleurs diverses. C'est là une offrande aimée d'Indra et de *Púṡan*.

Ce bouc est conduit devant le rapide cheval, destiné à *Púṡan* et aux Viçwadèvas. C'est aussi pour *Twaṡṭri* une offrande agréable et précieuse à lui présenter avec le coursier.

Quand donc les enfants de Manu mènent trois fois autour du foyer ce cheval, qui dans le moment propice doit être immolé aux dieux, alors ce bouc, leur annonçant le sacrifice, marche le premier, consacré à *Púṡan*.

Que le prêtre sacrificateur, habile dans la science, le calice à la main et l'hymne à la bouche, s'approche d'Agni qui l'éclaire de ses rayons. Par l'appareil d'un brillant sacrifice et par le choix de nos offrandes, sachons plaire.

Vous qui coupez les pieux ou qui les portez, vous qui attachez au pieu l'anneau du cheval ou qui apportez sa nourriture, venez, nous avons besoin de vos soins.

Voici mes vœux : Que ce cheval à la croupe allongée, vienne heureusement combler les espérances des dêvas ! Que les sages *riṡis* l'accueillent avec joie; pour le bonheur des dêvas, qu'il devienne leur ami !

Quand on attache d'une courroie ton pied et ta tête, ou quand on te met dans la bouche de l'herbe à manger, ô cheval, que tout cela soit d'un favorable augure parmi les dêvas !

La manière dont tu marches, dont tu te couches, dont ton pied est attaché, ton port, la façon dont tu bois, dont tu manges, ô cheval, que tout cela soit d'un favorable augure parmi les dêvas !

Quand on étend sur le cheval une couverture toute d'or,

quand on lui attache et la tête et le pied, ce sont là autant de choses qui doivent être de bon augure parmi les dêvas.

Quand dans ton écurie tu hennis fortement et qu'on te frappe avec le pied ou avec le fouet, ô cheval, je détruis toutes ces choses avec la prière, comme dans les sacrifices on épuise les libations avec la cuiller.

Quand la mouche s'attache à tes chairs, ou quand le bois, la hache, les bras du victimaire et ses ongles sont mouillés, ô cheval, que tout cela soit d'un bon augure parmi les dêvas!

Quand tu t'en vas, ne te chagrine pas de ton sort. Que la hache ne s'appesantisse pas longtemps sur ton corps. Qu'un barbare et indigne victimaire n'aille pas, par ignorance, taillader tes membres avec le fer.

Ce n'est pas ainsi que tu dois mourir; la souffrance n'est pas faite pour toi. C'est par des voies heureuses que tu vas vers les dieux. Pour te porter, tu as les deux coursiers, les deux antilopes et le char léger traîné par un âne.

Un seul homme doit frapper le brillant cheval; deux autres doivent le retenir. Les membres que suivant l'usage je dois offrir en sacrifice, je les mets sur le plat des *piṇḍas* et je les jette au foyer d'Agni.

La hache tranche les trente quatre côtes du rapide cheval, ami des dêvas. Laissez entières les autres parties. O victimaire, que chaque membre soit convenablement paré.

Quand l'odeur de la viande crue sort de son ventre, que les ministres du sacrifice achèvent leur œuvre; qu'ils fassent cuire les chairs et accomplissent le *vṛitapâka*.

Que le feu ne vienne pas en frémissant t'apporter une odeur de fumée; que le vase ne sente rien. Les dêvas agréent l'offrande du cheval quand elle est pure, parfaite et accompagnée d'invocations.

Cependant on a apporté les vases, destinés à recevoir les chairs ou les sauces qui les arrosent, les marmites, les chaudrons, les plats, les instruments de cuisine, et on les place autour du cheval.

O victime, quand de ton ventre, cuit au feu d'Agni, la broche vient à sortir, que rien ne tombe à terre, ni sur le gazon. Que tout soit donné aux dêvas qui l'attendent.

Si ceux qui voient le cheval cuit, disent, « il sent bon, coupez-en un morceau, » accueillez la demande de quiconque voudra de cette chair.

Que ce cheval nous procure des vaches nombreuses, de bons chevaux, des guerriers, des enfants, une abondante opulence. Toi qui es pur et sain, rends-nous sains et purs; que le cheval, honoré par l'holocauste, nous donne la puissance.

(Dirġatamas, I, 376.)

CHAPITRE XII

DES ASURAS OU PRINCIPES DE VIE

Ce chapitre est un exposé de la doctrine fondamentale sur laquelle repose l'édifice du panthéon védique. Cette doctrine consiste toute entière dans l'idée que les Aryas antérieurs à la période du Vêda se sont faite de la divinité, notion exprimée par le mot *asura*. Pour saisir la portée et la valeur réelle de la théorie des Asuras, il faut remarquer que l'esprit des peuples de race supérieure ne s'élève pas d'un bond à l'idée d'un dieu métaphysique et absolument parfait, tel que l'admettent les écoles modernes de l'Occident. Cette idée, en effet, ne se dégage du milieu des autres qu'à la suite d'une longue et patiente analyse, qui est l'œuvre, non d'un homme, mais des siècles. Nous voyons qu'en Grèce ce fut Anaxagoras qui le premier, selon Aristote, désigna le νοῦς, c'est-à-dire l'Intelligence pure, comme auteur du monde; cette opinion du philosophe parut au milieu de la société hellénique comme une sorte de révélation soudaine; et pourtant Anaxagoras n'en tira presque aucun parti pour sa propre philosophie. Il fallut, pour féconder cette idée, le génie de Platon, fécondé sans doute lui-même par son contact avec l'Asie. Or Platon vivait au commencement de la décadence hellénique, lorsque l'esprit grec avait produit ses chefs-d'œuvre. Quand on en vint à tenter la démonstration en règle de l'existence de Dieu, les preuves, que l'école nomme métaphysiques, furent si longtemps à s'éclaircir et à se consolider, qu'indiquées jadis par Platon, elles ne sont arrivées que de nos jours à leur forme dernière, après avoir été l'objet des critiques les plus approfondies. C'est donc, pour ainsi dire, à la fin des temps, que ces preuves transcendantes parviennent à être accueillies dans le domaine de la science. Encore n'y entrent-elles pas sans résistance.

Au contraire, le spectacle de la nature est accessible à tous : il inspire aux hommes de race supérieure, c'est-à-dire blanche, la pensée d'un ordre établi autrefois puis maintenu de moment en moment dans toutes les parties du monde visible, et le désir de connaître les causes qui le produisent et l'entretiennent. Telle a été certainement la situation d'esprit où se sont trouvés les antiques Aryas, longtemps avant la période des Hymnes. Le besoin d'expliquer les phénomènes du monde par leurs causes premières et par leur loi, ressort, non-seulement de la lecture des chants vêdiques, qui en sont pour ainsi dire l'expression, mais de l'examen des doctrines et des conceptions symboliques, signalées comme primitives par le Vêda lui-même. Ces conceptions, plus ou moins figuratives, se trouvent reportées à un temps fort reculé, par la comparaison que l'on peut faire des croyances védiques et des croyances iraniennes contenues dans l'Avesta ; car ce livre n'est guère moins ancien que le Rig-Vêda et il offre avec ce dernier des traits de ressemblance allant souvent jusqu'à l'identité. Comme il est incontestable que l'Avesta ne vient pas du Vêda, ni, à plus forte raison, celui-ci de l'Avesta, on est autorisé à conclure que les idées et les doctrines également contenues dans ces deux livres, faisaient partie du domaine commun de la race âryenne, avant la séparation des Aryas du sud-est et des Aryas du sud-ouest. Or, le temps où cette race était indivise paraît de beaucoup antérieur aux Hymnes du Vêda. C'est donc dans ces temps reculés, dans le centre asiatique, vers le bassin de l'Oxus, qu'ont été élaborées les doctrines fondamentales dont nous allons nous occuper.

Ce qui frappa surtout nos ancêtres dans le spectacle de la nature, ce fut la vie, non dans ce qu'elle peut avoir d'abstrait, mais dans sa réalité et dans son énergie. Ils voyaient autour d'eux les animaux venir au jour en sortant du corps les uns des autres, et devenir à leur tour la souche d'autres animaux semblables à eux. Le même fait éclatait dans les plantes d'une manière plus étendue encore et plus universelle. De sorte que leur esprit se portait naturellement à parcourir ces séries d'êtres vivants, où les mêmes formes animées se perpétuent sans cesse en se reproduisant. Comme une bête ou une plante morte est hors d'état de se reproduire elle-même, ils voyaient bien que la vie seule engendre la vie ; au point que, si une série de formes vivantes venait à disparaître un seul instant ; il ne serait plus possible qu'il s'en reproduisît de semblables.

A côté de ce fait général, ils en voyaient un autre qui ne l'est pas moins : c'est que la vie nourrit la vie. Certains animaux mangent, pour vivre, d'autres animaux ; ceux-ci vivent de plantes ; et les plantes elles-mêmes croissent sur les débris d'autres végétaux ou sur les restes des animaux eux-mêmes. C'est ce que l'on appelait le mouvement circulaire de la vie, *čakra*, laquelle tourne comme une roue, qui se détruirait entièrement et tomberait en pièces si une seule petite portion manquante venait à briser sa circonférence. La circulation de la vie à travers les êtres, et la solidarité qui les tient unis, est un des faits généraux de la nature qui ont le plus frappé l'esprit des antiques Aryas.

Quand ils ont voulu se rendre compte de ces phénomènes de la vie, le principe qu'ils ont essayé de concevoir pour les expliquer, a dû être lui aussi un *Vivant*. Or la raison qui les portait à chercher dans cet Etre la cause suprême et la première forme de la vie, leur montrait également, de lui aux choses vivantes, un lien nécessaire, et les conduisait à penser que, la nature de cet Etre étant d'expliquer la production de la vie dans l'univers, il était nécessairement lui-même le producteur de la vie. L'antique langue d'où le zend et le sanscrit sont issus, offrait heureusement dans le suffixe *ra* une forme de noms pouvant exprimer ce double point de vue, et permettait de former de la sorte un mot qui signifiait à la fois *vivant* et *qui donne la vie*; ce mot est *asura*, formé avec le substantif *asu*, la vie, lequel vient lui-même de la racine *as*, être, en grec ἐσμι (εἰμι) et en latin *esse*. Ce mot se retrouve sous la forme iranienne *ahura*, dans le nom zend du grand dieu des anciens Mêdo-perses, qui est *Ormuzd* aujourd'hui, qui fut énoncé Ὀρομάσδης par les Grecs, et qui est *Ahura-mazda*, dans l'Avesta.

On appelle donc Asura tout principe supérieur possédant et produisant la vie. Voici quels caractères on attribuait à un Asura. Ce qui suit se trouvera confirmé de la manière la plus complète pour toute personne lisant les Hymnes du Vêda dans leur texte; car elle y rencontrera à chaque pas le mot *Asura*, et les circonstances nombreuses et variées, où il se trouve employé, en détermineront la valeur de la façon la plus saisissante.

Dans la nature la vie et le mouvement sont étroitement unis l'un à l'autre. Quand une chose perd le mouvement, elle perd presque aussitôt la vie. Ce n'est pas seulement de la locomotion que nous voulons parler; c'est bien plutôt du mouvement interne, lequel s'exécute sur place, dans le corps même de l'être vivant; comme sont le mouvement du sang, de la respiration et de la digestion dans l'animal, la marche de la sève dans la plante ; comme est en général le mouvement de croissance dans l'un et dans l'autre. Quand ces mouvements divers viennent à cesser, c'est aussi la fin de la vie et le commencement de la destruction des formes. L'universalité de ce fait conduisit les Aryas primitifs à se représenter les Asuras comme doués de mouvement, puisqu'on ne voyait pas qu'une chose absolument immobile pût être tenue pour vivante.

Nous dirions aujourd'hui que le principe du mouvement doit être au contraire cherché dans un être immobile, et qu'autrement cet être aurait lui-même besoin d'un principe supérieur, qui expliquât sa mobilité. Mais combien a-t-il fallu de siècles à la métaphysique pour parvenir à ce résultat? Ne voyons-nous pas la question posée et discutée dans l'école platonicienne, et résolue par de bonnes raisons dans celle d'Aristote pour la première fois? Si l'on se reporte douze ou quinze siècles au moins en arrière, on concevra aisément que la mobilité ait été attribuée au principe de mouvement, surtout lorsqu'il s'agissait particulièrement d'expliquer la vie des êtres doués de corps, que la simple vue montrait aux Aryas. Un Asura est donc un être qui se meut lui-même et qui est pour les choses qui se meuvent la première cause du mouvement.

Or le mouvement suppose que l'objet qui se meut est corporel ; c'est du moins le fait que présente aux yeux la nature entière. Car nous ne parlons pas ici de l'âme qui ne semble pouvoir être mise en mouvement et déplacée dans l'espace qu'avec ce char qui lui sert de véhicule et qui est le corps. C'est le point de vue simplement physique qui semble avoir été celui des Aryas. Lors donc qu'ils attribuèrent à l'Asura la faculté de mouvement, il fallut bien qu'ils se le représentassent aussi comme corporel.

Une difficulté toutefois se présentait à leur esprit dans cette première conception des êtres divins. La raison qu'a une personne de voir, dans un phénomène de la vie, la présence d'un Asura, elle l'a aussi de la voir dans tout autre phénomène ; et, comme on n'avancerait point dans l'explication des choses si l'on mettait en elles autant d'Asuras qu'il y a de phénomènes à expliquer, le besoin d'unité conduisait les esprits à placer dans tout un ensemble de faits un seul et unique Asura, et à donner par conséquent à ce dernier l'ubiquité. Il fallut dès lors étendre pour ainsi dire à l'infini le corps de l'Asura et admettre sa présence réelle dans toute la nature. Or, on voyait bien les effets du principe de vie dans chacun des êtres vivants et mouvants ; mais on ne le saisissait pas lui-même ; c'était une difficulté nouvelle s'ajoutant à la précédente, et qui força les antiques auteurs de la symbolique à préciser cette notion des corps divins, ou, pour mieux dire, à la soustraire davantage aux conditions de la matière. C'est alors que furent conçus les corps glorieux, *divyavapus,* dont la principale vertu fut de pouvoir être répandus dans tous les objets visibles, pour y produire tous les effets et les actes de la vie. Dans le langage moderne de la métaphysique, le caractère essentiel d'un corps glorieux est de n'être pas impénétrable, et de pouvoir par conséquent occuper la place que tout corps ordinaire occupe, sans déplacer aucunement ce dernier. Cette vertu en engendre une autre, qui est de pouvoir se transporter en tous lieux avec une rapidité infinie, et par conséquent d'occuper à la fois toute une région du monde et même le monde dans toute sa profondeur. Un corps glorieux n'est donc pas, comme un bloc de pierre ou d'argile, confiné en un certain lieu très-borné; il est présent partout et en tout; et, sans cesser d'occuper tout l'espace, il peut manifester sa présence par des actes locaux, par des formes définies, par des sensations bornées à un seul homme ou à un animal beaucoup plus petit.

La perpétuelle reproduction des êtres vivants, que l'on voit naître les uns des autres, conduisait aussi par une pente naturelle les Aryas, nos aïeux, à prêter aux Asuras l'immortalité. Car en quoi le grand problème de la vie aurait-il marché vers sa solution, si, les Asuras étant mortels, il eût fallu supposer que de temps en temps, et même à toute heure, il s'en produisît de nouveaux? C'eût été la répétition vaine du problème des générations terrestres, transporté dans le monde des êtres divins.

D'ailleurs on voyait bien que les générations des êtres vivants sont soumises à une action, à une loi constante et perpétuelle. Pourquoi en effet le lion n'engendre-t-il pas un cheval, ou le figuier une herbe des champs ? Et pourquoi faut-il que, quand la vie a revêtu une forme déterminée, elle la conserve et la transmette à travers des générations sans fin ? C'est donc que dans le Principe même de la vie, qui est aussi celui des générations, il y a une constance d'action qui s'exerce pendant une durée immense. Le corps glorieux d'un Asura n'est point sujet à se détruire et à disparaître ; s'il possède la vie, c'est une vie immortelle et supérieure, répandue en tout temps comme en tout lieu. La même raison qui le fait apparaître dans certains lieux déterminés, sous ces figures innombrables des choses qui se meuvent, fait aussi qu'il remplit de ces formes passagères la série infinie des temps. Tel est le corps glorieux d'un Asura.

On se demande comment il est possible que ces penseurs profonds, qui ont composé les religions âryennes primitives, en soient venus à concevoir de tels corps, qui n'offrent pour ainsi dire aucune prise à l'imagination, et qui ne ressemblent presque plus aux corps réels que nous voyons et que nous touchons. Je vais me mettre à la place de ces anciens hommes, oublier, s'il est possible, notre métaphysique d'école et regarder les choses comme la simple nature me les présente. C'est l'ombre d'un nuage qui passe; un froid subit, un vent léger l'accompagne; la poussière du grand chemin est soulevée, les arbres se courbent et leurs branches s'agitent; la surface unie de l'étang se ride de sillons innombrables et mouvants : c'est le vent qui a produit tous ces effets; je n'en fais aucun doute. Mais où est-il ce vent? J'irai, je chercherai à le saisir, je fermerai sur lui mes mains et mes bras. Il m'échappe, il est invisible; au contraire c'est lui qui m'enveloppe, me pousse, pénètre jusque dans les ouvertures de mon corps, les remplit et les dessèche. Où est-il donc, cet invisible que je touche, qui semble venir de si loin, qui semble passer, et qui pourtant est toujours là? Il remplit donc le temps et l'espace? Mais l'ombre du nuage vient d'aller plus loin. Le vent a cessé; l'air est calme; on dirait que son corps invisible s'est rendormi dans son immensité.

Un autre jour, c'est un parfum léger qui se fait sentir. Ni mes yeux, ni mes mains, ni mon oreille, ni ma bouche n'en attestent la présence. Je le connais pourtant, il est répandu tout autour de moi, il circule tantôt faible, tantôt plus fort. C'est l'odeur des pins de la montagne que le soleil échauffe. J'irai encore, je prendrai cette résine transparente qui s'est durcie sur l'écorce de l'arbre; je la pèserai aujourd'hui, demain, chaque jour; elle ne diminue pas; elle est toujours la même. O forêts des monts, quel est donc ce corps insaisissable que vous envoyez ainsi de toutes parts et à toute heure sans en être amoindries?

Hier un pasteur allumait un feu de broussailles sur le penchant de la colline, au bord des eaux, sous l'ombre d'un grand arbre : c'était pour préparer ses aliments. Deux morceaux de bois étaient entre ses mains, froids et d'une couleur obscure. Il frotta l'un rapidement contre l'autre ; une fumée, une étincelle, une petite flamme s'échappe ; reçue dans les herbes sèches, elle les embrase ; le feu passe aux branches mortes du foyer, s'élève dans l'air ; et bientôt, une vive raffale des montagnes l'animant outre mesure, l'arbre s'allume, flamboye, et la forêt offre l'image d'un vaste incendie. Une effroyable chaleur remplit les airs, pénètre le sol, en fait sortir par myriades les insectes et les serpents qui y font leur demeure ; les troupes effrayées des oiseaux, dont le corps est percé d'ardeurs insupportables, s'envolent et se dispersent ; les bêtes sauvages, saisies dans leurs repaires, courent au hasard, éperdues ; l'insaisissable les poursuit, les pénètre, les rend haletantes, les jette à terre, et avant même de les avoir atteintes, les fait expirer dans d'horribles convulsions. L'incendie dure ainsi huit jours, embrassant au loin le ciel et la terre et remplissant le monde de sa chaleur. Saisissez-là cette chaleur. Prenez-en seulement une parcelle, si vous le pouvez. Les huit jours écoulés, elle a consumé son propre corps : la forêt n'est que cendre, et la pluie du ciel l'a refroidie. La chaleur est dissipée. Certes cette chose insaisissable, invisible, qui n'a ni son, ni goût, ni odeur, et qui pourtant a détruit en quelques jours l'œuvre de plusieurs siècles, est bien l'image d'un corps glorieux. Qui la voyait dans l'*arani* du berger? Qui la voit, maintenant? Elle a paru un instant, elle a manifesté sa force d'une terrible manière: et il semble qu'elle soit rentrée dans un repos éternel. Mais comme il m'est loisible de l'en faire sortir encore, et ainsi demain, et ainsi toujours, elle est donc là, cachée partout et partout prête à manifester sa présence.

Mais voici une plus grande merveille. Tout dormait dans la nuit obscure; j'étais au sommet du mont; une affreuse solitude me dérobait toutes choses, qui semblaient avoir entièrement cessé d'être. Mes yeux grands ouverts cherchaient des formes et n'en pouvaient saisir. Enfin une imperceptible blancheur se répand dans le haut des airs; elle grandit, elle se colore, elle passe par toutes les teintes de l'arc-en-ciel; l'horizon du levant resplendit et devient éblouissant. Mes yeux charmés revoient tous ces êtres, qui sont comme mes frères et qui semblaient perdus. Mais à peine le petit bord du disque du soleil a-t-il dépassé l'horizon, qu'aussitôt, plus vite que la pensée, un rayon de lumière, une flèche, transperce ma vue. Je n'ai point tourné la tête, que déjà les sommets et les crêtes des montagnes en sont atteints; la grande lumière a parcouru tous les horizons, la terre entière se couvre de sa splendeur. Et ainsi chaque jour le « Voyageur céleste » parcourt le monde en l'illuminant. Dans son mouvement circulaire, il verse à flots l'insaisissable lumière; il rend visible ou invisible tout ce qui est; il revêt les êtres de ces belles formes si variées et, sans rien s'ôter à lui-même, il les fait participants de sa propre beauté. O corps imprenable de la lumière, qui es si prompt à traverser les espaces et si paisible à te reposer sur tous les objets, n'es-tu pas un corps glorieux?

Je pardonne aisément à mes pères d'avoir donné un tel corps aux Asuras ; car c'est à peine un corps. Savons-nous nous-mêmes ce que c'est que ce corps de la chaleur et de la lumière, cet éther partout répandu, partout présent, partout agissant? Quelques uns disent « ce n'est rien ; c'est une manière d'être des corps ». D'autres disent « c'est quelque chose, mais plus subtile que l'air et que la plus subtile vapeur ». Qu'est-ce donc enfin? Je l'ignore. Nos pères pouvaient bien l'ignorer aussi, il y a quatre mille ans. Et quand ils vinrent à se demander d'où venait à ces choses si insaisissables le mouvement dont ils les voyaient animées, est-il si étonnant qu'ils se soient répondu à eux-mêmes : « C'est le corps glorieux des Principes de vie, qui est pour soi et pour les autres l'origine du mouvement? »

Or toute cette vie mobile se peut-elle aisément concevoir privée d'intelligence? Le spectacle des choses visibles nous montre au contraire la vie ordinairement unie à la pensée, et à une pensée d'autant plus intelligente qu'elle est elle-même plus complète. C'est ainsi que les vies les plus éphémères et les corps vivants les moins artistement compliqués, sont aussi ceux où les fonctions de l'intelligence sont les plus obtuses ; les bêtes d'un ordre plus élevé sont plus intelligentes ; et parmi elles, il en reste une qui les surpasse de beaucoup par la perfection de ses organes vivants et par la supériorité de sa raison : c'est l'homme. A moins donc de supposer qu'il y a moins dans les principes suprêmes de la vie que dans certains vivants qui en proviennent, il faut admettre que les Asuras sont aussi des êtres intelligents. Comme leur corps glorieux est partout répandu et que leur action se manifeste en tout lieu et en tout temps, il faut bien aussi que leur intelligence soit présente en tout temps et en tout lieu. L'esprit divin qui nous anime est ainsi le régulateur de la vie, le modérateur du monde, *anuçâsitṛi*. L'Asura est l'agent universel, doué par conséquent de désirs infinis, toujours renaissants et toujours satisfaits.

Jusqu'ici j'ai énoncé dans un style moderne la pensée antique, ordinairement moins abstraite et plus saisissable à l'imagination. Il faut maintenant se placer de nouveau dans la situation d'esprit de ces premiers hommes en présence de la réalité. Or il est visible que quelle que soit la nature du Principe suprême, son action se manifeste par des catégories de phénomènes et non au hasard et tumultueusement. Non-seulement les astres se meuvent dans le ciel avec une constante uniformité, mesurant le temps et partageant l'espace par une invariable division. Mais dans les airs l'œil saisit les mouvements des nuages, leur formation, leur accroissement, leurs violentes agitations, et leur chute : il assiste par là aux premières origines des fleuves et de la végétation. Les grands mouvements de la vie végétative, de la naissance et de la nutrition des animaux, de leurs amours et de leur reproduction ; la vie, la mort, toutes choses enfin dans le ciel et sur la terre, s'accomplissent suivant des périodes et présentent de véritables catégories. Il était donc naturel qu'un premier regard porté sur le monde montrât aux hommes l'action de l'Asura dans sa diversité et pour ainsi dire dans sa multiplicité : sauf à revenir plus tard à l'unité absolue du principe de la vie. Quand on voulut exprimer ses actions diverses, on trouva dans la langue, ou l'on fit des noms, appropriés par leur signification à chacun des ordres de phénomènes dont il s'agissait. Par exemple, au lever du jour, les formes des objets sont tout à coup manifestées par la lumière du soleil, dont l'absence les avait fait disparaître. L'Être divin qui meut le monde et qui

« ramène ainsi chaque jour l'Immortel resplendissant »

put donc être envisagé simplement comme producteur des formes, et porter à juste titre le nom d'Asura *Savitri*. De même celui qui excite les vents et dont le corps glorieux est répandu au milieu des airs, celui qui gémit toujours, dans les roseaux, dans les forêts, à la surface des plaines et dans les ouvertures des maisons, put être regardé par ce seul côté et porter justement le nom de pleureur, d'Asura *Rudra*. Bientôt il ne fut même plus nécessaire de répéter, comme le fait encore souvent le Vêda, le nom d'Asura devant chacun de ces autres noms, lesquels se suffirent à eux-mêmes et exprimèrent, dans la pluralité de ses manifestations, l'action mystérieuse du grand Asura.

Mais le nom d'Asura disparaissant peu à peu, à sa place s'établirent dans les croyances populaires ces divers dieux, comme autant de personnes et de principes séparés. Ceux qui connaissent l'histoire des religions savent que telle est la destinée de la plupart d'entre elles Le grand Être divin est si éloigné de la nature humaine, que le peuple préfère s'adresser, s'il lui est permis, à des personnes moins haut placées, dont le commerce peut en quelque façon lui être plus familier, et, croit-il, plus profitable. L'unité divine se subdivise, et déchoit ; et, de décadence en décadence, on en vient au polythéisme et à l'idolâtrie. Pendant ce temps, les hommes d'un esprit plus élevé, prêtres, poëtes, philosophes, par une sorte de mouvement inverse, vont généralisant de plus en plus, dégagent par degrés l'idée de l'Être divin des imperfections que les ancêtres y avaient laissées; au-dessus du principe corporel de la vie, conçoivent un principe absolument incorporel; et même, franchissant une dernière limite, parviennent à ce Neutre indivisible, auquel il n'est même plus possible de donner un nom. On voit alors, dans un même peuple, des hommes d'un génie philosophique, ne reconnaissant comme Dieu que cet Indivisible, coudoyer dans la rue d'autres hommes qui gardent chez eux de petites images collées au mur, pour se préserver de l'incendie. Μῶν Ἥρωαι, s'écrie le bon paysan Strepsiade. Τὸ ἓν ὄν, disait Platon. Tel est aussi l'état présent de l'Inde. Nous verrons, plus bas, que cette double tendance est fortement marquée dans le Vêda.

Quand on a tant fait que de personnifier de plusieurs manières le grand Asura, on n'est pas loin de donner une figure à chacune de ces personnes divines. Les traits se forment pour ainsi dire d'eux-mêmes et par métaphore, d'après les caractères les plus sensibles des objets naturels, auxquels préside le dieu. Nous décrirons tout à l'heure, d'après le Vêda, les principaux êtres divins, tels qu'ils sont dépeints dans les Hymnes. En ce moment nous ne faisons que signaler en termes généraux l'origine de l'anthropomorphisme, ou pour mieux dire du symbolisme indien. Les divinités vêdiques ont généralement une figure humaine plus ou moins modifiée et des attributs empruntés à la vie sociale des Aryas. Mais plusieurs conceptions symboliques du Vêda sont tirées du règne animal, ou des formes de la végétation ; quelques-unes sont empruntées à la nature inanimée ou sont même tout à fait imaginaires. On voit se développer ainsi dans les Hymnes tout un panthéon d'êtres et d'objets divins, qui ne le cède guère à celui des anciens Grecs. Il n'y a entre les deux systèmes qu'une seule différence importante : c'est que le panthéon grec, au moins dans les figures auxquelles il s'est définitivement arrêté, offre plus de régularité, d'harmonie, de mesure et de proportion que celui des Indiens. La principale cause de cette différence est, selon nous, que de très-bonne heure les divinités grecques ont été représentées par la peinture et par la sculpture, arts qui ne tolèrent pas aisément des formes trop éloignées de la forme humaine. Ces arts se sont développés en Grèce, lorsque les symboles n'étaient pas fixés d'une manière définitive et invariable, et ont eux-mêmes contribué pour une large part à donner le *canon*, c'est-à-dire le type le plus beau et le plus vrai, de chaque divinité. Dans l'Inde au contraire, la poésie théologique devança de beaucoup les arts du dessin ; et, lorsque les castes eurent été instituées, ces arts ne furent point cultivés par les hommes de la caste supérieure, entre les mains de laquelle étaient à la fois, et pour ainsi dire exclusivement, la grande poésie et l'autorité sacerdotale. Les types des personnages divins reçurent donc la sanction de la théologie avant de pouvoir être représentés aux yeux. Or la poésie, qui ne parle qu'à l'esprit, jouit d'une liberté beaucoup plus grande que les arts plastiques, qui s'adressent aux sens. On dira bien en vers et l'on dépeindra la Renommée aux cent bouches, mais on ne la dessinera pas. La divine Saraswatî, c'est-à-dire la poésie théologique, conçut les symboles et les imposa tout faits aux artistes, qui n'avaient pas, dans les attributions de leur caste, une autorité suffisante pour les changer.

Au temps des Hymnes, on ne voit pas que les symboles fussent encore représentés aux yeux. Mais ils sont l'objet ordinaire des chants des poëtes. Le phénomène naturel excite la pensée philosophique du prêtre; l'explication qu'il en trouve dans les grandes conceptions symboliques de ses pères, le ravit; son imagination prend des ailes; elle monte au ciel avec la prière, comme l'épervier rapide, *Çyêna*. Là elle converse véritablement avec les dieux, principes de vie; elles les voit face à face, avec leurs formes symboliques et leurs pittoresques attributs; elle les célèbre, elle les dépeint; et la peinture est si vraie que nous, à plusieurs mille ans de distance, nous reconnaissons aisément dans le dieu les phénomènes naturels dont il est la personnification vivante.

Ainsi, de très-bonne heure, avant même que les Aryas eussent commencé à chanter en vers dans le *Saptasindu*, la religion de l'Asura avait pris un caractère anthropomorphique bien dessiné. Le panthéon populaire allait grossissant. Les dieux se multi-

22

pliaient autour du foyer sacré, allumé chaque jour dans chaque maison par le père de famille. Et moins ce dernier était lettré et capable de philosophie, plus il rapprochait de lui-même ses dieux et les intéressait aux actes de sa vie privée. On voyait déjà des prières adressées à des dieux particuliers, avec des cérémonies spéciales et des incantations, pour guérir un malade, pour délivrer une femme enceinte, pour favoriser l'acte de la conception. Pendant ce temps, des hommes d'un génie plus élevé et plus libre cherchaient, soit dans la solitude, soit dans de savantes conférences, à approfondir les anciens dogmes, à en fonder la métaphysique, à tirer de l'antique doctrine des Asuras une notion plus pure et plus incorporelle du Premier principe. Ces efforts ne demeurèrent point infructueux. Comme nous le montrerons bientôt, on vit grandir et s'épurer la notion d'Agni, la seule qui ne fût pour ainsi dire pas symbolique ; et vers la fin de la période des Hymnes, il semble que l'idée du Brahmâ éternel fût sur le point de se dégager entièrement et pour toujours.

Pendant plusieurs dixaines de siècles la poésie indienne, issue du Vêda, n'a cessé de vivre sur le fonds de l'antique symbolisme. Il ne faut point trop s'en étonner, puisque, si d'une part la poésie veut des figures, la religion, qui est une sorte de poésie, ne saurait non plus s'en passer. Comme rien n'a pu jusqu'à présent détruire la religion brâhmanique, fondée sur le Vêda, la poésie indienne a continué de prendre aussi ses figures dans le Vêda et dans la religion bràhmanique. Il y a du reste une vie si puissante dans le symbolisme en général et dans l'anthropomorphisme en particulier, que, si l'on en excepte l'islamisme, qui a voulu substituer l'histoire et la réalité au symbole, on ne trouve aucune religion qui l'ait exclu totalement. Le christianisme (le catholicisme du moins et l'Église orthodoxe) admettent les symboles et les répandent dans les livres de toute nature, dans les arts plastiques et dans les temples. L'agneau, la colombe, images du Fils et de l'Esprit, la figure du Christ lui-même et celle de la Vierge, dans une certaine mesure, les corps célestes des Anges, qu'une personne de sang froid n'a jamais vus, qu'est-ce autre chose aux yeux de l'artiste que des conceptions symboliques et idéales, qu'il se représente librement à sa fantaisie, sans que l'autorité sacrée lui fasse aucun reproche? Si l'on pénétrait plus avant et que l'on s'approchât du sanctuaire, on verrait là encore beaucoup d'objets qui sont de purs symboles, quand ils ne sont pas de simples souvenirs de l'ancienne histoire des Juifs. Le feu, l'encens, la nappe, l'autel, le tabernacle, l'ostensoir, le calice, le vin lui-même et l'hostie ou victime, ne sont-ils pas, du moins à un certain point de vue, des symboles pieux, sous lesquels une idée métaphysique ou surnaturelle est cachée?

Le symbolisme vêdique, issu de la notion primitive d'Asura, est donc doué d'une force vitale et d'une durée que l'on ne saurait apprécier. Pour lui porter une atteinte sérieuse, il faudrait l'attaquer dans son origine même, et montrer que la notion fondamentale et première est fausse. Or une telle démonstration est fort difficile. Car les Aryas, nos ancêtres, se sont élevés à l'idée d'Asura par la même voie naturelle qui conduit à Dieu l'immense majorité des hommes. A la vérité les corps glorieux, admis dans le christianisme lui-même pour les anges et les élus ressuscités, ne sont pas le dernier terme où l'esprit doive s'élever, puisque Dieu est au-dessus des corps glorieux. Mais les Indiens non plus ne se sont pas arrêtés à cette limite; ils l'ont de beaucoup dépassée, comme nous le verrons plus bas. De sorte que si les propagateurs de la foi chrétienne voulaient tenter de les convertir aujourd'hui, le débat devrait être porté sur le terrain le plus élevé, le plus abrupt et le plus difficile de la métaphysique. L'Inde ne manquerait pas d'hommes parfaitement capables de le soutenir; il en est même que nous pourrions nommer. Il conviendrait donc aux chrétiens de se préparer à la lutte dès à présent.

Un dernier mot touchant l'origine de la croyance aux dieux symboliques. *Deos fecit timor*, dit le poëte latin. C'est une assertion que l'histoire ne confirme pas et qui semble avoir été inspirée par le spectacle des abus et des superstitions. Mais la croyance aux Asuras est une religion et non pas une superstition. Le Vêda tout entier est là pour l'attester. Sans chercher ailleurs, on se convainc bientôt, en lisant les Hymnes, que c'est par des raisonnements, et non par des terreurs, que les Aryas ont été conduits à ces grandes conceptions symboliques. Combien de chantres védiques ne déclarent-ils pas d'eux-mêmes et sans qu'on les y invite, que les prêtres sont les inventeurs des symboles et les auteurs des dieux? Comprendrait-on qu'ils eussent eu assez peu de ruse pour faire une déclaration pareille, si leur intention eût été de présenter aux hommes des objets d'épouvante? Enfin l'hymne est un acte d'adoration et de respect; c'est en même temps une rogation, toute pareille à celle que célèbre chaque année au milieu des champs l'Église catholique. Il faudrait chercher longtemps dans le Vêda pour y trouver des passages à l'appui de l'opinion du poëte latin. Il est donc possible de trouver une religion sans terreurs, et d'adorer la divinité sans la craindre. Telle a été la religion de nos ancêtres âryens : le reste est venu plus tard.

Ce chapitre ne serait pas complet, si nous ne disions comment la doctrine, toute théologique et abstraite, des Asuras, a donné naissance à une religion positive, à un culte.

Les dieux à la vérité sont des principes de vie et, comme tels, doivent se suffire à eux-mêmes. Mais comme ils sont vivants et qu'ils ont un corps, ils se trouvent, tout immortels qu'ils sont, dans la condition nécessaire des corps vivants. Ils ont besoin de s'alimenter sans cesse et de se nourrir, en quelque sorte, de corps glorieux comme le leur ; c'est ainsi que se perpétue leur immortalité. D'ailleurs la raison qui a forcé le prêtre à découvrir les dieux, c'est-à-dire le besoin de connaître les principes de la vie, se retourne en quelque façon, et montre à l'esprit que le lien entre les dieux et les autres êtres vivants est réciproque. En effet, seraient-ils principes de vie, vivants eux-mêmes et agissants, s'ils ne produisaient rien et s'ils passaient leur immortalité dans une entière inertie ? Ils ne sont ce qu'ils sont, qu'à la condition de produire. D'un autre côté, comme ils sont les ordonnateurs du monde et les auteurs de tout bien, la félicité et la vie même des vivants sont leur ouvrage. Ce qu'ont les hommes, de vie et de bien-être, ils le tiennent des dieux ; ce qu'ont les dieux, de force active et d'immortalité, ils le tiennent des aliments dont le monde entier les nourrit. Les dieux vont quêtant par le monde la nourriture qui leur convient ; laquelle venant à leur manquer, ils seraient hors d'état de produire la vie, avec ses formes sans nombre et ses biens multipliés. Par exemple, si les mille particules de la terre et les êtres vivants en nombre infini, qui végètent ou se meuvent sur elle et en elle, retenaient les gouttes d'eau dont ils s'abreuvent et se remplissent, une grande sécheresse se produirait dans l'air ; les nuages ne se formeraient plus ; les sources des ruisseaux et les fleuves tariraient ; les herbes périssant, tout ce qui vit d'herbe mourrait, et ceux qui vivent d'animaux mourraient de même ; la vie s'éteindrait ici-bas ; et ainsi seraient réduits à l'impuissance et détruits dans leur principe les êtres divins qui font mouvoir toutes choses et produisent tous les corps vivants.

On voit par là que les dieux sont compris dans le cercle de la vie, et qu'un lien très-réel unit toutes les parties de ce cercle. C'est par la coopération de chaque être au grand acte, *karma*, que se maintient la circulation générale de la vie. Celui qui se retire, et qui refuse de coopérer à l'œuvre commune, non-seulement ne rend pas aux vivants qui l'entourent le service qu'il reçoit d'eux, mais il prive les dieux d'une portion de leurs aliments et travaille ainsi contre lui-même. La nature entière accomplit continuellement, soit qu'elle le sache, soit qu'elle l'ignore, la grande œuvre de la création, sous l'influence vivifiante et l'action ordonnatrice des Asuras. Chaque jour, à son réveil, ses mille voix chantent l'hymne de la vie (III, 419). Au retour du printemps, les cris des bêtes sauvages, pleines d'ardeur à se reproduire, les chants variés des oiseaux autour de leurs nids, célèbrent la transmission de la vie. L'homme intelligent compose l'hymne et le chante avec eux au lever du jour ; et comme, entraîné par les soins nombreux qui l'assaillent, il peut « errer loin du sentier divin, » oublier le sens de ses propres actions et le but de sa vie, il choisit une heure dans le jour, où il accomplit exprès une œuvre toujours la même, qui doit être l'œuvre par excellence (*kratu*) et le symbole de toute son activité. C'est le Sacrifice.

> Hormis l'œuvre sainte, ce monde nous enchaîne par les œuvres. Lorsque jadis le Souverain du monde créa les êtres avec le Sacrifice, il leur dit : « par lui multipliez; qu'il soit pour vous la vache d'abondance; nourrissez-en les dieux, et que les dieux soutiennent votre vie. Par ces mutuels secours, vous obtiendrez le souverain bien; car, nourris du Sacrifice, les dieux vous donneront les aliments désirés. Celui qui, sans leur en offrir d'abord, mange la nourriture qu'il a reçue d'eux, est un voleur... » En effet, les animaux vivent des fruits de la terre; les fruits de la terre sont engendrés par la pluie; la pluie par le Sacrifice; le Sacrifice est engendré par l'Acte. Or, sache que l'Acte procède de Brahmâ et que Brahmâ procède de l'Eternel. C'est pourquoi ce Dieu qui pénètre toutes choses est toujours présent dans le Sacrifice. Celui qui ne coopère point ici-bas à ce mouvement circulaire de la vie, celui-là vit inutilement.
>
> (*Bhagavad-gîtâ*, 3.)

L'auteur qui écrivait ainsi vivait longtemps sans doute après la période du Vêda; mais il ne faisait que développer une pensée continuellement exprimée dans les Hymnes et si vivement rendue par ces mots de *Dîrġatamas* déjà cités :

> L'onde descend égale à l'onde; si les nuages réjouissent la terre, c'est que les feux sacrés ont réjoui le ciel.

L'œuvre sainte est donc à la fois réelle et symbolique. Dans sa réalité, elle offre véritablement à Dieu la victime qui lui convient et qu'il paye en retour par ses bienfaits. Comme symbole, elle est un abrégé de toute l'activité humaine ; et comme, dans ce monde des vivants, nul être animé ne déploie une activité d'un ordre aussi élevé que celle de l'homme, on peut dire que l'œuvre sainte résume en elle l'œuvre entière de la nature. On comprend que les ancêtres qui ont créé le Sacrifice, c'est-à-dire les *B'rigus*, les *Angiras* et les autres, l'aient institué de manière que toutes ses parties eussent une valeur symbolique à la fois très-grande et très-intelligible. Aussi les auteurs du Vêda sont-ils sans cesse préoccupés du besoin d'éclaircir, d'interpréter les moindres détails du Sacrifice, sans cesser néanmoins d'en conserver les formes primitivement créées.

Le Sacrifice, c'est la religion. Car outre les Rites, il comprend l'Hymne, et l'Hymne contient le dogme avec la morale. Otez le Sacrifice, c'est-à-dire le culte, vous ôtez l'œuvre symbolique, destinée à se reproduire chaque jour pour être la lumière qui éclaire tous les actes ordinaires de la vie et en montre le but. Vous vivez dès lors sans religion ; vous vivez sans intelligence. A moins que vous ne vous soyez fait à vous-même un culte intérieur et métaphysique qui vous suffise : ce qui est toujours périlleux. L'Arya vêdique affirme sa foi et son culte d'une façon énergique, dans ce passage d'un hymne de Nêma, descendant de *B'rigu*.

« Indra n'est pas, dit l'un. Nêma affirme le contraire ; je l'ai vu : chantons. » III, 419.

La réciprocité qui unit la nature entière avec les Asuras, réciprocité dont la tendance est évidemment panthéistique, donne au culte une puissance singulière, partout proclamée dans les Hymnes : cette puissance s'exerce à la fois sur les hommes et sur les dieux. Dans les religions fondées sur la doctrine de la création, l'indépendance absolue de Dieu et l'absolue inutilité du monde sont cause que beaucoup d'hommes regardent le culte comme inutile aussi, à cause de son impuissance réelle. Le besoin de rattacher plus étroitement l'homme et Dieu a conduit quelquefois à admettre l'efficacité de la prière, même sur la nature physique, dans les apparitions, l'extase et les rogations. Mais plusieurs docteurs réduisent l'efficacité de la prière à un pur effet moral et interne. Cet effet, les auteurs du Vêda ne l'ignoraient pas, comme on le voit dans ce passage :

Par sa vertu, ce sage Agni donne à celui qui l'alimente la connaissance de toute la nature. *Gôtama.*

et dans cet autre :

La libation qui sent le péché est un ornement sans effet. *Vrihaspati.*

et dans l'hymne de Kutsa (I, 183) qui a pour refrain :

Que notre faute soit effacée.

Citons encore ces mots de *Pracêtas* (IV, 160) :

Pendant le sommeil, comme pendant la veille, nous sommes

sujets au mal, qu'il vienne ou non de notre volonté. Qu'Agni nous délivre de toutes nos fautes, de tous nos péchés.

Mais si c'était là toute l'efficacité du culte admise par la croyance universelle d'un peuple, presque tous les esprits se seraient bientôt détournés du culte positif, devenu pour eux impuissant et inutile. C'est précisément ce qui arrive en Europe à beaucoup de personnes, auxquelles la science d'une part montre les lois de la nature dans leur abstraction invariable, tandis que de l'autre la religion théorique leur montre un Dieu suprême séparé du monde. D'un côté ce Dieu impassible ne saurait être touché par les prières au point de rien changer à l'ordre des choses ; de l'autre, l'ordre nécessaire du monde ne saurait être altéré, dans quelqu'une de ses parties, sans qu'il se produisît un trouble universel. Les doctrines religieuses fondées sur le système de la création sont, dans la pratique, obligées de présenter Dieu comme moins séparé du monde que la théorie ne voudrait l'admettre, de le montrer accessible aux supplications, plein de mansuétude et de miséricorde dans sa providence, modifiant au besoin ses décrets éternels et se mêlant perpétuellement aux moindres actes de sa créature. Pratiquement donc le Dieu Créateur se rapproche des Asuras, quoiqu'il ne soit pas comme eux enchaîné à la marche des évènements ; et l'on en vient, par la force des choses, à attribuer au culte une vertu mystique, dont l'effet remonte jusqu'à Dieu même. Dieu rend en grâces ce qu'on lui offre en nature, ou ce que l'on offre en son nom. Ces grâces ne consistent pas seulement en biens spirituels, mais encore en dons corporels, tels que la santé, la réussite d'une entreprise, l'abondance des moissons et la fécondité des troupeaux. Le Sacrifice et la prière franchissent même le cercle de la vie terrestre et exercent leur action jusque dans le monde mystérieux des morts : comment pourrait-on s'expliquer autrement l'usage touchant des cérémonies funèbres, la croyance à la réversibilité des mérites et à la délivrance des âmes pécheresses obtenue par les fidèles et par les saints?

Nous avons touché ce dernier point, afin que l'on comprenne comment de la doctrine, presque panthéistique, des Asuras, a pu naître un culte et un ensemble de pratiques, qui se rapprochent de ce que nous voyons chez nous. Ces ressemblances des idées et des cérémonies chrétiennes avec les usages indiens, tirés du Vêda et suivis encore aujourd'hui, sont en effet une difficulté de plus à vaincre, pour ceux qui voudront substituer le christianisme au brâhmanisme. Il est peut-être plus aisé de changer un culte et d'en introduire un autre, que de donner à celui qui existe un autre sens et une nouvelle interprétation. Dès lors, en effet, la dissidence porte sur un point de doctrine et ne peut se résoudre que par les discussions les plus calmes et les plus approfondies.

CHAPITRE XIII

LES SYMBOLES

I. AGNI. SYMBOLIQUE DU FEU

Y a-t-il, dans la nature, de grandes et permanentes manifestations des Asuras? La réponse vient d'elle-même, puisque c'est le spectacle de la nature qui a servi de base à la doctrine des Principes de vie, et qui l'a suscitée. C'est par une suite d'observations, vagues et générales si l'on veut, mais très-réelles et généralement justes, que les Aryas sont parvenus à cette théorie. Nous pourrions donc, en mettant de côté tout ce que la science des temps postérieurs et surtout la science moderne y ont ajouté, reprendre les mêmes faits, les envisager de la même manière, et nous verrions que l'ordre des idées nous conduirait naturellement aux mêmes résultats. Ce retour sur le passé n'est point impossible, puisque nous avons le Vêda lui-même pour nous guider. S'il y a quelques lacunes dans l'explication qu'il donne de ses propres symboles, et dans l'exposition des idées par lesquelles on s'est élevé des faits naturels aux Asuras, ces faits sont généralement assez précis, assez saisissants et assez bien décrits dans les Hymnes, pour que nous puissions, aidés du Vêda, rétablir le lien qui les unit à la doctrine religieuse fondée sur eux.

Or, c'est une opinion vulgaire que le grand dieu de l'Inde, comme de la Perse, était le Soleil. Cette opinion est fausse. Elle a de plus le défaut de supposer que dans ces contrées l'on adorait un objet matériel, un astre, ce qui est absolument erroné. Le cierge qui brûle sur l'autel, le vin, l'eau, le pain, ne sont point les objets adorés par les chrétiens, non plus que l'agneau de pierre ou d'or ou la colombe, symboles de Jésus et de l'Esprit. D'ailleurs ce n'est point l'Asura du ciel, celui dont le Soleil est le char, qui était la première et la principale conception symbolique des Aryas. Qu'on le nomme *Indra*, *B'aga*, *Savitri* ou de tout autre nom, cet être céleste n'est que la seconde forme ou manifestation du grand principe de vie. Celui-ci est *Agni*.

Nous allons passer en revue successivement les principaux points de vue, d'où les Aryas ont envisagé le principe igné qui est Agni.

I.

C'est d'abord simplement *le feu*, nommé *agni* qui est le latin *ignis* et dont la racine se retrouve en grec dans ἀγλαός, αἴγλη, αὐγή, et dans plusieurs autres mots. C'est en effet un des plus grands phénomènes de la nature et l'un de ceux qui se mêlent le plus ordinairement à la vie de l'homme, que celui du feu. Les Aryas le tiraient, par le frottement, des deux pièces de bois composant l'*araṇî*, et non du caillou frappé avec le fer et faisant jaillir une étincelle. Ce dernier procédé n'est nulle part mentionné dans le Rig-Vêda, fait intéressant à plusieurs titres, surtout si l'on observe la manière dont on se procurait le feu chez les plus anciens Sémites et chez les peuples des autres races voisines des Aryas. Le feu apparaissait lentement au point de contact des deux pièces de bois ; on lui fournissait alors les aliments les plus combustibles ; il grandissait, s'enflammait, consumait la matière sèche ou liquide destinée à le nourrir ; puis il diminuait par degrés, s'affaissait sur lui-même, s'éteignait, et ne laissait après lui qu'une tache noire et un petit monceau de cendres. Ce développement du feu offre, comme on le voit, une période assez semblable à celle de la vie d'un animal : celle-ci commence par être très-faible et même insaisissable, grandit, arrive à sa maturité, puis décroît, s'affaisse et s'éteint ; et le corps ne laisse sur le sol qu'une pourriture, puis une tache et un peu de terre.

Or, le feu peut se produire de cette même manière en tout lieu, en tout temps ; et les périodes par lesquelles il passe s'accomplissent toujours de la même façon. Cette ubiquité, cette uniformité du grand phénomène conduit à penser que la cause d'où il vient est elle-même partout présente et toujours prête à agir : en effet, ce n'est pas seulement avec les deux espèces de bois dont l'*arani* se compose, que le feu peut être mis au jour ; il s'engendre de même, plus ou moins lentement et après un effort plus ou moins prolongé, au moyen de toute sorte de bois. Ces arbres qui se balancent devant ma fenêtre, cette table où j'écris, cette chaise où je suis assis sont autant de matières dont je pourrais composer des *aranis* ; de telle sorte que le feu pourrait être tiré de toutes les substances végétales. C'est ce que rendait très-clair aux yeux des Aryas, la propriété qu'ont toutes ces substances, sans exception, de pouvoir servir d'aliments au feu. Ils en concluaient avec vraisemblance que le feu est répandu dans toutes les plantes, et qu'ainsi chaque feu qui s'allume n'est qu'une simple manifestation locale et temporaire d'un principe igné universel.

Or une vertu singulière réside dans le feu et lui constitue une sorte de vie : lorsque, par la force d'un mouvement rapide, il a été tiré du bois, il s'accroît de lui-même, sans le secours de personne, pourvu seulement qu'il trouve des aliments à sa portée ; si les aliments ne lui faisaient pas défaut, il pourrait s'étendre à l'infini et embraser toute la terre. L'homme qui lui avait donné naissance, par une simple opération de ses mains, ne tarde pas à reculer devant lui, à le reconnaître pour son supérieur, et à voir qu'il existe en lui une force active véritablement irrésistible. Tel est Agni. Ce n'est plus simplement ce petit foyer destiné à cuire des aliments; c'est une grande puissance, à laquelle le monde tout entier succomberait, si elle venait à se tourner contre lui toute entière.

L'union de cet être puissant et du feu du foyer est marquée dans l'hymne suivant de *Dîrġatamas* (1, 344), pris entre beaucoup d'autres.

A Agni.

Le dieu, en prenant une forme apparente, se distingue par sa substance lumineuse, qu'il doit à la force dont il est né. Une fois produit, il est fortifié par la prière, et les voix du sacrifice le soutiennent et l'accompagnent.

Les offrandes constituent une de ses formes. Nos libations la perpétuent dans le foyer où il réside...

Quand les seigneurs et maîtres du sacrifice ont, par la force, tiré Agni de l'asile où gisait sa forme auguste; quand ils l'ont, suivant l'antique usage, alimenté du miel des libations, *Mâtariçwan* (le Vent) vient dans le foyer exciter son ardeur.

Cependant les diverses offrandes du père de famille sont apportées; et Agni monte rapidement dans les branches du bûcher. Ce n'est plus alors la jeune et faible lueur, qui brillait quand ses deux mères venaient de lui donner le jour.

Bientôt il pénètre dans les branches encore intactes, qui sont aussi ses mères; il s'étend, il s'élargit. Il envahit d'abord les plus élevées, et, toujours plus pressé, il va plus loin en attaquer de nouvelles...

Mais voici que l'Adorable a changé de forme : agité par le vent, il a courbé sa taille, et il produit, en résonnant, des espèces de tourbillons. Toujours brillant, il brûle en divisant ses voies, et en laissant des traces noires de son passage.

Partant comme un char, il se dresse en crêtes rougeâtres;

dont il va frapper le ciel. Aussitôt, loin de sa clarté, fuient les ténèbres, de même que les oiseaux se cachent des ardeurs du Soleil.

Par toi, ô Agni, apparaissent et *Varuṇa* qui aime le beurre consacré, et *Mitra*, et le bienfaisant *Aryaman*. Dans tes œuvres successives tu sembles te multiplier ; tu t'entoures d'autres êtres, comme la roue de ses rayons.

Agni, en faveur de l'homme qui t'adresse des hymnes et de précieuses libations, ô toujours jeune, tu viens à cette fête célébrée en l'honneur des dieux. Enfant de la force, source de tout bien, Feu nouveau, nous t'honorons.... dans l'œuvre du sacrifice....

Qu'il nous entende, le Sacrificateur aux belles clartés, aux chevaux rapides, au char magnifique. Que l'heureux et prudent Agni se rende à nos vœux et nous conduise rapidement vers le bonheur et la richesse.

Nous avons célébré Agni, qui, par la vertu de ses feux puissants, est vraiment roi souverain....

Considéré de ce simple point de vue tout physique, Agni porte dans le Vêda plusieurs noms dont voici les principaux. C'est *Hari* le Jaune, *Ṛita* le Brillant, *Samiddâ* l'Enflammé ; et, dans un degré plus élevé de personnification, *Tapurmûrddan* à la Face-brûlante, *Hiraṇyahasta* au Bras-d'or ; *Tanûnapât* mangeur de son corps ou enfant de son corps ; *Vâjin* plein de nourriture ; *Çyâva* le Noir.

Un premier mystère préside aux naissances successives et multipliées d'Agni. Que le feu soit en quelque sorte caché dans les matières combustibles, dans le bois par exemple, c'est ce que l'on peut admettre sans hésiter ; mais quand cette sorte d'agent universel est mis au jour par le simple frottement, il y a là un phénomène mystérieux et tout à fait surprenant. L'habitude nous le fait regarder avec une sorte d'indifférence. Toutefois, malgré le perfectionnement que la science moderne a apporté dans la préparation de l'*araṇî*, transformée, par l'addition de matières phosphorées et oxigénées, en appareils beaucoup plus commodes, le mystère est toujours le même. Les analyses chimiques ont donné les formules des corps et de leurs combinaisons; la physique a découvert et énoncé les lois de la chaleur. Mais nous nous tromperions étrangement, si nous croyions avoir expliqué dans son principe le phénomène de la combinaison des corps et du développement de la chaleur et de la lumière. Je crois même pouvoir dire que la solution d'un tel problème n'est pas du domaine de l'observation, et que par conséquent la théorie de l'Asura Agni ne serait guère plus déplacée aujourd'hui qu'elle ne l'était il y a quatre ou cinq mille ans. Il ne s'agit plus en effet ici du fait purement matériel de l'inflammation des corps; il s'agit de la cause même et de l'origine des mouvements qui s'accomplissent dans les profondeurs infinies de la matière.

Les Aryas ne tardèrent pas non plus à s'apercevoir que les liquides ne contiennent pas moins que le bois un principe igné. Tels sont particulièrement les liquides fermentés, parmi lesquels le *sôma* tenait le premier rang. Ce mot qui veut dire *extrait* peut également être dérivé de la racine *sû*, engendrer, et être compris dans le sens de liqueur de génération ou eau de vie. Bien que le sens d'extrait soit probablement le sens primitif, on vit aussi dans le *sôma* un symbole : ce ne fut pas seulement un aliment pour Agni et un principe de force courageuse pour Indra et pour les guerriers, ce fut encore une image des liquides, au moyen desquels se transmet et s'entretient la vie dans les animaux et dans les plantes. D'ailleurs un fait non moins général frappait la vue : la chaleur du feu solaire, dont il sera parlé plus bas, en pénétrant dans la terre et les eaux, soulevait des vapeurs qui, invisibles d'abord, allaient visiblement se condenser le long des flancs des collines, sous la figure de nuages floconneux et légers. Ces nuages grossissant toujours devenaient comme de vastes réservoirs où s'accumulait, pour ainsi dire, le feu qui les avait produits ; et quand ils en étaient chargés outre mesure, les Aryas voyaient ces feux s'en échapper subitement avec lumière et avec bruit, et les eaux redescendre en pluie sur la terre, d'où la chaleur les avait tirées. Ce grand phénomène, auquel ils assistaient toujours, leur montrait bien que les eaux aussi peuvent contenir du feu ; et comme une eau n'est jamais si froide qu'on la puisse dire entièrement privée de chaleur, ils concluaient avec raison qu'il y a du feu dans toutes les eaux. L'Asura qui portait le nom de *Vanaspati*, maître du bois, quand on l'envisageait dans les substances végétales, pouvait dès lors à juste titre s'appeler aussi l'Enfant des Eaux, *Apâm napât* (aquarum nepos, en latin), ou bien *Aptya, Purîsin,* l'Aquatique, *Védyuta,* le Feu de l'éclair.

Dix jeunes ministres (les dix doigts) amènent au jour celui qui a plusieurs demeures et qui, plein de gloire, vient briller parmi les hommes.

On célèbre sa triple naissance : il naît au sein des libations, dans le Soleil, au milieu des Eaux...

Qui de vous l'a vu, quand il se cache?... Grand et sage il engendre l'eau du nuage, et puis s'élève glorieux au sein des voyageuses...

Pareil à *Savitri,* il étend au loin ses bras... Il emprunte partout les vapeurs qui composent son corps éblouissant, et il donne à ses nourrices fécondes des vêtements nouveaux.

Quand ce dieu sage et protecteur élève ainsi dans les airs sa forme brillante, se mêlant aux Eaux voyageuses, il couvre au loin la voûte céleste d'une armée de nuages, qu'il soutient et qu'il a rassemblés.

Tu ressembles à un roi grand et victorieux, dont les splendeurs s'étendent par tout le ciel qu'il aurait pour palais. O Agni, ô toi qui t'environnes de feux d'une nature glorieuse et invincible, défends-nous, sois notre protecteur.

Il fait du nuage un torrent qui arrose les airs; il couvre la terre de flots limpides; dans son sein il conserve tous les germes de l'abondance; il pénètre dans les plantes nouvelles.

O Agni purifiant, que notre foyer recueille et nourrit, brille et pourvois à nos besoins...

(*Kutsa,* I, 183.)

II.

Quand les premiers pontifes âryens eurent « suivi ses traces et retrouvé cet Agni qui, tel qu'un brigand qui se renferme dans sa caverne avec son bétail, » se cachait partout dans la nature, ils ne tardèrent pas à concevoir qu'il est un agent universel de la vie, qu'il est véritablement le grand Asura. En effet, contenu dans les liquides, il n'est pas seulement la première et la plus évidente condition de l'existence des plantes, il l'est aussi de celle des animaux. Quand il semble se retirer, l'animal tombe aussitôt dans l'abattement, languit et meurt ; et, Agni se retirant toujours, le corps devient froid et comme glacé ; il ne se meut plus lui-même ; une rigidité progressive envahit ses membres ; rien désormais ne peut le rappeler à la vie. On voit bien en effet, et dans la flamme mobile qui souffle comme le vent, et dans les eaux aériennes qui montent et descendent, et dans le sillon de l'éclair, que le Feu est un principe universel de mouvement, et que, si le feu cesse d'être présent ou d'agir, la vie, qui est un mouvement, doit cesser elle-même.

Un grand fait d'ailleurs enhardissait les Aryas et les poussait dans cette direction d'idées. Les animaux qu'ils voyaient habituellement, les chevaux, les moutons, les bœufs, les bêtes sauvages, l'homme aussi, grandissent en se nourrissant du liquide par excellence, qui est le lait. Par une opération de la nature, qu'une douce chaleur favorise, le lait produit la crème qui, barattée, donne naissance au beurre ; à son tour chauffé, le beurre laisse se séparer des matières solides, que l'écumoir enlève, et se réduit de la sorte en une matière homogène et persistante qui est le beurre clarifié, *havis*. Cette substance, mise dans le feu, s'enflamme avec une impétuosité singulière, et brûle sans laisser aucun résidu. De sorte que le lait est à la fois l'aliment le plus fortifiant pour les jeunes animaux et pour le feu nouveau-né. Comme le *sôma*, extrait de son liquide nourricier par une décomposition analogue et par une filtration du jus de la plante, produit aussi dans le feu une flamme vive et pure, comment n'aurait-on pas conclu de là qu'Agni est à la fois le principe du feu et celui de la vie ?

Le beurre est la matrice d'Agni ; Agni est renfermé dans le beurre ; le beurre forme son rayon   (*Gṛitsamada*, I, 448.)

Sôma est l'essence immortelle de *Rita*.   (*Kaxivat*, IV, 50.)

On implore Agni ; on le sent partout, au ciel, sur la terre, dans les plantes, dans l'*araṇi* d'où le tire la force.
(*Kutsa*, I, 188.)

Agni est la source des êtres animés et inanimés.
(*Trita aptya*, IV, 137.)

Or il est aisé de voir que la vie se présente toujours sous une forme déterminée. Qu'on la prenne dans sa plus haute expression, qui est l'homme, ou dans la plus infime, c'est-à-dire dans les plantes qui ressemblent à peine à des végétaux, partout on la trouve unie à des formes précises et parfaitement définies. Ce fait va même si loin que, malgré les ressemblances générales des êtres de même espèce, si l'on observe attentivement deux d'entre eux se ressemblant plus que tous les autres, on trouve qu'il n'y a pas en eux deux parties homologues même très-petites, qui soient tout à fait les mêmes. Les formes sont donc individuelles, comme la vie, et l'accompagnent jusque dans ses plus intimes profondeurs. On en peut conclure légitimement que le principe de la vie est aussi le principe des formes. Or Agni est l'Asura qui donne la vie, il est donc en même temps le principe formateur des êtres. C'est ordinairement sous le nom de *Twaṡṭri* qu'il est alors désigné.

Le feu plastique est d'un usage nécessaire, quand on veut donner aux métaux une forme déterminée ; l'utilité du feu parut si grande aux Aryas occidentaux, qu'ils l'envisagèrent surtout de ce côté et le symbolisèrent, dans les mythologies, sous les noms de Héphaistos, de Vulcain et du grand Forgeron germanique. Mais l'action du *Twaṡṭri* védique s'étend beaucoup plus loin ; il n'est pas seulement le fabricant des armes et des attributs des dieux ; il intervient pour sa part dans la production de tout objet ayant une forme quelconque. C'est lui qui a construit dans ses formes tout cet univers et qui en est le *démiourgos* ; c'est lui aussi qui donne aux animaux et aux plantes, en les faisant naître et grandir, les figures et les couleurs dont elles sont revêtues. Il en est le *vavṛi*, c'est-à-dire le couvreur, le vêtisseur. Il en est le *dâtṛi*, c'est-à-dire le fondateur. On l'appelle *sûrya* et *viçwakarman*, parce que tout ce qui se fait dans le monde visible est son ouvrage. Et les choses n'étant utiles que par les propriétés qui les caractérisent, propriétés qui tiennent non à la matière dont elles sont faites, mais à leur forme actuelle, les biens de toute sorte viennent d'Agni, nommé pour cela *dravinôdâs*.

Le même ordre d'idées, bien simple selon nous et bien naturel, aboutit à une autre conséquence, partout proclamée dans le Vêda. Celui qui est l'auteur de la vie est par cela même l'agent propagateur de la vie, le principe fécondant. Que l'on veuille en effet observer ce fait universel, que la vie seule engendre la vie, et qu'elle s'engendre elle-même, pour ainsi parler. Une bête morte, un homme mort, une plante morte, est hors d'état de se reproduire; ce cadavre, en se décomposant, sert de pâture à un nombre souvent très-grand d'animaux, mais pas un seul de ces derniers n'est semblable à celui qu'il mange; pas un ne peut se dire son fils ou sa fille; tous sont nés de germes qui existaient dans ce corps quand il vivait, ou qui sont venus du dehors depuis que le feu de la vie l'a quitté. Comment ce fait a-t-il si peu frappé nos philosophes? Il est pourtant assez visible et se reproduit assez fréquemment autour de nous. Il est du domaine de la philosophie; car il se produit dans l'infini de la réalité, lequel est inaccessible aux sciences d'observation. D'ailleurs il ne s'agit point ici de savoir comment et sous quelles figures initiales s'agglomèrent les premiers matériaux du corps vivant dans l'œuf où il se développe ; mais de rendre compte de la transmission des formes de la vie ; la même matière peut servir à former tour à tour des corps vivants de bien des espèces et peut par conséquent se revêtir de formes très-diverses. Est-ce donc que la vie individuelle réside dans la forme, et non dans la substance que cette forme revêt? Or je suis frappé de ce fait, que la forme ne peut se transmettre si elle n'est vivante. Pourquoi?

On voit même que le plus souvent (et toujours dans les formes animales de l'ordre le plus élevé) la capacité de se reproduire est contenue entre deux âges : ni l'extrême jeunesse, ni la vieillesse extrême, ne peuvent propager et multiplier leurs formes et engendrer la vie. Ainsi la femme qui allume le feu du foyer voit souvent ses efforts superflus, quand elle n'a, pour embraser le bûcher, qu'une petite flamme à peine vivante ou qu'un reste de feu prêt à s'éteindre. Pourquoi ces limites imposées à la puissance reproductive? Et d'où viennent-elles?

Enfin une forme ne saurait reproduire autre chose qu'elle-même : le lion n'engendre que le lion, l'homme que l'homme, le figuier que le figuier. Pourquoi? Et comment expliquer ces ressemblances locales, qui se transmettent des parents à leurs descendants, ressemblances qui portent sur les vices comme sur les qualités corporelles, sur les vertus de l'âme et sur ses mauvaises dispositions, sur les facultés ou les incapacités de l'intelligence? Comme si les caractères qui constituent l'individualité et qui lui sont imputables, avaient eux-mêmes la propriété d'être reproduits par la génération.

Voilà certes de graves questions et qui ne sont nullement résolues en Occident : à peine y sont-elles posées. Voici ce que le Vêda répond.

Si Agni est le principe de la vie et par conséquent l'auteur des formes, il est aussi le transmetteur des formes ou le principe fécondant. Il réside, caché, dans la semence des plantes et des animaux, laquelle ne peut se former que dans un être vivant, parce qu'Agni n'est plus dans celui qui est mort ou du moins n'y opère plus de la même manière. Agni a pris dans ce vivant une forme déterminée : la raison qu'a eue ce sage Asura de l'y revêtir, il l'a encore de l'y conserver; ce qui ne peut se faire que par la reproduction. Puisqu'il réside dans la semence des êtres vivants, c'est par ce moyen qu'il produit les formes, *sûyatê*.

Tes serviteurs demandent que tu répandes dans leurs corps une semence de vie. (*Parâsara*, I, 133.)

Cette semence réside dans le mâle. C'est la doctrine constante de l'Inde; c'est déjà celle du Vêda. Chacun sait sous quelle forme elle se transmet du mâle à la femelle soit dans les plantes, soit dans les animaux. C'est en elle que se cache ce principe igné, cette étincelle invisible de la vie, qui, parvenue dans la matrice où elle doit trouver un aliment favorable, s'y développe et y revêt un corps semblable au premier. Cette petite flamme n'est pas, dans son fond, différente de la première. De même qu'Agni demeure toujours identique à lui-même, quoiqu'il s'allume chaque jour sur un grand nombre d'autels, ainsi l'Agni de la vie demeure inaltérable, quoiqu'il s'incarne sous mille formes diverses par la génération et par le moyen d'une multitude innombrable de germes vivants, déposés dans autant d'œufs que lui-même a disposés tout exprès. Agni est, à cause de cela même, nommé *Puruśa*, qui veut dire *mâle* et rien autre chose.

Dans l'Hymne nuptial, cité et interprété ci-dessus, nous avons vu Agni, mystérieusement uni à la jeune fille, prendre successivement les noms de *Sôma*, de *Gandarva*, d'*Agni*, et enfin de *Manu*, qui est le fiancé lui-même, ou pour mieux dire l'homme en général et en particulier.

<blockquote>
Agni est le fiancé des filles et l'époux des femmes.

(*Parásara*, I, 130.)
</blockquote>

Partout cet être puissant est appelé lion, taureau, cheval rapide et fougueux; et jamais ces mots ne sont au féminin; ses surnoms sont tous masculins. Il est le producteur et le générateur des vivants; au-dessus de lui, il n'y en a pas un autre qui l'égale, ni qui soit comme lui répandu dans le monde entier. Les Aryas ont pu dès lors le désigner par *Puruśa*;

et nous pouvons traduire ce mot en langage moderne par Principe masculin suprême.

L'universalité d'action de ce principe lui fait donner à juste titre le rôle de *Prajâpati*, qui signifie maître de la créature, où plus exactement maître des générations. C'est dans son sein et pour ainsi dire dans la matrice qu'il a préparée et que l'on nomme *Asurasya jatara*, la matrice de l'Asura, qu'il engendre lui-même éternellement tous les vivants.

Le rôle du principe masculin attribué à Agni et le nom de *Puruśa* qu'on lui donne alors, ont eu dans la philosophie brâhmanique une merveilleuse destinée. En effet, lorsque le corps glorieux d'Agni ne fut plus regardé que comme un symbole, la notion métaphysique, cachée dans la théorie de l'Asura, fut rendue par le mot *brahman*. Mais le grand problème de la vie et de sa transmission subsistant toujours, le rôle de *puruśa* ou de mâle fut naturellement attribué à Brahman, dont le nominatif singulier est *Brahmâ*. C'est pourquoi, dans la théologie des temps postérieurs, *Puruśa* désigne Brahmâ, principalement comme père du monde, comme auteur des générations et propagateur de la vie. Enfin, lorsqu'en y réfléchissant davantage, on se fut aperçu que cette action d'engendrer était peu conforme à la nature absolue du Souverain Être, on désigna ce dernier par le mot Brahman mis au neutre, et on le considéra comme dégagé du rôle et de la fonction de *puruśa*. Mais ce Neutre, insaisissable à la pensée et supérieur à la pensée, ne devait pas être et ne devint jamais l'objet d'un culte, parce que, ne dépensant aucune activité, il n'avait nul besoin de sacrifices destinés à l'entretenir. *Puruśa* est un des termes de théologie métaphysique sur lesquels on a le plus discuté ; les ouvrages brâhmaniques ne suffiraient peut-être pas à en donner exactement la valeur. Le Rig-Vêda nous semble en fournir une complète interprétation.

Souvent en effet l'on traduit ce mot par Esprit divin, par Ame du monde ou même par Ame individuelle. Tous ces sens sont également bons, suivant le point de vue où nous placent les auteurs, encore bien que le mot sanscrit ne signifie pas autre chose que mâle. Car Agni est aussi l'auteur de la pensée. Non-seulement les formes individuelles les plus parfaites sont accompagnées d'intelligence et de sentiment, ce qui suppose dans leur producteur des vertus analogues ; mais, comme nous l'avons dit ci-dessus, on voit que la perfection des intelligences est en raison de celle des organismes, c'est-à-dire des formes ; et que là où l'organisme vivant se trouve réduit à ses formes les plus élémentaires, la pensée ne se remarque pour ainsi dire plus. Forme et pensée sont donc deux choses inséparables et proportionnées l'une à l'autre ; de sorte que l'auteur de la vie est en même temps l'auteur de la pensée, et que le Mâle et l'Esprit sont deux termes qui ne doivent pas être disjoints.

Mais ce sont là des considérations abstraites, que

quelques auteurs védiques seulement semblent avoir abordées. Agni est aussi l'auteur de la pensée d'une autre manière, plus aisée à comprendre. Chacun sait que la pensée sans idées n'est rien, puisqu'elle serait comme une représentation qui ne représenterait rien et comme un principe actif hors d'état d'agir ; ce serait moins encore, si c'est l'idée même qui constitue l'intelligence, comme l'admettaient les Indiens. Or c'est le même mot qui en grec signifie *forme* et *idée* ; c'est aussi le même en sanscrit, *rûpa* ; car les idées sont les formes mêmes des choses que nous concevons. Un même mot en grec signifie voir et savoir, εἴδω, et c'est encore cette même racine qui produit le mot ἰδέα. Le producteur qui fait apparaître les formes se trouve être aussi le producteur des idées et par conséquent l'auteur de l'intelligence et de la science. Ce producteur c'est le feu, avec sa lumière ; c'est Agni. De plus, comme il fait voir les objets par une lumière qu'il tire de lui-même et dont il est le dispensateur, les auteurs des Hymnes ont pu dire sans métaphore :

Ton regard perce l'obscurité de la nuit. (*Kutsa*, I, 180.)

Il a l'œil ouvert sur toute la nature. (Id.)

et attribuer à ce grand Principe igné de la vie et des générations la suprême intelligence :

Nous sommes des ignorants, ô sage et prudent Agni. Nous ne connaissons point ta grandeur ; toi seul en as le secret. (IV, 135.)

Agni se connaît en science divine. (*Kaxivat*, IV, 132.)

Pour cela il est appelé *Védas,* c'est-à-dire qui distingue les objets, et *Jâtavédas,* c'est-à-dire naturellement savant; les prêtres, qui connaissent la science sacrée mieux que tous les autres hommes, sont dits fils aînés de *Rita.*

La théorie d'Agni, reproduite de mille manières dans les Hymnes, donne en résumé une première et puissante explication des choses. La vie s'y trouve envisagée sous ses deux formes essentielles, dans ses deux grandes manifestations, la génération des êtres et l'intelligence. Les raisonnements qui la composent sont fondés sur les faits les plus frappants de la nature, et forment entre eux un enchaînement très-fort. Cette théorie ne laisse de côté aucun des grands phénomènes que la simple observation nous révèle. Une seule chose n'est point abordée dans la doctrine védique et par conséquent n'y est point expliquée : c'est celle que l'on nomme en Occident l'existence substantielle des êtres finis. Mais c'est là précisément, sauf les idées propres à certaines écoles, le grand point de dissidence entre l'Occident et l'Orient, ou pour mieux dire entre les Aryas et les Sémites. Nous y reviendrons plus bas.

III.

Il nous reste à montrer, dans ce chapitre, le rôle que l'Asura Agni joue dans les cérémonies sacrées.

Si l'œuvre sainte est un abrégé du grand œuvre

de la nature, Agni se retrouvera nécessairement à l'autel avec ses fonctions, mais symbolisées. La plus ordinaire qui lui soit départie est d'être le Messager qui porte aux dieux les offrandes, *vêtarana* : le feu rend glorieux tout ce qu'il consume ; il s'éteint après qu'il a consommé l'holocauste; et les vapeurs qu'il a formées avec le *ġrita,* le *sôma* et les gâteaux sacrés, s'élèvent dans l'air et vont se mêler au grand corps des dieux. Quoique les objets présentés au foyer d'Agni aient été purifiés et bénis par le prêtre, néanmoins, le feu, qui les transforme en matières invisibles, peut bien être appelé par excellence le purificateur, *pavamâna.* Ces matières si pures servent dès lors à nourrir les dieux, qui les rendent en biens de toute sorte et surtout en richesses, en troupeaux et en nombreux enfants. C'est à cette fonction de porteur de l'offrande que semble se rapporter le nom de *gandarva*, donné souvent à Agni. Ce mot, par son étymologie, signifie le cheval-des-odeurs, c'est-à-dire qui transporte les odeurs vers les régions célestes habitées par les dieux. Le Vêda fait observer plusieurs fois qu'Agni naît et grandit entouré de suaves odeurs, qu'il développe lui-même en consumant l'holocauste. Quand on voit l'importance attachée dans tous les cultes à l'encens et aux parfums brûlés sur l'autel, on ne saurait être surpris qu'un fait naturel, aussi considérable et aussi mystérieux que celui des odeurs, ait été représenté par un symbole, et qu'Agni, agent universel, en ait reçu le nom de *Gandarva*. Du reste, le cheval a été lui-même de bien bonne heure en quelque sorte consacré à Agni, soit à cause de sa force et de la rapidité de ses mouvements, soit parce qu'il était la bête par excellence des Aryas guerriers et voyageurs. L'hymne de *Dîrġatamas* que nous allons citer en entier, expliquera suffisamment peut-être celui que nous avons cité plus haut et donnera le sens du grand sacrifice de l'*açwamêda*.

Au cheval du sacrifice.

A peine es-tu né, que tu fais entendre ta voix en sortant de la poche des eaux ou plutôt de la corruption. Tes bras, ô Brillant, ressemblent aux ailes de l'épervier. O cheval, ta naissance est grande et digne de nos louanges.

Yama l'a remis à Trita, et celui-ci lui a donné un char. Sur ce char, Indra est monté le premier. Le *Gandarva* a pris les rênes qu'il emprunte au Soleil. Les Vasus ont orné le cheval.

O cheval, tu es Yama, tu es Aditya, tu es Trita, par un mystérieux accord. A des moments marqués, tu es arrosé de sôma : car on te reconnaît dans le ciel trois stations.

Oui, on te reconnaît trois stations dans le ciel, comme tu en as trois dans les eaux et trois dans le grand fleuve de l'air. Mais j'aime surtout, ô cheval, à te voir, ainsi que *Varuṇa*, revenir au lieu où tu nais (chaque jour).

O cheval, ce sont là tes relais ; là sont les impressions de tes pieds, ô bienfaiteur! Là j'ai vu tes rênes fortunées, que vénèrent les gardiens du feu sacré.

Je t'ai reconnu de loin; c'était bien toi-même, volant à nous du haut du ciel. J'ai vu une tête s'avancer rapidement par des routes faciles où la poussière est inconnue.

J'ai vu ici ta forme merveilleuse, elle semblait animée du

désir de recueillir nos offrandes dans cette enceinte sacrée. Quand un mortel prépare pour toi les mets, tu viens comme affamé vers l'herbe.

O cheval, après toi, les mortels, et leurs chars, et leurs vaches, et le bonheur des jeunes filles! Tous les vivants recherchent ta faveur; les dieux voudraient égaler ta force.

Sa crinière est d'or; ses pieds, rapides comme la pensée. Indra est descendu, les dieux sont réunis pour consommer l'holocauste de celui qui le premier a monté le cheval.

Des coursiers héroïques, divins, aux membres élancés, au ventre ramassé, tels que des cygnes qui volent en troupe, s'élancent à travers les routes de l'air.

O cheval, ton corps marche, mais ta pensée est rapide comme le vent. Les poils de ta crinière s'étendent partout et se jouent dans les branches du bois.

Voici le cheval arrivé au lieu du sacrifice, l'air pensif et l'âme soumise aux dieux. Devant lui est mené le bouc enchaîné à ses destins. Voici venir aussi les sages et les chantres.

Le cheval occupe la place principale en face du père et de la mère. Comblé d'honneurs, qu'il aille vers les dieux. Que son serviteur reçoive les biens les plus précieux.

Quoique *Dîrgatamas* soit un des poëtes védiques qui emploie le plus de métaphores et recherche le plus les expressions mystérieuses, on peut néanmoins reconnaître sous la figure fort idéalisée du cheval, Agni lui-même ; et, dans le cheval vivant, l'on doit voir encore Agni s'immolant en quelque sorte dans une de ses productions, dans une de ses incarnations, pour procurer le bien de l'assemblée pieuse.

La persistance et l'extension de la théorie physique qui attribue au feu la vertu de porter l'holocauste vers les dieux d'en haut et de nourrir les corps célestes avec ses vapeurs odoriférantes, ont été beaucoup plus grandes qu'on ne saurait le croire. Cette théorie se retrouve toute entière dans les cérémonies catholiques, accomplies le Samedi-Saint à Rome. Le cierge pascal en effet répond très-exactement à ce que nous voyons dans le Vêda, la cire au beurre clarifié, la mèche au bois de l'autel, le flambeau lui-même, avec sa forme particulière et son chapiteau, au trône élevé d'Agni. Le feu s'allume à la porte de l'église au moyen d'un fusil, moyen évidemment moderne où le silex remplace l'*araṇi*. Il est communiqué à trois bougies, qui forment un véritable *tryagni*, un Agni à trois têtes, *triçiras*; et qui sont disposées à l'extrémité d'une canne répondant au *vêtasa* (roseau) des Hymnes vêdiques. Le thuriféraire marche le premier, comme le *nêṣṭri* des Aryas, qui semble conduire lui aussi le *Gandarva*, porteur des parfums. En trois stations, pareilles aux trois *vêdis* ou autels d'Agni, la procession est arrivée au cierge pascal, que l'on allume ; et le diacre dit une prière finale commençant pas ces mots :

« O nuit vraiment heureuse, qui a dépouillé les Egyptiens et enrichi les Hébreux ! Nuit en laquelle les choses du ciel sont réunies à celles de la terre, et les divines aux humaines. Nous te prions donc, Seigneur, que ce cierge consacré en l'honneur de ton nom, persévère sans se consumer, pour détruire l'obscurité de cette nuit ; et que, reçu comme une vapeur odoriférante, il se mêle aux luminaires de là haut. Que l'astre qui, le matin apporte la lumière, reçoive ses flammes ; cet astre, dis-je, qui ne se couche jamais et qui, revenu des régions inférieures a lui avec sérénité sur le genre humain. »

Ce sont là évidemment des paroles symboliques et que leur auteur a pu composer jadis sans avoir été inspiré, même indirectement, par le Vêda. Je les ai cités pour avoir une occasion de dire que les analogies, mêmes fortuites, que le culte chrétien offre avec les cultes orientaux, sont une difficulté de plus à vaincre pour les propagateurs de la foi catholique. Car il est peut être plus difficile de modifier chez un peuple la signification des symboles que d'y introduire des symboles nouveaux.

Agni, messager du sacrifice, héraut qui convoque les dieux au banquet sacré, étendard lumineux autour duquel ils se rassemblent en compagnie du peuple des fidèles, Agni reçoit les offrandes et les consume; mais il ne les garde pas, puisque son corps mortel, qu'il manifeste chaque jour, n'a qu'une très-courte durée et ne laisse rien après lui qu'un peu de cendre sur l'autel. Ce sont les dieux qui perçoivent les vapeurs odoriférantes du foyer. Agni reçoit des mains du prêtre les diverses offrandes et les transmet aux dieux. Il est ainsi le vrai sacrificateur, *hôtri*, le premier pontife, *angiras*, le *brahman* par excellence ; et, en prenant possession de ce qu'on offre aux dieux par son intermédiaire, il est le maître du sacrifice, *vrihaspati*, et le maître de la piété, *brahmanaspati*.

Dans l'assemblée pieuse, réunie autour de l'autel et assise sur le gazon sacré, il est encore le chef de la séance, *sadasaspati*. Dans la maison du père de famille, il réside à la fois dans l'époux, dans le père et dans le foyer domestique; il mérite donc d'y porter le nom de *gârhapatya*. Son culte est en honneur chez tous les Aryas; le surnom de *Vêçwânara* peut donc s'entendre simplement, avec le sens que sa composition lui donne, et signifier qui est chez tous les hommes. Enfin la vertu génératrice d'Agni fait qu'étant le même dans tous les êtres vivants, il constitue entre tous les Aryas une véritable fraternité et peut lui-même porter le nom d'Arya et de bon parent, *subandu*. Cette idée que tous les hommes sont frères en Agni est vivement exprimée dans cet hymne de *Savanarasa*, le dernier du recueil :

A Agni.

O Agni, maître généreux, tu te mêles à tout ce qui existe. Dans la demeure de l'Offrande, tu allumes tes feux. Apporte-nous la richesse.

Venez, rassemblez-vous pour vous entendre. Que vos âmes se comprennent. C'est en s'unissant que les antiques dèvas ont obtenu leur part.

Les hommes ici rassemblés n'ont qu'une prière, un vœu, une pensée, une âme. J'offre dans ce sacrifice votre prière et votre holocauste, présentés par une intention commune.

Que vos volontés et vos cœurs soient d'accord, que vos âmes s'entendent, et le bonheur est à vous.

Nous terminerons ce chapitre par une remarque générale touchant le caractère d'Agni. Cet Asura semble né, dans le symbolisme âryen, de la simple observation des phénomènes physiques que présente le feu. Puis, la réflexion se portant sur le développement de la vie dans les corps des plantes et des animaux, l'on en attribua l'origine à ce même principe igné, qui dès lors prit un caractère spiritualiste. Cette notion reçut une extension nouvelle, lorsqu'on s'aperçut que les formes des choses sont le produit et l'accompagnement constant de la vie. En outre l'union étroite des formes de toute nature avec l'intelligence qui les conçoit et qui ne serait rien sans elles, conduisit les prêtres âryens à voir dans Agni un principe tout spirituel, un être très-intelligent, une personne morale. Enfin, l'ubiquité de son action, selon les lieux et selon les temps, en faisait le Principe universel de la vie et de la pensée et l'auteur de tout bien. C'était presque Dieu; la notion de Brahmâ était sur le point d'éclore. Aussi trouvons-nous dans le Rig-Vêda un grand nombre d'hymnes où Agni est conçu comme une véritable personne divine, comme un esprit pur, très-parfait, auteur de toutes choses et maître du monde; producteur des hommes, il leur donne la vie, afin qu'ils l'aiment comme un père, qu'ils le servent et que par là ils parviennent au bonheur et à l'immortalité. Voici la belle prière de l'angiras *Hiraṇyastûpa*, I, 53 :

A Agni.

Agni, tu as été l'antique *riśi* Angiras. Dèva, tu es l'heureux ami des autres dèvas. Dans ton œuvre sainte sont nés les Maruts, sages, agissant avec prudence, et chargés d'offrandes.

Agni, toi le premier et le plus grand des pontifes, sage, tu pares les cérémonies sacrées ; tu es né de deux mères. Puissant et intelligent, pour le bien de l'homme et des mondes, tu reposes partout dans la nature.

Agni, montre-toi d'abord à Màtariçwan (le Vent) : qu'il vienne avec respect te donner des forces. Que le ciel et la terre soient illuminés ; choisi pour notre sacrificateur, porte notre offrande. O toi notre refuge, exerce ta haute fonction.

Agni, c'est toi qui as révélé à Manu, la région du ciel, toi qui as été généreux pour le généreux Purûravas. Quand du sein de tes parents, tu as été extrait par le frottement, on t'a porté d'abord du côté de l'orient, puis du côté opposé.

Agni bienfaisant, auteur de notre prospérité, tu es digne d'être célébré par celui qui, élevant le calice, connaît la vertu des invocations et des prières. Agni, tu es la vie ; tu es le protecteur de l'homme.

Agni, sage, tu places dans la bonne voie l'homme qui s'égarait dans la mauvaise. Dans ces rencontres où le combat s'engage, où le guerrier va recueillir un heureux butin, c'est par toi que quelques hommes triomphent de la multitude.

Agni, tu entretiens chaque jour dans une sorte d'abondance immortelle l'homme qui t'honore ; ton sage serviteur obtient de toi le bonheur et la nourriture qu'il désire, dans les deux espèces.

Agni, pour prix de nos louanges, donne au père de famille, qui t'implore, la gloire et la richesse ; à nos hommages nous ajouterons des hommages nouveaux. Ciel et terre, protégez-nous avec les autres dieux.

Agni, à côté des parents qui t'ont produit, dieu vigilant et irrépréhensible parmi les dieux, toi qui t'es donné une forme sensible, sois-nous propice : accueille le sacrifice du père de famille. Toi qui possèdes la fortune, tu peux bien conférer la richesse.

Agni, tu es pour nous un défenseur prudent et un père : à toi nous devons la vie, nous sommes ta famille. En toi sont les biens par centaines, par milliers; invincible, tu es la force des héros et le gardien des sacrifices.

Agni, alors que tu pris une forme humaine pour le bien de l'humanité, les dèvas te donnèrent comme général à *Nahuśa*. Quand le fils de notre Père naquit, c'est eux aussi qui choisirent *Ilá* pour commander aux enfants de Manu.

Agni, dèva, par tes secours protège nos biens et nos personnes. Tu mérites nos louanges. Tu conserves les vaches du fils de ton fils, toujours attentif à perpétuer ton culte.

Agni, tu étends ta protection sur le serviteur, constant dans ses hommages. Tes quatre yeux brillent et s'allument. Tu chéris la prière du prêtre, qui te présente l'holocauste. Car tu es bon et miséricordieux.

Agni, tu aimes cette richesse enviée, qui est le premier vœu de ton chantre respecté. Protecteur prévoyant du faible, tu reçois le nom de père. Ta haute sagesse gouverne depuis l'enfant jusqu'aux régions célestes.

Agni, l'homme qui se répand en pieuses générosités, tu le couvres de tout côté d'une épaisse cuirasse. Celui qui aux agréments qu'il prépare à ses hôtes, aux doux aliments qu'il leur donne, ajoute encore l'offrande au prêtre, ne peut être comparé qu'au ciel.

Agni, si nous avons péché, si nous avons marché loin de toi, pardonne-nous : tu es un parent, un père, un défenseur prévoyant. En faveur des hommes qui offrent le sôma, tu apparais pour accomplir le sacrifice.

Agni, toi qui fus Angiras, ô saint, viens ici avec ces sentiments qu'eurent autrefois Manu, Angiras, Yayâti et les anciens. Viens, amène la troupe céleste, fais-les asseoir sur le gazon et consomme le sacrifice.

Agni, que ta grandeur croisse par l'effet de cet hymne, que nous t'adressons suivant nos forces et notre science. Conduis-nous à la fortune, et accorde nous l'abondance avec la sagesse.

CHAPITRE XIV

LES SYMBOLES

II. SÛRYA. SYMBOLIQUE DU SOLEIL

Nous verrons, dans le chapitre suivant, comment la notion d'*Agni*, dépouillée de ce qu'elle pouvait avoir de symbolique, devint pendant la période même du Vêda une idée fondamentale, autour de laquelle tous les symboles tendirent à se grouper. Nous allons, dans celui-ci, donner une expositiou abrégée de ces derniers.

I.

La nature, prise dans son ensemble, porte le nom d'*Aditi*, qui veut dire *indivise*. Ce mot ne désigne pas l'indivisibilité substantielle d'un principe métaphysique, comme *éka*, unique, et *aćêdya*, que l'on ne peut partager; il exprime seulement l'ensemble de toutes les choses naturelles, considérées dans leur totalité.

« Aditi, c'est le ciel; Aditi, c'est l'air; Aditi, c'est la mère,

le père et le fils ; Aditi, c'est tous les dieux et les cinq espèces d'êtres ; Aditi, c'est ce qui est né et ce qui naîtra. »
(Gôtama, I, 169).

Le nom d'*Aditi* est d'autant plus intéressant qu'ayant apparu dans le monde gréco-alexandrin au temps des Ptolémées, il pourra devenir, dans la critique moderne, un point de départ pour les recherches relatives à l'influence exercée par l'Inde sur l'Occident à cette époque. Ce fait quand il aura été élucidé, pourra sembler plus important encore, si l'on observe que le personnage, très-indécis dans ses formes, de la grande Aditi, a presque disparu dans le panthéon indien des temps postérieurs au Vêda, de sorte que l'on arrivera peut-être à conclure que les Hymnes du Vêda ont été positivement connus dans Alexandrie.

Quoi qu'il en doive être, *Aditi* engendre les *Adityas*, qui sont au nombre de douze et qui, dans la mythologie brâhmanique, semblent répondre aux douze grandes divisions du ciel, c'est-à-dire, en un sens plus restreint, aux douze mois de l'année. Mais dans le Vêda cette signification n'est pas encore définie : les Adityas paraissent être bien plutôt des points de vue généraux pris, soit sur le monde visible tout entier, soit sur le Soleil et ses diverses énergies. Par exemple il est difficile de penser que *Pûśan, Vivaswat* et *Viṣṇu* soient autre chose que le Soleil, et ces trois êtres idéaux sont pourtant des *âdityas.* Parmi ces douze conceptions, un peu vagues encore dans le Vêda, il en est trois dont les noms se présentent ordinairement ensemble et sont invoqués à la fois : c'est *Mitra, Varuṇa* et *Aryaman*. On s'accorde aujourd'hui à considérer l'âditya *Varuṇa* comme étant l'Asura du ciel étoilé. C'est en effet ce qui ressort assez bien des versets suivants, attribués à un poëte ancien souvent nommé dans les Hymnes, à *Çunaṣçêp'a* :

Varuṇa.

... Sans racines, règne *Varuṇa*, fort et pur, trésor élevé de rayons lumineux. Ces rayons descendent, mais leurs racines sont en haut. Puissent-ils briller pour nous au milieu des airs !

C'est lui, c'est le royal *Varuṇa* qui prépara au soleil cette large voie où il poursuit sa route ; qui, dans une région dépourvue de chemins, en fit un pour le Voyageur...

Ces étoiles qui brillent au-dessus de nos têtes apparaissent la nuit, et avec le jour elles se retirent ; la lune aussi vient la nuit étaler ses splendeurs : l'œuvre de *Varuṇa* n'est jamais interrompue...

(*Çunaṣçêpa*, I, 40.)

On dit que *Varuṇa*, dont le nom vient de *vṛi*, couvrir, comme pour désigner le ciel étoilé qui est pareil à « une toile » jetée sur le monde, répond à l'Οὐρανὸς des Grecs, et que ces deux mots n'en font qu'un par leur étymologie. Cette explication du nom d'Uranus n'est pas invraisemblable, sans que cependant elle soit jusqu'à présent parfaitement établie ; il faut considérer en effet que si *Varuṇa* préside au ciel étoilé, *Mitra* semble présider au ciel de jour, et *Aryaman* à l'un et à l'autre. On voit même, dans les hymnes de Vâmadêva, l'âditya *Varuṇa* presque identifié avec *Indra*, qui est une entité symbolique d'un ordre inférieur, et transformé en un véritable guerrier céleste, patron des xattriyas. Cette fonction, attribué par le poëte à *Varuṇa*, ne l'empêche pas de faire de cet âditya une sorte de producteur universel des choses ; et ce grand rôle lui est également assigné par les poëtes de la famille d'Atri. Au contraire *Dîrġatamas*, dont les hymnes marquent un génie beaucoup plus net et une science des symboles beaucoup plus précise, départit aux deux âdityas *Mitra* et *Varuṇa* le rôle que nous croyons être le véritable ;

Vos vêtements sont amples et magnifiques. Quand vous les quittez, vous le faites avec sagesse, et ils ne se trouvent jamais déchirés...

Votre enfant (le Soleil) porte le fardeau de ce monde, soutenant ce qui est bon, repoussant ce qui est mauvais.

Nous voyons cet époux des jeunes Aurores s'avancer, poursuivre sa révolution, et couvrir ces espaces élevés et vastes, demeure de *Mitra* et de *Varuṇa*.

Sur le même sujet, on peut lire encore plusieurs hymnes très-beaux de *Vasiṣṭa* (III, 149 et suiv.), qui sont d'accord avec la pensée de *Dîrġatamas*.

On peut donc admettre, avec le commentateur Sâyana, que ces deux fils d'Aditi représentent le Jour et la Nuit, dans ce que ces phénomènes ont de plus général et par conséquent de moins figuré. Quant au nom de Mitra, qui signifie ordinairement *ami*, nous pensons qu'il a ici une autre valeur et qu'il vient de la racine *mâ*, mesurer, qui fait au participe *mita*, et que, sauf le genre, il est identique au grec μέτρον. Il désignerait ainsi l'âditya du ciel, considéré comme mesurable, soit dans le temps, soit dans l'espace. On sait que le nom de *Mitra* joue un rôle important dans la symbolique des Médoperses et qu'il a aussi pénétré dans les cultes grécoromains au temps de leur décadence.

Nous avons hâte d'arriver à des symboles védiques d'une signification plus restreinte et par conséquent plus claire et mieux établie.

II.

Le grand phénomène de la nature visible est évidemment l'apparition du Soleil, avec toutes les conséquences qu'elle entraîne. Les effets produits par la présence de cet astre sont si nombreux et si variés, et en même temps si bien définis et en quelque sorte si bien classés, qu'il a été possible aux anciens prêtres âryas de les représenter par des noms et par des figures mythologiques assez diverses. Presque tout le panthéon védique se rapporte à cet ensemble de phénomènes et présente lui-même une unité, qu'une étude même superficielle des Hymnes fait aisément ressortir. On peut en effet ranger les noms du soleil sous trois chefs, suivant que l'on considère cet astre comme père de la lumière, comme voyageur céleste, ou comme producteur des formes et appariteur de la nature.

Comme auteur de la lumière, il porte le nom de *Sûrya*, qui est le Σείριος des Grecs et le *Sol* des Latins; c'est le Soleil. Le mot *sûrya* vient de la racine *sur* ou *swar*, qui veut dire *briller* et qui, prise comme substantif, répond au Σείρ des anciens Grecs. Il est de toute vraisemblance que le nom grec ordinaire du Soleil, Ἥλιος, est lui-même, ainsi que Σελήνη la Lune, une transformation plus complète du nom védique *Sûrya*. Ce Brillant s'appelle encore *Çukra*, mot qui a la même signification, et *Haṅsa* (all. *gans*, gr. χήν) qui veut dire *Cygne*; le Vêda n'explique pas cette allégorie, qui se retrouve chez les Grecs dans le récit des amours du Cygne et de Lêda. Ce manque d'interprétation, fait rare dans les Hymnes, est un indice de la haute antiquité de ce symbole, lequel du reste ne doit pas nous surprendre quand nous voyons, de nos jours encore et chez nous, l'Esprit divin représenté sous la figure d'une colombe, sans qu'il soit possible à la majeure partie des chrétiens et même des prêtres de rendre raison de cette allégorie. Le Cygne, Hansa, est demeuré dans la théologie brâhmanique comme un terme usuel pour désigner l'âme du monde, Paramâtmâ.

Au rôle de Voyageur que remplit le Soleil se rattache la légende du Nain, déjà toute entière dans le Vêda, reprise et développée postérieurement par la poésie brâhmanique jusqu'à nos jours. Quand le Soleil se lève, il semble qu'il gît à terre comme un petit enfant nouveau né, mal venu, avec une grosse tête qui ne s'élève guère au-dessus du sol. Mais ce nain ne tarde pas à grandir, il s'élance, s'empare du haut du ciel, domine le monde entier, le maîtrise, et, après lui avoir fait sentir sa puissance, va se reposer à l'horizon du couchant. Et ainsi chaque jour. Dans sa station supérieure, ce nain porte le nom de *Viṣṇu*, devenu célèbre dans les temps postérieurs, mais qui n'est ici qu'un simple âditya solaire.

O *Viṣṇu*, ton corps est immense, et nul n'en peut mesurer la grandeur. Nous connaissons deux de tes stations, qui touchent à la terre; toi seul connais la plus élevée, véritablement divine....

Ce dieu dans sa grandeur a mesuré en trois pas ce monde brillant de cent rayons. Que *Viṣṇu* soit célébré comme le plus rapide des êtres; mais sa gloire est aussi dans sa brillante solidité....

Rayonnant *Viṣṇu*, je chante ta gloire aujourd'hui, moi qui suis maître dans la science sacrée. Faible, je célèbre un fort tel que toi, qui habites loin de notre monde.

O *Viṣṇu*, pourquoi quitter ta forme, sous laquelle tu t'es écrié : je suis le Rayonnant? Ne nous cache pas cette beauté, que nous avons admirée quand tu es venu parmi nous.

(*Vasiṣṭa*, III, 175.)

Je chante les exploits de *Viṣṇu* qui a créé les splendeurs terrestres, qui par ses trois pas a formé l'étendue céleste, de *Viṣṇu* partout célébré...

Ses trois pas immortels sont marqués par de douces libations et par d'heureuses offrandes. C'est *Visṇu* qui soutient trois choses, la terre, le ciel, tous les mondes.

Deux des stations de ce dieu touchent au domaine des mortels. La troisième est inaccessible à tous, même à l'oiseau qui vole...

Visṇu a développé la force suprême qui fait briller le jour, et, uni à ses amis, il a ouvert le pâturage.

Que le divin *Visṇu*, plus puissant que le puissant Indra, daigne se joindre à lui. Que le Sage, qui siége en trois stations, se plaise à notre sacrifice, et permette à l'Arya qui le lui offre d'en recueillir le fruit.

(*Dirĵatamas*, I, 363 et sq.)

Le nom de *Visṇu* vient de la racine *viç*, qui veut dire pénétrer, et il exprime la force pénétrante des rayons du Soleil à sa station de midi.

L'approche du Soleil, au moment de l'aurore, fait apparaître les formes des objets que la nuit avait rendues invisibles. La cécité, que les ténèbres nocturnes infligent à l'homme pour un temps, est un sujet de chants plaintifs et de métaphores hardies, qui revient assez souvent dans le Vêda. Ce mal est guéri par l'Asura dont la lumière semble chaque jour engendrer les formes des choses. C'est cette génération solaire des choses visibles qui porte le nom de *Savana*, et dans laquelle on distingue trois moments principaux, qui sont les trois pas de *Visṇu*. Le Soleil, ou pour mieux dire l'Asura du Soleil, l'âditya, dont cet astre est le char et projette au loin la splendeur, porte le nom de *Savitṛi*, quand on l'envisage comme producteur des formes. Par cette production, il ne faut pas entendre une création, au sens propre de ce dernier mot; car il n'est point question, dans le rôle de *Savitṛi*, d'un acte d'où proviendrait la substance même des choses; cette idée de créer ne semble pas être dans le Vêda, et l'on peut même douter qu'elle ait jamais paru dans les doctrines indiennes. Il s'agit exclusivement des formes, objets des sens et particulièrement de la vue : *Ćaxus*, l'œil, est fils de *Sûrya*. Que le fait exprimé par le mot *savana* soit une production par voie de génération, c'est ce que prouvent tous les mots sanscrits dérivés de la racine *sû*, entre autre *sunu* et *suta*, qui veulent dire *fils*. Or la génération ne produit que des formes et n'atteint jamais les substances, la même matière servant indéfiniment à des suites d'êtres vivants des formes les plus variées.

..... Le divin *Savitṛi*, revenu vers nous, établit chacun à son poste, dieu et mortel. Il apparaît sur son char d'or, et de son regard embrasse les mondes.

Le dieu, ami de nos sacrifices, suivra deux routes, l'une ascendante, l'autre descendante; il arrive, traîné par deux chevaux lumineux. Le divin *Savitṛi* vient de la région lointaine, pour détruire tout ce qui est mal.

Sur ce large char qui s'avance vers nous, tout brillant d'ornements d'or et pressé par un aiguillon d'or, *Savitṛi* est monté, resplendissant de mille lumières, digne de nos hommages.

Ses chevaux noirs allongent leurs pieds blancs, et sur un char dont le train est d'or, ils amènent la lumière aux hommes; devant le char du divin *Savitṛi* se lèvent toujours et les mortels et tous les êtres....

Le noble Asura s'élève par un mouvement insensible, et vient, comme porté sur des ailes, se révéler aux cieux.....

Savitri, à l'œil d'or, éclaire les huit régions de la terre, les êtres qui habitent les trois mondes et les Sept-Fleuves....

O *Savitri*, par ces routes antiques et solides, faciles et sans poussière, que tu suis dans le ciel, viens aujourd'hui pour nous garder, et daigne converser avec nous.

(*Hiraṇyastûpa*, I, 66.)

A *Savitri*.

Le divin *Savitri* qui travaille constamment à produire, et qui porte les êtres, vient de se lever pour son œuvre......

Il étend au loin ses longs bras. Et pendant qu'il poursuit sa route, sous lui se jouent les Eaux purifiantes et le Vent qui tournoie.

...... La nuit poursuit l'œuvre de *Savitri*.

Partageant avec lui de moitié, elle s'occupe à tisser sa grande toile. Cependant le sage comprend que la puissance du Producteur n'est pas éteinte. Car, il sort, il reparaît, et l'infatigable vient pour marquer les divisions du temps......

Il marche vers le terme de sa route, vainqueur de tous ses ennemis et désiré de tous les vivants. Alors il quitte une tâche, dont l'autre moitié ne le regarde plus.

On le demande; on cherche avec inquiétude, dans les plaines désertes de l'air, l'habitant céleste qui devrait s'y trouver. Mais, la forêt silencieuse n'est pas pour cela sans oiseaux : rien ne saurait détruire les œuvres du divin *Savitri*...

Les oiseaux, les animaux, sont tous dans les retraites diverses que leur a assignées *Savitri*... (*Gṛitsamadá*, I, 517.)

Celui qui par sa lumière met au jour toutes les formes visibles, est aussi celui qui les entretient par sa lumière ; s'il en est le procréateur, il en est aussi le nourricier et peut à ce titre être nommé *Pûśan*, de la racine *pûś*, qui signifie nourrir. Et il ne s'agit pas seulement ici des figures immobiles des corps inorganiques; le Nourricier entretient aussi, par sa vertu vivifiante d'Asura, tous les êtres animés; il leur montre les choses qui sont nécessaires à l'entretien de leur vie; il les montre les uns aux autres, pour qu'ils se recherchent ou s'évitent; il leur procure tous les biens. D'ailleurs il est aisé de comprendre que les choses ne sont utiles que par leurs formes, leur matière n'ayant par elle-même aucune valeur. Qu'est-ce en effet qu'un morceau de pierre ou de fer? Qu'est-ce que l'eau informe ou la motte d'argile? Mais la pierre taillée et dressée fait une maison, le fer une charrue ou un glaive, l'eau et la terre la plante vivante, avec ses fruits et ses sucs bienfaisants. L'auteur des formes peut donc, aussi bien que *Twastri*, aussi bien que *Agni*, être appelé *Viçwâvasu*, possesseur de tous les biens, ou *B'aga*, le fortuné. Ce sont là des noms sous lesquels on désigne souvent le grand Asura du Soleil.

Ce rôle, comme on le voit, mêle intimement Sûrya aux actes journaliers, aux phénomènes universels de la vie. Comme *Vivaswat* il y est mêlé plus intimement encore. En effet il faut entendre par ce mot une puissance qui habite, qui réside dans tous les êtres en les pénétrant; car ce mot est formé de *vas* qui veut dire séjourner, demeurer, et du préfixe *vi* qui ajoute quelque force à la racine. C'est surtout comme producteur des formes que Sûrya porte ce nom : on voit dans un hymne attribué à *Dêvaçravas* (IV, 158) et dans un autre attribué au fameux *Nâbânêdiṣṭa* (IV, 175), que *Vivaswat* avait épousé la fille de *Twaṣṭri*, *Savarṇâ*, dont le nom signifie Celle-qui-porte-avec-elle-la-couleur, c'est-à-dire, en langage moderne, le principe de la coloration. La couleur est un de ces grands phénomènes naturels qui peuvent frapper les esprits les moins réfléchis ; sans elle, il n'y a pas de formes que l'on puisse apercevoir; et sans formes visibles, le monde, pareil à la nuit, serait pour nous tous ce qu'il est pour les aveugles nés. Or on sait que ces malheureux ne peuvent vivre sans le secours des autres, qui voient pour eux, ni développer leur intelligence que par l'action directe des clairvoyants. L'union étroite de la forme avec la couleur et de ces deux choses avec la vie et avec l'intelligence, explique suffisamment, selon nous, pourquoi *Vivaswat*, résidant dans les êtres par son *asuryam*, y épouse *Savarṇâ*, et devient par elle père de *Manu*, qui est le symbole et le père de l'humanité pensante (*man*, penser).

Twaṣṭri marie sa fille : tous les êtres sont assemblés. L'épouse du grand Vivaswat apparaît et devient la mère de Yama…

On voit par là que celui qui réside en tous les êtres, *Vivaswat*, est aussi le père du dieu de la mort. Tel est en effet le rôle ordinaire de Yama dans les Hymnes. Cette généalogie nous paraît s'expliquer, pour ainsi dire, d'elle-même, par le simple spectacle des faits naturels, auxquels il faut toujours se reporter quand on lit le Vêda. En effet *Vivaswat* et *Savarṇâ*, étant les parents de Manu et les auteurs de sa vie, sont aussi ceux qui donnent à son existence la mesure dans laquelle elle est contenue. C'est précisément le sens étymologique du mot *yam*, qui signifie maintenir, contenir. Puisque le même principe engendre, entretient et finit l'existence réelle des êtres vivants, c'est lui aussi qui impose à ces formes périodiques qui les constituent, la loi de leur développement. L'application de cette loi se continue après la mort, soit pour le corps, dont les formes ne se détruisent pas subitement, soit pour l'âme, qui est immortelle; ainsi la même énergie divine préside également à la mort et à la loi. Le dieu des morts, Yama, porte aussi le nom de *Darma*, qui est la justice ou, pour mieux dire, le Code de la loi. Ce côté tout moral et abstrait de la fonction symbolique de Yama est beaucoup moins développé dans les Hymnes du Rig qu'il ne le fut plus tard; mais il s'y rencontre déjà.

Du reste la parenté symbolique de *Vivaswat*, de *Manu* et de *Yama*, dieu de la justice et de la mort, est une conception de beaucoup antérieure à la période du Vêda; car nous la retrouvons complète chez les Iraniens ou Mêdo-Perses, dont le livre sacré, l'Avesta, qui n'est pas une imitation des Hymnes indiens, nous montre aussi *Vivanghat* comme père du genre humain et de *Yima*. Et si l'on s'avance plus à l'ouest, on retrouve encore la même fraternité entre l'antique législateur crétois, *Minos*, et *Rhadamanthe*, tous deux fils de Jupiter, qui est le dieu du ciel, *divaspatir*, ou *Savitri*. Quant à Rhadamanthe, il est possible de l'identifier avec *Yama* : ce dernier se nomme en effet *darma-râja*, ce qui signifie roi de la justice ; par une transposition des deux éléments du mot, laquelle a pu s'opérer soit d'elle-même, soit par l'influence sémitique (puisque c'est de la Phénicie que les princes Crétois étaient venus), on obtient *râja-darma* ; or les modifications subies, dans l'Inde même, par ces mots, nous les montrent devenant *râo* puis même *râ*, et *damma* en pâli ; si *râ-damma* a pu être un instant la forme populaire de *râja-darma*, comme cela est incontestable, un simple suffixe, très-commun dans la langue grecque, achèvera d'expliquer le sens du nom de Rhadamanthe.

Un cortége symbolique entoure dans le Vêda le nom de Yama, dieu des morts. L'étendue de cet Essai ne nous permet pas de le développer ici. Nous appelons seulement l'attention sur *Saramâ*, la chienne divine, qui semble avoir pour identique, sous une forme humaine, l'Hermès psychopompe des Grecs; et sur les chiens de Yama, aux quatre yeux, au poil fauve, aux larges naseaux, qui étant réunis en un seul animal monstrueux peuvent bien être identiques au Cerbère de la mythologie des Hellènes.

Revenons à *Savitṛi*. Ce puissant Asura, par la vertu de ses rayons, pleins de chaleur aussi bien que de lumière, soulève les odeurs, les transporte dans l'air, ou, d'une autre manière, les produit dans les plantes, les y filtre, comme dit le poëte, et en est conséquemment à la fois l'auteur et le véhicule. Nous pensons que c'est à ce grand phénomène naturel que répond encore ici le nom de *Gandarva*, donné au Soleil un grand nombre de fois dans les Hymnes. C'est à un fait du même genre que se rapporte évidemment le surnom de *Pâpi*, buveur; car les rayons du soleil absorbent et boivent pour ainsi dire toutes les matières liquides répandues sur les objets ou en eux. Lorsque, dans le sacrifice, qui est comme un abrégé du grand acte de la nature, on voulut représenter ces phénomènes par un symbole, on offrit à l'Asura du Ciel, par l'intermédiaire d'Agni, un breuvage sacré volatil et odoriférant, le *sôma*. Pour représenter les aliments solides que consomme également l'ardent soleil, les corps des animaux et des plantes qu'il absorbe dans son vaste corps glorieux, on lui offrit le lait caillé, *dadi*, et on lui donna à lui-même le surnom de *Dadikrâs*, qui-vient-au-caillé. Ce *Dadikrâs* est un coursier céleste, généreux, vif, rapide, impétueux, héroïque et resplendissant, donné aux hommes par *Mitra* et *Varuṇa*.

A sa vivacité on dirait l'oiseau de proie qui bat de son aile empressée; on dirait l'épervier qui plane dans le ciel.

(*Vâmadéva*, II, 183.)

Dadikrâs est même identifié avec *Haṅsa*, le Cygne céleste, symbole de Sûrya. Ce n'est pas les seuls animaux sous la figure desquels ces Asuras soient représentés.

III.

Cette intervention de l'énergie productrice du Soleil dans les choses réelles nous conduit naturellement à parler d'*Indra* lequel n'est autre que *Savitṛi* lui-même, conçu sous une forme plus précise et contenu, quant à son action, dans un ordre de phénomènes plus déterminé. Nous allons donc, dans cette étude, en quelque sorte du plus au moins : après avoir donné une idée générale de ce que les poëtes vêdiques entendaient par Asura, nous avons vu cette idée se préciser davantage sous la grande figure d'Agni ; la personnification est plus complète, les formes et les fonctions mieux arrêtées dans les Adityas, et surtout dans *Savitṛi*; elles le sont entièrement dans *Indra*, lequel peut, d'après le seul Vêda, être représenté par la peinture et par la sculpture. Avec ce dieu, nous atteignons ainsi le dernier terme de l'anthropomorphisme.

Indra est l'énergie atmosphérique du Soleil ; c'est là sa vraie nature. Les efforts constants des poëtes âryas vers l'unité les ont conduits quelquefois à agrandir le domaine de ce dieu, à faire de lui l'égal de *Savitṛi*, d'Agni même, et à le présenter comme l'universel et unique Principe de vie. Mais c'est là une déviation de l'idée primitive, ainsi que le prouve le symbole que nous allons décrire tout à l'heure. Il se peut aussi que des tendances privées, qui n'avaient rien de philosophique, aient poussé certains poëtes xattriyas, tels que Viçwâmitra et les siens, à donner une sorte de prépondérance à Indra, qui était en effet par excellence le dieu et le symbole des xattriyas; mais, par le fait, on voit que, dans le panthéon brâhmanique issu du Vêda, ce dieu n'a jamais pu prendre le premier rang, qu'*Agni*, sous le nom de *Brahmâ*, s'est trouvé placé fort au-dessus de lui, que *Viṡṇu*, simple âditya des régions éthérées, s'est mis à côté de Brahmâ, que plus tard *Çiva* lui-même, qui ne se rencontre pas dans le Rig-Vêda ou qui n'y est que l'Asura du Vent, a conquis un rang égal à celui de *Viṡṇu* : tandis que Indra est demeuré le chef des dieux inférieurs, ou, comme dit Mgr Pallegoix, évêque de Siam, le Roi des Anges.

Il suffit d'ouvrir les yeux au spectacle des airs, pour assister à la plus grande lutte dont le monde nous offre le tableau. Les luttes des plantes qui se tuent et se dévorent entre elles, celles des animaux qui se poursuivent, s'atteignent, se déchirent et se mangent, celles de l'homme même dans ses grands combats, sont petites, bornées, individuelles, à peine collectives, et, vues de loin, elles sont insaisissables. Mais dans le vaste « transparent des airs, » les hommes intelligents voient se dérouler, à travers les plus ardentes péripéties, la lutte du Soleil et du Nuage. Les combattants ont pour champ de bataille l'atmosphère, pour armures l'obscurité et la lumière, pour armes la foudre. Le ciel était bleu au lever du jour et laissait tomber encore le froid de la nuit; Sûrya se lève, ses rayons pénétrants réchauffent la terre et les corps réveillés des animaux et des plantes; la vie semble renaître. Mais voici que, le long des flancs obliques de la montagne, se forme une petite nuée, qui est comme une vapeur légère et blanche ; elle grossit, elle s'allonge, elle se traîne comme un serpent, et chauffe au soleil son dos qui grandit toujours. La voilà devenue un nuage, qui s'étend, entoure le mont comme un parasol, s'élargit dans l'air, gagne le haut du ciel, s'empare de toute l'atmosphère, couvre la terre de ténèbres et la dérobe entièrement au jour. Mais l'ardent Sûrya lance au-dessus ses rayons, perce le vaste corps du nuage, l'échauffe, le brûle, le fait tournoyer comme par une force pénétrante et inévitable ; la foudre est lancée de toutes parts, des roulements infinis parcourent l'étendue des cieux. Le nuage se fond en eau; le soleil se montre à travers ses lambeaux dispersés; et l'empire du ciel est reconquis. Voilà la guerre, sans cesse renouvelée, à laquelle assistaient les Aryas, et que nous pouvons souvent contempler nous-mêmes. Elle les intéressait d'autant plus, que les régions continentales du midi ne connaissent guère d'autres pluies que celle de l'orage, et que c'est de l'orage qu'elles attendent les eaux fécondantes du ciel, c'est-à-dire les aliments et la vie. La sécheresse est leur fléau destructeur ; l'ouragan est leur ami ; qu'il brise des arbres et emporte des maisons, pourvu qu'il pleuve.

Symbolisez. J'appelle *Indra* la puissance météorique du Soleil ; *Ahi, Çusna, Vritra,* le nuage sous ses divers aspects ; *Maruts,* les vents déchaînés. Indra ne va-t-il pas jouer dans les airs le même rôle qu'un roi puissant à la tête de son armée ? C'est le dieu de la lutte par excellence : on l'appelle *Indra* de la racine *ind,* régner, *Arya* comme les nobles seigneurs du temps, *Susipra,* au beau nez, pour distinguer le chef, par ce signe de noblesse, des ennemis au nez aplati que l'on appelait Dasyus, et que l'on nomme ici Dânavas ; on le nomme *Xattriya,* comme les princes féodaux ; on le nomme *Râja,* car il est vraiment le Roi des cieux ; il est *Div,* c'est-à-dire paré de vêtements brillants ; il est *Çakra,* c'est-à-dire puissant. Voici maintenant son cortége et son œuvre, comme le Vêda nous les présente.

Quand la nuit touche à son terme, une fine lueur se répand d'en haut et commence à rendre visibles les silhouettes des arbres et des collines. L'âne s'éveille le premier et donne avis à toute la nature que le Roi du ciel est en route et qu'il approche. C'est cette bête, si belle dans les contrées du midi, et dont la nôtre n'est qu'une grotesque dégradation, que les

Aryas ont donnée pour attelage aux Cavaliers célestes, aux deux *Açwins* véridiques, courriers matinaux et médecins vigilants, qui viennent, avec la clarté pour remède, guérir la nature entière des maux et des erreurs de la nuit.

Ecoutez l'hymne que chantait en votre honneur un homme errant dans les ténèbres, hymne que j'ai répété en recouvrant la vue par votre protection, ô Açwins, auteurs de tout bien.

(*Kaxîvat*, I, 241.)

Avec vos coursiers aux ailes d'or, rapides, doux, innocents, s'éveillant avec l'aurore, humides de rosée, heureux et disposés à faire des heureux, venez à nos sacrifices, comme les abeilles au miel...

Vos rayons avec le jour repoussent les ténèbres et projettent au loin dans l'air des lueurs brillantes. Le Soleil attèle ses coursiers.....

(*Vâmadêva*, I, 191.)

Le char des Açwins a trois siéges, sur un desquels est placée la fille du Soleil, *Urjanî*, cette charmante lumière, que le regard des dieux suit avec un pur amour ; « la jeune et aimable fille » est emportée par eux dans leur course circulaire.

Alors apparaît l'Aurore, sœur de la Nuit ; elle est sur un char éclatant ; rougeâtre, elle ouvre les portes rougeâtres de l'Orient ; elle s'avance, elle s'étend, elle remplit le monde de clarté.

Elle se dévoile, comme une femme couverte de parures ; elle semble se lever et se montrer à la vue, comme une femme qui sort du bain. Elle a tissé la plus belle des toiles; et toujours jeune elle précède à l'orient la grande lumière.

(*Satyaçravas*, II, 375.)

En effet voici le Roi lui-même, voici Indra. Le ciel n'est plus rougeâtre; les Açwins ont été plus loin vers l'occident; l'Aurore disparaît comme eux; c'est le cortége royal qui va venir.

Indra est monté sur un char d'or, traîné par des coursiers jaunes; il est lui-même tout resplendissant d'or; il porte la tiare étincelante; dans une main, l'arc d'or; dans l'autre, la foudre, qui est sa flèche; sur son char, le disque d'or, aux bords tranchants. Il a pour cocher l'habile et prudent *Mâtali*.

A Indra.

O Indra, qu'il te soit agréable, ce sôma extrait de nos mortiers. Aime à venir à nous avec tes chevaux. Monte sur ton char de couleur jaune.

Par amour, tu amènes l'Aurore, tu allumes le Soleil. Sage et prévoyant, Indra aux chevaux jaunes (Haryaçwa), tu donnes au monde sa brillante parure.

Jaune est la voûte du ciel, jaune est la surface de la terre; et c'est Indra qui a consolidé ces deux grands corps jaunes, entre lesquels, Jaune (Hari) lui-même, il circule pour les entretenir.

Le dieu aux jaunes coursiers, bienfaisant et jaune, illumine le monde entier. Il porte dans ses bras une arme jaune, la foudre aux jaunes reflets.

Oui, Indra tient sa foudre jaunissante, ardente, entourée de traits éblouissants. Avec ses chevaux, il a fait sortir, à la fois, le sôma de nos mortiers et les vaches.

(*Viçwâmitra*, II, 65.)

L'escorte de Hari est composée des *Maruts,* qui sont au nombre de soixante-trois ; *Mâtariçwan* (le chien de Mâtali?) est leur chef; il complète le nombre soixante-quatre, qui est celui des divisions de la rose des vents. Les Maruts sont traînés par des antilopes, les plus rapides des animaux. Fils de *Prisni,* qui est la terre montueuse, ou de *Sindu,* qui est l'Indus, ils vont avec bruit autour de leur seigneur, prêts à le soutenir dans la lutte. Du reste, eux-mêmes sont tous des princes et méritent le nom d'Aryas et de Xattriyas, comme Indra, qui est leur suzerain et leur chef de guerre.

Aux Maruts.

Nobles Maruts, quand du haut du ciel, au lever du Soleil, vous vous abandonnez à l'ivresse, vos coursiers ne doivent point éprouver de fatigue...

Prudents enfants de Prisni, habiles archers, couverts d'armes retentissantes, pourvus de glaives, de flèches, de carquois, de traits menaçants, montés sur de beaux chars et maîtres d'excellents coursiers, ô Maruts, vous vous avancez avec pompe.....

Chargés de vapeurs humides, rayonnants, parés de bracelets et de colliers d'or, ces nobles héros ont du haut du ciel mérité nos louanges et un renom immortel.

O Maruts, sur vos épaules reposent vos glaives ; dans vos bras sont la force, la vigueur et la puissance. Sur vos têtes brillent des aigrettes d'or...

Agitez le ciel et les montagnes, versez des trésors sur votre serviteur. Les forêts ont tremblé de crainte sur votre passage. Ebranlez la terre, enfants de Prisni. Pour le bonheur, vous avez attelé vos antilopes...

Bons et grands, traînés par des coursiers noirs ou jaunes, ils s'étendent aussi loin que le ciel.

(Çyâvâçwa, II, 338, 343.)

Tout ce cortége bruyant, mouvant et lumineux, dont les armes se choquent et dont les fouets claquent au milieu des airs, s'avance vers le foyer d'Agni, s'y arrête un instant, y reçoit de la main du prêtre et par l'entremise du Feu sacré, le sôma, liqueur ardente des guerriers, et les aliments solides de l'offrande. Indra et « la brillante armée des rapides Maruts » sont prêts désormais à engager le combat.

Déjà en effet, en présence d'Indra qui s'avance, *Ahi*, le Serpent, fait glisser son corps vaporeux dans les airs, et rassemble des montagnes de nuages. *Çuṡna*, le Sec, tient les eaux suspendues dans l'atmosphère, les refuse à la terre, dessèche les plaines et les collines, tarit les fleuves, fait périr de faim et de maladie les troupeaux et les hommes ; le Sacrifice languit, l'œuvre de la production de la vie semble près de s'arrêter ; les Asuras ne recevront plus les aliments dont ils ont besoin pour accomplir sans fatigue leur fonction divine. Tous les êtres sont intéressés dans la lutte. *Vritra*, « celui qui couvre » de nuages l'atmosphère, s'est emparé des régions dont Indra est le maître ; il y commande ; il a voilé la face du Resplendissant et a dérobé à la terre la vue de sa majesté. Mais voici Indra qui s'avance armé de la foudre.

A Indra.

Je veux chanter les antiques exploits par lesquels s'est distingué le foudroyant Indra. Il a frappé Ahi; il a répandu les ondes sur la terre; il a déchaîné les torrents des montagnes.

Ahi se cachait dans la montagne; il l'a frappé de cette arme retentissante, fabriquée pour lui par *Twaṣṭri*; et les eaux, telles que des vaches qui courent à leur étable, se sont jetées au Grand-fleuve.

... *Maǵavan* a pris sa foudre qu'il va lancer comme une flèche; il a frappé le premier né des Ahis.

... Aussitôt les charmes de ces magiciens sont détruits; aussitôt tu sembles donner naissance au soleil, au ciel, à l'aurore. L'ennemi a disparu devant toi.

Indra a frappé *Vṛitra*, le plus nébuleux de ses ennemis. De sa foudre puissante et meurtrière, il lui a brisé les membres, tandis qu'Ahi, comme un arbre frappé de la hache, gît étendu sur la terre.

... Il osait provoquer le dieu fort et victorieux... Il n'a pu éviter un engagement mortel, et l'ennemi d'Indra, d'une poussière d'eau, a grossi les rivières.

Privé de pieds, privé de bras, il combattait encore. Indra de sa foudre le frappe à la tête, et *Vṛitra*... tombe déchiré en lambeaux...

La mère de *Vṛitra* s'abaisse; Indra lui porte par dessous un coup mortel; la mère tombe sur le fils. Dànu est étendue, comme une vache avec son veau.

Le corps de *Vṛitra*, balloté au milieu des airs agités et tumultueux, n'est plus qu'une chose sans nom que submergent les eaux. Cependant l'ennemi d'Indra est enseveli dans le sommeil éternel...

Indra, roi du monde mobile et immobile, des animaux apprivoisés et sauvages, armé de la foudre, est aussi roi des hommes. Comme le cercle d'une roue en embrasse les rayons, de même Indra embrasse toutes choses.

(*L'Angiras Hiraṇyastûpa*, I, 57.)

. Le résultat de la bataille est que la vie est rendue aux animaux et aux plantes; c'est l'œuvre d'Indra, prince dispensateur des richesses, trésor inépuisable de l'abondance.

Nous n'avons pas besoin de faire ressortir tout ce qu'il y a de vrai dans ces symboles. Comment seraient-ils faux, puisqu'ils sont faits à l'image de la nature, et produits par la simple observation des faits naturels les plus saisissants? Il ne nous reste plus, pour compléter le tableau, qu'à marquer le rôle des Maruts dans la grande guerre d'Indra et du Nuage, et à montrer comment les poëtes du Vêda ont compris les effets de cette vertu fécondante de la tempête. Nous citerons simplement un hymne de la famille d'Atri, dans lequel *Parjanya*, le Tumultueux, résume en sa personne tous les Maruts réunis.

A *Parjanya*.

Parle devant tous : célèbre par tes chants, honore par tes offrandes le vigoureux *Parjanya*; fécond, rapide, retentissant, il répand une heureuse semence au sein des plantes.

Il déracine les arbres...; avec sa grande arme, il épouvante le monde. La foudre à la main, le bienfaisant *Parjanya* va faisant la guerre aux impies qui retiennent les ondes.

Tel que l'écuyer qui avec le fouet stimule ses chevaux, *Parjanya* se fait annoncer par des coursiers chargés de pluies; et quand il couvre le ciel de nuages, il en sort de longs rugissements.

Les vents soufflent, les éclairs brillent, les plantes croissent, l'air est inondé. La terre renaît pour tous : *Parjanya* a fécondé *Prit'ivî*.

Par toi, ô *Parjanya*, *Prit'ivî* a plié sous son fardeau, les vaches se sont remplies, toutes les plantes ont grandi. Sois donc notre puissant protecteur.

O Maruts, envoyez-nous la pluie du haut du ciel. Que le mâle étalon nous lance sa rosée. Asura, notre père, viens avec la nue où gronde le tonnerre, et répands les eaux sur nous.

Fais entendre ta clameur, tonne; dépose sur terre un germe de vie. Vole de tout côté sur ton char humide. Déchire l'outre du nuage; qu'elle s'épuise sur nous, et que les collines comme les plaines soient inondées.

Ouvre et répands sur nous ce grand trésor. Que les eaux prisonnières s'échappent. Arrose de ce beurre le ciel et la terre. Que nous buvions le lait des vaches.

O *Parjanya*, quand au milieu des murmures des nuages et de la foudre, tu envoies la mort aux méchants, le monde entier tressaille de joie; tout ce qui est sur terre se réjouit.

Tu nous as donné la pluie pour notre bonheur. Tu as rendu la vie aux déserts arides. Tu as produit les plantes utiles à notre existence. Ainsi tu as mérité les hommages des hommes.

(*Bhôma*, fils d'*Atri*, II, 378.)

Indra vainqueur porte avec justice le nom de *Jaya*, le Victorieux, et celui de *Maġavan*, heureux et digne d'hommages. Producteur des pluies fécondantes, il est *b́ara* et *b́arwara*, soutien du monde. Il mérite d'être honoré par cent sacrifices et désigné par le nom de *Çatakratu*. Aussi, c'est principalement à ces puissances agissantes et bienfaitrices que l'on offre le sacrifice du matin; Indra, Vâyu, les Açwins et les Maruts en sont les principaux consommateurs, *b́ôktaras*. C'est pour eux que les liqueurs sacrées, sous la figure des nymphes *Apsarás*, se réunissent dans le grand vase appelé *samudra*; et lorsque ce dernier mot fut, par les chantres védiques, employé pour désigner le grand réservoir des eaux du ciel, les Apsarâs y furent également transportées, pour y être le gracieux ornement de la cour d'Indra et siéger à la source des fleuves.

Tel est l'ensemble de cette mythologie védique, où l'on peut aisément reconnaître des traits identiques à ceux de la mythologie des Grecs. Elle a deux caractères bien remarquables, son unité et sa clarté. Nous n'en donnons ici que l'ensemble et les principaux linéaments; elle se diversifie beaucoup plus dans les Hymnes; et chaque poëte y ajoute les détails que sa tradition ou son imagination lui fournissent. Mais il est bien rare qu'alors les récits ou les conceptions qu'il présente ne s'accordent pas avec les données fondamentales. Du reste beaucoup de développements particuliers se rattachent à un passé lointain; car on les retrouve, sous des formes analogues, chez les Iraniens, les Grecs ou les autres peuples anciens de l'Europe. Quant à la clarté des symboles, elle est telle dans le Véda qu'il ne reste presque aucun doute sur le plus grand nombre d'entre eux, le phénomène naturel étant presque toujours décrit avec le symbole qui le représente. C'est un grand avantage que présente la mythologie du Véda sur celle des Grecs; et, comme celle-ci est en majeure partie venue de la même source que celle des Indiens et qu'elle avait reçu avec elle ses premiers développements dans l'Asie centrale, un tableau complet et explicatif des symboles vêdiques, fait sans arrière-pensée et sans opinion préconçue, serait la meilleure préparation à la symbolique des Grecs et un guide presque toujours sûr pour ceux qui en voudraient faire l'exégèse et en donner l'interprétation. Toutefois, il y aurait toujours un danger à courir : le symbolisme vêdique est tout âryen et n'a rien reçu du dehors; celui des Grecs a emprunté quelque chose, à diverses époques, des peuples de race sémitique et d'autres encore. Il y aurait péril à vouloir tout expliquer par le Vêda, comme il y avait une erreur capitale à faire tout venir de l'Egypte ou de la Phénicie.

Enfin, nous terminerons cet exposé par une remarque importante. Les cultes grecs, et avec eux les symboles, ont été presque tous localisés sur certains points du continent ou des îles : on montrait le lieu où était né Neptune, celui où avait été élevé Jupiter, la petite plaine où Prométhée avait ramassé l'argile dont il avait modelé le premier homme, la forêt où Cérès avait pris une branche de pin résineux, la montagne ardente où elle l'avait allumée, et ainsi du reste; et pour compléter ce système, on avait choisi un pic déterminé pour être le lieu de rendez-vous de tous les dieux à la fois; c'était l'Olympe. Rien de pareil dans le Vêda. La géographie n'est presque pour rien dans ses symboles ; les phénomènes y sont envisagés dans leur universalité ;

l'empire des dêvas, c'est l'univers. Il y a pourtant dans le Rig-Vêda deux ou trois récits localisés : tel est le suivant :

... Une femme, fille du ciel, voulait malheureusement la mort : tu la lui as donnée.
O grand Indra, cette fille du ciel, l'Aurore, se faisait grande ; tu l'as réduite en poudre.
L'Aurore tremblante, ainsi frappée par toi, ô généreux, est tombée de son char réduit en poussière.
Et ce char fracassé s'est affaissé dans la Vipâçâ qui coule au loin....
(*Vâmadéva*, II, 163).

Le commentateur ajoute « dans l'occident. » Il a raison, selons-nous ; car ce récit localisé ne nous semble prouver qu'une chose, c'est que l'auteur de l'hymne habitait à l'orient et à une assez grande distance de la Vipâçâ, qui est l'Hyphase. Cette historiette météorologique est du reste encadrée au milieu de beaucoup d'autres, où sont racontés les miracles opérés par Indra ; et tel est ordinairement le caractère des petits récits symboliques localisés, qui se trouvent çà et là dans le Recueil des Hymnes. Ils n'ont d'autre valeur que de fixer le point de vue où le poëte était placé, et n'intéressent nullement la doctrine générale ni la tradition commune des Aryas du sud-est.

CHAPITRE XV

MÉTAPHYSIQUE DU VÊDA

I.

Le nom d'*asura* est presque toujours un adjectif, employé par le Vêda pour qualifier soit un des êtres symboliques nommés dans les chapitres précédents, soit quelqu'un des objets sacrés renfermés dans l'enceinte du sacrifice et qui contribuent réellement ou par métaphore à la production et à l'entretien de la vie. Lorsque ce mot est pris comme substantif, il désigne un de ces dieux ou un de ces symboles, précédemment nommé dans l'Hymne ou suffisamment connu pour n'avoir pas besoin d'être nommé. Quand il ne désigne pas l'un d'eux expressément, il est toujours au pluriel, et il les désigne tous à la fois avec un sens collectif : les *Asuras*. On doit conclure de là que, au temps des Hymnes, la question de l'origine et de la conservation du monde était résolue par la pluralité des principes de vie, et qu'ainsi la doctrine généralement admise par les Aryas était le polythéisme. En effet, dans les hymnes les plus anciens de la période, on ne rencontre aucun symbole qui renferme positivement le monothéisme. De plus, un très-grand nombre de poëtes védiques affirment que la doctrine sacrée a été produite longtemps avant eux par les auteurs des cultes, leurs ancêtres ; ils nomment même ceux d'entre ces anciens sages qui ont établi des cérémonies sacrées pour les principaux dieux asuras ; nous sommes dès lors autorisés à penser que ce polythéisme était de beaucoup antérieur au commencement de la période du Rig-Véda. C'est du reste ce que confirme pleinement l'existence de ce même système de cosmogonie symbolique chez les autres peuples âryens d'Asie et d'Europe. Le Véda, qui est le plus ancien monument de cette race et dont les hymnes ont été produits dans une contrée voisine du berceau des Aryens, le Véda ne signale dans le passé aucune doctrine monothéiste soit indigène, soit venue du dehors, et ne laisse percer nulle part aucun souvenir d'une telle doctrine. Il y a donc lieu de penser que l'explication donnée primitivement par eux des phénomènes et de l'existence continue du monde, est contenue toute entière dans la théorie des Asuras. Or cette théorie est polythéiste.

D'un autre côté, il est incontestable que la race indienne des Aryas a toujours montré une forte tendance vers l'unité métaphysique d'un principe supérieur. L'unité substantielle de Dieu est aujourd'hui la croyance universelle des Indiens de race âryenne, croyance professée ouvertement par les bràhmanes, et malheureusement cachée, dans le peuple, sous les apparences d'un polythéisme quelquefois grossier. L'unité métaphysique de l'Être suprême est sans cesse et partout proclamée dans les écrits brâhmaniques de tous les genres et de tous les temps, depuis les derniers faits jusqu'aux *brâhmanas* vêdiques les plus anciens et les plus authentiques. Nous verrons tout à l'heure que, pendant la période vêdique et principalement vers la fin, cette tendance vers l'unité se manifestait déjà d'une manière puissante et aboutissait presque à la doctrine définitivement admise dans les siècles suivants.

Mais le premier effet que ce besoin semble avoir produit a été de pousser certains poëtes à donner à quelqu'un des dieux-asuras une sorte de prédominance sur tous les autres. Au lieu de chercher à dégager du polythéisme primitif une notion nouvelle, celle d'un être unique supérieur à toutes les conceptions symboliques du temps, ils prenaient, pour obtenir cette unité, une de ces conceptions mêmes, et ils rattachaient autour d'elle les autres déités que la tradition leur avait léguées. On peut constater dans maint hymne du Vêda cet effort d'esprit, qui semble aboutir à donner le commandement et à attribuer l'organisation du monde, soit à *Varuna*, soit à *Agni*, soit à *Savitri*, soit même à *Indra*, roi des cieux. Un poëte s'abstient de donner ce que nous pourrions appeler la métaphysique d'Agni, et réduisant cet être mystérieux au rôle étroit de messager du sacrifice et de *gandarva* au service des dieux, ne laisse de rôle véritablement actif qu'à l'Asura du Soleil, *Savitṛi* ou *Púśan*. Un autre poëte fait de *Varuṇa* l'ordonnateur universel et le producteur de toutes choses, même d'Agni. Un troisième, identifiant complètement *Indra* avec *Savitṛi*, qui cependant lui est de beaucoup supérieur, donne à cet être mixte la suprématie exlusive parmi les Asuras. A la vérité, cette tendance est vague pour ainsi dire ; et, se trouvant en contradiction avec le polythéisme qui tend à distinguer les symboles, elle était par cela même condamnée à l'impuissance. Aussi lorsqu'on lit les hymnes les plus évidemment symboliques et polythéistes, est-on surpris de voir un même poëte, suivant l'inspiration du moment, faire tour à tour, de chacun des dieux, le principal agent de la vie, et mêler ainsi tous les rôles.

Il résulta de cette sorte de contradiction entre l'ancienne théologie et la tendance nouvelle, un fait de la plus haute importance pour l'histoire comparée des religions âryennes de l'Asie : c'est que les Asuras les plus haut placés dans la hiérarchie, étant ceux dont la notion était la moins précise, cédèrent peu à peu la place aux dieux inférieurs, qui, plus près de la réalité, avaient un domaine, une fonction et conséquemment une nature et des attributs beaucoup mieux définis. On vit les hymnes en l'honneur d'Indra, des Maruts, des Açwins, se multiplier, et ces déités occuper même une place importante et déterminée dans les hymnes adressés à tous les dieux, réunis sous le nom général de *Viçwadêvas*. On peut observer que c'est là aussi, selon toute apparence, le chemin que parcourut l'esprit théologique chez les Aryas-hellènes : car nous voyons que les dieux nouveaux ou Olympiens succédèrent chez les Grecs aux anciens dieux Titans, de qui cependant ils tiraient leur origine.

Pendant que la théologie en quelque sorte hiératique et traditionnelle s'engageait dans cette voie de plus en plus polythéiste, et réalisait les dieux, il s'opérait dans les intelligences d'élite un mouvement en sens contraire, que nous allons constater et décrire.

D'abord un certain nombre d'hymnes nous montrent que le nom d'*asura* commençait à perdre sa valeur primitive et à être pris en mauvaise part. Dans le brâhmanisme, les Asuras furent de vrais démons, habitant les régions inférieures, ayant des formes hideuses, des cornes sur la tête et une grande puissance; leurs ennemis et leurs vainqueurs étaient les dieux, et particulièrement les dieux du ciel, ayant à leur tête *Viṡṇu*, sous ses diverses formes. L'antagonisme, comme on le sait, devint tellement un article de foi, que l'on perdit même le sens et la valeur étymologique du nom des Asuras, et que l'on dériva ce nom de l'*a* privatif et de *sura* qui signifie un dieu. On ne trouve dans le Rig-Vêda que les premiers signaux de cette lutte ; mais enfin ces sortes d'annonces de l'avenir s'y rencontrent incontestablement. Nous devons en conclure, au moins, que l'antique doctrine des Asuras n'avait plus à cette époque tout le prestige qu'elle avait certainement eu dans les siècles antérieurs, et que les dieux aspiraient à régner exclusivement.

Les circonstances étaient favorables pour qu'une grande explication métaphysique du monde et de la vie fût tentée : elle le fut. Voici de quelle manière. Les auteurs du Vêda, cherchant l'unité, n'avaient pas manqué d'être frappés de la ressemblance qui existe a beaucoup d'égards entre le feu et le soleil, et, de même, entre le feu et la foudre. Celle-ci se nommait *vidyut*, de la racine *div* qui signifie briller et qui est une épithète du feu et du soleil. De même le nom de *Sûrya*, qui veut dire brillant, n'était pas seulement le nom ordinaire du soleil ; c'était aussi une épithète que l'on appliquait souvent au feu et par laquelle on caractérisait Agni. De plus, en observant avec quelque attention les phénomènes, on vit que les nuages orageux contiennent le feu de la foudre, qui brûle et enflamme comme le feu du foyer ; que le soleil est comme un foyer de chaleur qui échauffe la terre et la pénètre ; de sorte que le nuage ne fait que réunir et condenser le feu du soleil emporté d'ici-bas par les vapeurs dont se forme la nue. Enfin le feu extrait de l'*arani* c'est-à-dire du bois, celui par conséquent qui réside dans les végétaux et, par eux, dans les animaux qui s'en nourrissent et dans le foyer sacré qui les brûle, qu'est-ce autre chose que le feu du soleil qui fait croître les plantes, et que le feu de la nue qui, en éclatant, répand la pluie et fait que la terre arrosée devient fertile ? On fut donc conduit d'assez bonne heure à ne voir dans tous ces phénomènes qu'un seul et même agent igné, et à donner au feu trois épithètes et trois fonctions principales : on le nomma *gârhapatya* ou feu domestique, dans sa fonction terrestre ; *vêdyuta* ou feu de l'éclair, dans la région atmosphérique ; *sûryarûpa* ou solaire, dans l'astre qui porte ce nom.

Agni est dans le foyer, dans le trésor des rayons solaires, dans les eaux aériennes. (*Trita-aptya*, IV, 137.)

On célèbre sa triple naissance : il naît au sein des libations, dans le Soleil, au milieu des eaux aériennes. (*Kutsa*, I, 183.)

Et ainsi, dans une multitude de passages. Du reste pour que les explications qui viennent d'être données ne semblent pas une interprétation faite à plaisir, on peut lire (II, 85) entre plusieurs autres, un hymne de *Viçwâmitra*, grand poëte de la fin de la période, où se trouve le récit des migrations du feu, depuis le foyer sacré où il naît, jusqu'à son entier développement et pour ainsi dire à sa dernière incarnation. Né de l'*araṇî*, il se nourrit du bois du bûcher et des libations de beurre ; là il devient le messager du sacrifice ; puis, grandissant et s'élevant dans les airs, il va se réunir au corps de l'Asura lumineux et devient *Viṣṇu, Indra, Twaṣṭri, Saviṭri* et les *Maruts*.

La question se posait donc et tendait à se résoudre par le moyen de la notion d'Agni, étendue et idéalisée. C'est librement que cette grande question était posée, et non en vertu d'une tradition ou d'un souvenir d'autrefois. La preuve en est dans les hésitations des poëtes et dans la crainte qu'ils ont quelquefois de sonder indiscrètement des mystères impénétrables :

Qui connait ici-bas, qui peut dire la voie que suivent les dieux ? Nous voyons bien leurs stations inférieures ; mais leur œuvre se poursuit dans les régions supérieures et mystérieuses.

(*Viçwâmitra*, II, 81.)

Un autre poëte essaie d'identifier le feu avec le soleil, et dit :

..... Les deux sacrificateurs (Agni et Sûrya), l'un en haut, l'autre en bas, demandent : « Qui peut nous distinguer ? » Parmi ces amis qui sont accourus à ce sacrifice, qui répondra à cette question ?

Combien y a-t-il de Feux ? combien de Soleils ? combien d'Aurores ? combien d'Eaux ? ô pères, je ne fais pas cette question par une vaine curiosité ; je veux seulement m'instruire.

O Mâtariçwan, tant que l'Aurore ne couvre pas la face de la Nuit aux ailes rapides, le prêtre, inférieur au grand Sacrificateur, doit, devant le foyer, présenter l'holocauste.

(*Mûrdanwan*, IV, 337.)

Cette manière de poser une question qui touche à la métaphysique, c'est-à-dire au fond même de la doctrine, et de se réfugier ensuite dans les actes pieux et dans la tradition du culte, caractérise les différents hymnes où des notions d'une théologie avancée sont proposées. Nous allons citer néanmoins dans son entier un hymne de *Gritsamada*, descendant d'Angiras, par lequel on verra nettement combien là notion d'Agni s'était agrandie pendant la période des Hymnes, et avec quelle énergie les esprits se portaient vers l'unité :

A Agni.

Agni pur et lumineux, maître des hommes, tu nais environné de splendeurs, de libations, de calices, de bois et de plantes.

Pour celui qui veut honorer les dieux aux jours favorables, Agni, tu diriges l'holocauste, les libations, les cérémonies, et tu surveilles le feu. Tu es le héraut, le prêtre, le pontife; tu es pour nous le maître de maison.

Tu es pour les hommes pieux le généreux Indra; tu es l'illustre *Visnu* toujours adorable; tu es le pontife opulent, le maître de la chose sacrée, le soutien de tous les êtres, le compagnon de toutes les prières.

Agni, tu es le royal *Varuna*, tu es Mitra si ferme en ses œuvres, secourable et digne de nos chants. Tu es Aryaman, maître de la piété, reflet, forme du Soleil : dans le sacrifice, ô dèva, tu es un bienfaiteur.

Agni, tu es *Twastri*; voici tes épouses; et ton serviteur trouve en toi un ami puissant, un parent fidèle qui fait sa force. Magnifique et vivement empressé, tu donnes et de nombreux et de vaillants coursiers.

Agni, tu es l'asura Rudra qui règne dans les airs; tu es la force des *Maruts* et le maître des offrandes. Tes coursiers rougeâtres sont aussi rapides que les vents. En toi réside la prospérité : tu es *Pûsan*, et tu sais protéger tes serviteurs.

Agni, pour qui t'honores, tu es *Draviṇôdás*. Tu es le divin *Savitṛi* et l'auteur de toute opulence. Roi des hommes, tu es *Bhaga* et tu gardes dans sa demeure celui qui te vénère.

Agni, le peuple t'adore dans ton foyer, comme son souverain, comme un roi bienveillant. Agni aux brillantes clartés, tu es le maître de tout. En toi sont rassemblés d'innombrables biens.

Agni, toi dont le corps s'entoure de tant d'éclat, les hommes par leurs offrandes t'ont pour frère, par leurs œuvres pour père. Tu es le fils de ton serviteur. Tu es pour nous un ami fidèle, un patron dévoué.

Agni, tu es *Ribu*, vénérable et près de nous. Tu es le maître de l'abondance et de la féconde prospérité. Tu brilles et tu brûles. C'est toi qui ordonnes le sacrifice, c'est toi qui l'offres.

Agni divin, tu es Aditi pour ton serviteur. Tu es Hôtrâ : tu es *Bárati*; ton bonheur est dans nos hymnes. Tu es l'éternelle *Ilá*, pour nous combler de biens. Maître de l'opulence, tu as donné la mort à *Vṛitra*. Et tu es Saraswatî.

Agni, ton serviteur trouve par toi la plus belle des existences. Dans tes splendeurs si éclatantes, si désirables, se rencontrent toutes les beautés. Tu nous donnes la nourriture et le salut, ô grand. Tu es riche, magnifique, partout présent.

Agni prudent, tu es les Adityas. Les dieux ont emprunté ta bouche et ta langue : c'est par toi que dans les sacrifices ils reçoivent les offrandes ; c'est par toi que les dieux mangent l'holocauste.

Agni, oui, c'est par toi que tous les dieux immortels et bienfaisants mangent l'holocauste ; par toi que les mortels perçoivent le fruit de la libation. Pur, tu produis les plantes dont tu portes en toi le germe.

Agni généreux, parmi tous ces dieux que tu rassembles, tu excelles, tu domines avec majesté. Par un effet de ta grande puissance, que l'offrande présentée dans notre sacrifice profite également et au ciel et à la terre.

Agni, tu nous conduis vers le bonheur, nous et les chefs de famille qui donnent à tes chantres d'excellentes vaches et de beaux chevaux. Pères d'une heureuse lignée, puissions nous chanter longtemps encore dans le sacrifice ?

(*Gritsamada*, I, 440.)

Voilà donc Agni reconnu pour être en quelque sorte la force vive de tous les dieux et de tout ce qu'il y a de bon dans les choses réelles.

Le monde entier existe par toi; le flot suave de tes splendeurs coule au vase des libations, dans le cœur de l'homme, dans toute la vie, dans les eaux comme dans le foyer.

(*Vâmadéva*, II, 211.)

Il n'y a plus à douter que le feu, naturel ou mystique, commençait à devenir le principe unique auquel allait se rattacher toute la théorie du monde. Ce feu, idéalisé, dégagé de son corps mortel, comme disaient les poëtes, c'est-à-dire de ce qu'il y a en lui de visible, de palpable, de matériel, devenu un véritable être métaphysique et universel, expliquait non-seulement les apparences sensibles des corps, mais aussi la vie dont beaucoup d'entre eux sont doués, et, avec la vie, la pensée et le sentiment. Lorsque ces poëtes commencèrent à concevoir cette vie universelle, qui est un des fondements du panthéisme, et à se sentir « vivre de la vie de tous les vivants, » un étonnement d'une incroyable énergie les saisit ; on le voit exprimé (II, 402) dans ces mots du grand *B'aradwája* :

Son essence active existe dans tous les êtres animés. Tous

les dévas, d'un commun accord, se rallient ensemble à ce dieu puissant.

Quand je pense que cet être lumineux est dans mon cœur, les oreilles me tintent, mon œil se trouble, mon âme s'égare en son incertitude. Que dois-je dire? Que puis-je penser?...

(*Bharadwâja*, II, 402.)

Ce n'était donc pas un dogme, mais une découverte ; et j'ose dire que l'honneur d'avoir conçu les premiers l'unité du principe suprême revient, dans la race âryenne, aux auteurs du Vêda. Que ce principe soit nommé Agni ou de tout autre nom, cela n'importe guère : car, si l'on veut y réfléchir, le nom de *Dieu* que nous donnons à l'Être absolu et que, assez maladroitement, nous avons tiré du *deus* des Latins, vient en ligne directe, comme le *déva* des Indiens, de la racine *div* qui veut dire *briller* ; de sorte que cette notion toute matérielle, ayant été transformée par les efforts réitérés des métaphysiciens, a fini par disparaître ; elle a laissé la place à une idée tout à fait immatérielle, et pourtant le mot n'a pas été changé : telle est la persistance des langues. Dans le Vêda, c'est la notion, d'abord toute physique du feu, qui se transforme de cette manière, s'abstrait, s'idéalise, s'étend, devient quelque chose de très-analogue à l'idée de Dieu, et n'attend plus, pour être entièrement séparée des phénomènes du feu qui brûle, que de recevoir un nom nouveau et d'un sens tout à fait idéal. Ce mot va venir ; il existe depuis longtemps dans la langue vêdique ; il y désigne soit l'homme qui prie, soit la prière elle-même et la piété : ce mot, c'est *brahman*, au masculin. Une fois, mais une fois seulement, il est employé comme nom propre, sans autre indication, pour désigner *Vrihaspati*, qui est *Agni* (IV, 387). Quand la question posée par les « poëtes savants » aura été résolue, non plus d'une manière dubitative, mais d'une façon affirmative et dogmatique, alors Agni cessera d'être le nom du principe éternel et unique ; le nom de ce Masculin suprême, de ce *Puruṡa*, sera *Brahmâ*.

Pour montrer avec quelle netteté la question de l'origine du monde et de la cause première était posée, nous allons citer un hymne attribué à *Prajâpati* ; il y avait un poëte de ce nom, fils du grand xattriya devenu prêtre, *Viçwâmitra* ; il ne paraît pas que celui-ci soit l'auteur de l'hymne, qui peut être plus ancien ou plus moderne, et qui semble n'avoir été attribué à un *Prajâpati* qu'en raison du sujet qu'il expose. Le voici :

Rien n'existait alors, ni ce qui est, ni ce qui n'est pas. Point de région supérieure, point d'air, point de ciel. Où était cette enveloppe? Dans quel bassin l'eau était-elle contenue? Où étaient ces profondeurs impénétrables de l'espace?

Il n'y avait point de mort, point d'immortalité Rien n'annonçait le jour, ni la nuit. Lui seul respirait; ne formant aucun souffle, renfermé en lui-même. Il n'existait que lui.

Au commencement, les ténèbres étaient enveloppées de ténèbres; l'eau était sans impulsion ; tout était confondu. L'être reposait au sein de ce chaos; et ce grand tout naquit par la force de sa piété.

Au commencement l'Amour fut en lui, et de son Intelligence jaillit la première semence. Les sages, par le travail de l'intelligence, parvinrent à former l'union de l'être et du non-être...

Qui connaît ces choses? Qui peut les dire? D'où viennent les êtres? Quelle est cette production? Les dieux aussi ont été produits par lui. Mais lui, qui sait comment il existe?

Celui qui est le premier auteur de cette création, la soutient. Et quel autre que lui pourrait le faire? Celui qui du haut du ciel a les yeux sur tout ce monde, le connaît seul. Quel autre aurait cette science?

(Prajâpati, IV, 421.)

Deux choses nous semblent dignes d'être remarquées dans cet hymne : c'est que la question fondamentale de la métaphysique y est posée comme elle pourrait l'être aujourd'hui même, et résolue de la même manière qu'elle l'a été plus tard par Platon et par plusieurs docteurs de l'Eglise chrétienne. La théorie du Verbe ou de l'Intelligence, comme source première des choses finies, fut introduite pour la première fois en Grèce par Anaxagoras et développée ensuite d'une manière grandiose par Platon. Celle de l'Amour appartient aussi à l'une des écoles grecques d'Asie antérieures à Socrate ; et l'on dit que les philosophes de ces écoles l'avaient rapportée de l'Orient. Quoi qu'il en soit, notre hymne tend à résoudre le problème par une théorie qui se rapproche beaucoup du système de la création et qui a une ressemblance manifeste avec le dogme chrétien de la Trinité. Mais comme ce dogme est un mystère et que l'interprétation philosophique ou plutôt psychologique, donnée par plusieurs docteurs et dernièrement par Bossuet, n'est nullement un article de foi, on ne serait point mal venu à penser que cette interprétation tire son origine de l'Inde védique, que c'est de là qu'elle est arrivée par les philosophes voyageurs jusqu'en Grèce, et plus tard par Alexandrie jusqu'aux docteurs chrétiens. Mais c'est là une supposition à laquelle nous n'attachons pour le moment qu'une médiocre importance. Le second fait notable que l'hymne de *Prajâpati* renferme, est celui-ci : la solution, après avoir été donnée affirmativement, est tout à coup retirée, et le poëte déclare, dans les deux derniers versets, que l'homme est incapable de l'atteindre avec certitude.

Cette hésitation se retrouve dans tous les hymnes où une solution positive est proposée, preuve évidente qu'il n'y avait à cet égard aucun dogme établi, aucune tradition sérieuse. D'ailleurs la tendance vers la théorie de la création ne se rencontre guère que dans cet hymne, elle y semble même admettre une sorte de chaos primitif, de matière première, un dualisme par conséquent et non cette opération absolue par laquelle le Dieu créateur fait toutes choses de rien.

Partout ailleurs c'est la doctrine de l'unité de substance qui tend à prévaloir. Le monde est produit par une génération divine, comme, dans le symbole de Nicée, le Fils est engendré par le Père. La création n'est admise que pour les formes, qui en elles-mêmes ne sont rien que des apparences, des limites, et, pour parler avec *Prajâpati*, un non-être, *asat*. Le plus affirmatif de tous les hymnes que nous ayons trouvé dans le Rig-Vêda est le grand hymne de *Dîrġatamas* : ce poëte, d'un génie mystique et puissant, d'un style vigoureux et plein d'images, s'exprime le plus souvent en métaphores hardies et quelquefois obscures ; très-pieux et très-versé dans le symbolisme de son temps, il est dogmatique et lance ses découvertes métaphysiques au milieu des symboles. Il y a dans ses chants une sorte d'inspiration enthousiaste, qui semble produite par l'intelligence qu'il a d'un sens mystique et profond, caché sous les figures et les attributs des dieux, comme dans les œuvres de la nature et le grand acte du sacrifice. Voici quelques versets de ce poëte :

Extrait du grand hymne de Dîrġatamas.

... Qui a vu, à sa naissance, Agni prendre un corps pour en donner à ce qui n'en a pas? Où était l'esprit, le sang, l'âme de la terre? Qui s'est approché de ce sage pour lui faire cette question?

Faible et ignorant, je veux sonder ces mystères divins...

Ignorant et inhabile, pour arriver à la science j'interroge ici les poëtes savants. Quel est donc cet Incomparable qui, sous la forme de l'Immortel, a fondé ces dix mondes lumineux?

Qu'il le dise, l'homme instruit dans le mystère du Fortuné qui traverse les airs...

Dîrġatamas décrit alors en termes mystiques l'opération de l'*arani*, la naissance du feu dans le sacrifice, son développement, sa relation et son identité avec le foyer solaire, qui produit l'année ; puis il continue :

Celui qui connaît le Père avec ses rayons inférieurs, sait aussi connaître tout ce monde avec les supérieurs. Marchant sur les pas de nos poètes, qui peut ici célébrer ce dieu ? D'où est née l'âme ?

Il en est, dit-on, qui viennent vers nous et s'en retournent, qui s'en retournent et reviennent. O Indra, ô Sôma, les Ethérés portent vos œuvres comme leur fardeau.

Deux oiseaux jumeaux et amis hantent le même arbre : l'un d'eux s'abstient de goûter la figue; l'autre la trouve douce et la cueille.

Le Seigneur, maître de l'univers et rempli de sagesse, est entré en moi faible et ignorant, dans ce lieu où les intelligences obtiennent, avec la science, la jouissance paisible de ce fruit doux comme l'ambroisie...

L'être actif reposait donc, il revient à la vie et s'établit au sein de nos demeures. Il était mort, la vie lui est donnée par les libations. L'Immortel était dans le berceau du mortel.

J'ai vu le gardien du monde, suivant ses voies diverses, à son lever, dans sa station inaccessible et à son coucher. Tantôt s'unissant aux rayons lumineux, tantôt les quittant, il va et revient dans les espaces intermédiaires.

L'homme agit et, sans le savoir, n'agit que par lui; sans le voir, il ne voit que par lui. Enveloppé dans le sein de sa mère et sujet à plusieurs naissances, il est au pouvoir du mal (*Nirriti*).

Le ciel est mon père, il m'a engendré. J'ai pour famille tout cet entourage céleste. Ma mère, c'est la grande terre. La partie la plus haute de sa surface, c'est sa matrice; c'est là que le père féconde le sein de celle qui est son épouse et sa fille.

Je te demande où est le commencement de la terre, où est le centre du monde; je te demande ce que c'est que la semence du coursier fécond ; je te demande quel est le premier patron de la parole.

Cette enceinte sacrée est le commencement de la terre ; ce sacrifice est le centre du monde. Ce sôma est la semence du coursier fécond. Ce prêtre est le premier patron de la parole...

Je ne sais à quoi ressemble ce monde. Je suis embarrassé et je vais comme enchaîné dans ma pensée...

L'Immortel est dans le berceau du mortel : les deux éternels vont et viennent partout ; seulement on connaît l'un, sans connaître l'autre...

Celui qui ne connaît pas l'Être ne comprendra rien à mon hymne ; ceux qui le connaissent ne sont pas étrangers à cette réunion...

L'esprit divin qui circule au ciel, on l'appelle *Indra, Mitra, Varuṇa, Agni* ; les sages donnent à l'Être unique plus d'un nom ; c'est *Agni, Yama, Mâtariçwan*.... »

(*Dîrġatamas*, I, 232.)

Il ne faut pas se faire d'illusion en voyant ici la métaphore, si célèbre dans la Bible, du fruit cueilli par l'un et dont l'autre s'abstient. Cette allégorie, bien naturelle et bien simple, n'a pas plus de valeur ici que toutes les autres allégories employées par les poëtes védiques. Elle est d'ailleurs interprétée par les versets suivants et proposée pour expliquer comment l'Esprit divin s'unit, dans la demeure humaine, c'est-à-dire dans le corps vivant, au principe matériel appelé *xêtra* ou *asat* (non-être), pour produire l'individu. Cette doctrine, essentiellement panthéiste, est exprimée avec une poétique énergie par ces mots : « L'immortel est dans le berceau du mortel ; » elle a prévalu dans l'Inde ; elle a constamment animé les grandes théories brâhmaniques ;

elle respire partout dans le Vêda, sous une forme symbolique, il est vrai, et sans pouvoir y atteindre un degré suffisant de clarté et d'évidence.

On est vraiment surpris de voir des poëtes, que je crois pouvoir appeler de grands esprits, s'avancer si près du but, presque toujours soutenus par les symboles ; et puis, au moment où ils vont le toucher, reculer en quelque sorte, intimidés par leur propre hardiesse, et se réfugier dans les pratiques pieuses. Lisez les fragments qui suivent de deux hymnes attribués à un poëte nommé *Viçwakarman*, poëte mythologique, hymnes sans nom d'auteur, mais appartenant sans aucun doute à la période du Vêda et non aux temps postérieurs. Le *Viçwakarman* ici chanté n'est autre qu'Agni lui-même, idéalisé au point d'être tout à fait immatériel et d'être mis au-dessus des Asuras. Ce dernier trait marque vraiment la fin de la période védique, laquelle est encore toute pleine de la théorie des Principes de vie ; quand un poëte ose dire que l'Auteur de toutes choses (car c'est le sens du mot *Viçwakarman*) est supérieur à ces antiques conceptions, et qu'il est *unique*, la période est réellement close ; une nouvelle ère va commencer ; une grande et profonde philosophie va répandre dans la religion une séve nouvelle, qui circule encore aujourd'hui.

A Viçwakarman.

Que le Sage, notre pontife et notre père, qui par son Œuvre a formé tous ces mondes, vienne s'asseoir. Qu'il désire et bénisse nos offrandes. Habitant des régions supérieures, il descend aussi vers nous.

Comment fut établie cette haute demeure? Quand fut-elle fondée? Lorsque le sage Viçwakarman enfanta la terre, il étendit aussi la voûte majestueuse du ciel.

De tous côtés se portent des yeux, des têtes, des bras, des pieds. Dieu unique, il enfante le ciel et la terre, les façonnant avec ses bras, avec ses pieds.

Dans quelle forêt a-t-on pris le bois dont on a fait le ciel et la terre? ô sages, que votre science nous dise quel est l'être qui préside à ces mondes et qui les consolide? (IV, 314.)

A Viçwakarman.

Le père de cet univers qui étonne nos yeux a dans sa sagesse enfanté les ondes, et ensuite le ciel et la terre qui les environnent et qu'il a étendus en les affermissant de tout côté sur leurs bases antiques.

Le grand et sage *Viçwakarman* s'élève lui-même radieux, fixant et distinguant la place de toutes choses. En lui sept *riśis* (prêtres) ne font qu'un seul être supérieur; en son honneur ils présentent avec allégresse l'offrande et la prière.

Celui qui est notre père, qui a engendré et qui contient tous les êtres, connaît chaque monde. Unique, il fait les autres dieux. Tout ce qui existe le reconnaît pour maître...

Les eaux ont porté dans leur sein celui qui est supérieur au ciel et à la terre, aux dieux et aux asuras, celui qui donne la lumière à tous les êtres brillants.

Oui, les eaux ont porté dans leur sein celui qui donne la lumière à tous les êtres brillants. Sur l'ombilic de l'Incréé (*Aja*) reposait un germe dans lequel se trouvaient tous les mondes.

Vous connaissez celui qui a fait toutes ces choses; c'est le même qui est au dedans de vous. Mais à nos yeux tout est couvert comme d'un voile de neige : nos jugements sont obscurs. Et l'on s'en va, offrant des holocaustes et chantant des hymnes.

(IV, 316.)

Le *Rig-Véda* ne va pas plus loin; ici s'arrête la théorie. « Dieu est unique, père de tous les êtres; supérieur à tous les symboles ; mais quel est-il ; nos jugements sont obscurs ; prions. » Voilà le terme où aboutirent les efforts de ces générations de poëtes dont nous possédons les chants. Nous n'avons ni à les reprendre, ni à les louer ; nous pouvons seulement dire que ce terme où ils ont atteint est déjà fort élevé ; en effet, le brâhmanisme n'avait plus qu'à donner un nom à cet être producteur des êtres, et à concevoir, au-dessus de ce producteur universel, de cette Grande Ame comme on l'appelait, l'Absolu, neutre c'est-à-dire supérieur à la production, indéclinable dans son nom c'est-à-dire étranger à toute relation mondaine. Les prêtres du Véda n'ont pas dépassé la limite de l'activité, mais ils l'ont touchée ; et ainsi, ils ont donné de la vie la plus grande explication qui en pût être donnée, par une doctrine dont la tendance panthéistique était désormais parfaitement définie.

II.

Pour compléter l'étude que renferme ce chapitre, il nous reste à montrer une des grandes conséquences de la métaphysique du Vêda, et, prenant en quelque sorte pour point de vue les êtres finis, à montrer comment ils se décomposent et se résolvent en leurs éléments. La notion d'Agni tendant depuis longtemps à se généraliser et à devenir celle de la substance universelle et unique, les esprits étaient en même temps portés à admettre la distinction de l'âme et du corps et l'immortalité. En effet, si l'Immortel habite en nous et constitue notre vie et notre pensée, le corps, que l'on voit bien être sujet à mille changements d'aspect, n'est qu'une forme. Et en réalité il n'est pas autre chose : car les substances matérielles dont il est fait ne lui appartiennent qu'un moment ; elles vont et viennent, et servent, pendant toute la durée des temps, à soutenir d'autres formes individuelles, qu'il faut compter par milliers. Or ces figures vivantes sont produites par voie de génération, et elles sont entretenues par les actions multiples d'autres corps. Ces corps sont visibles ou invisibles, et ne sont eux-mêmes que des formes ; telles sont la chaleur du soleil et sa lumière, qui font croître les plantes et les animaux et qui les soumettent à la périodique et irrésistible nécessité de la veille et du sommeil, pour le corps et pour l'âme ; telles sont les plantes elles-mêmes et les animaux, qui se nourrissent mutuellement de leurs corps et sont comme des formes définies servant d'aliment à d'autres formes définies, jusqu'à l'homme. Il est merveilleux que ni les sens, ni l'esprit ne peuvent saisir dans sa réalité la substance cachée sous toutes ces formes et qui en est le soutien, *bartṛi*; et que si l'on cherche à la définir, elle ne peut s'exprimer que d'une seule façon ni se représenter que d'une seule manière. Elle est donc unique. Et comme la même chose peut se dire toujours, elle est éternelle. Voilà, en langage moderne, le fond d'idées sur lequel se développe la métaphysique du Vêda. Il n'est nullement dépourvu de sens, et il peut, dans une certaine mesure, rendre raison d'un grand nombre de faits naturels. Nous n'avons pas à l'apprécier ici : tel n'est pas notre but; nous exposons une doctrine, nous ne la critiquons pas, persuadés que le blâme ou l'éloge seraient ici de peu d'utilité et ne pourraient servir qu'à fausser les jugements ou à établir des préjugés. Mais j'entre, autant que cela m'est donné, dans la doctrine des poëtes, qui ont fondé l'une des plus grandes religions qui fût jamais.

L'être vivant se trouve donc composé d'une forme corporelle et d'un principe interne de vie et de pensée, qui réside de même dans tout l'univers ; lorsque la période de leur réunion est terminée, l'âme se sépare du corps. Celui-ci se dissout, sa forme disparait ; le feu du regard retourne au Soleil, le souffle aux Vents, les membres à la Terre.

> Mais il est une partie immortelle ; c'est celle, ô Agni, qu'il faut échauffer de tes rayons, enflammer de tes feux. O Jâtavêdas, dans le corps glorieux formé par toi, transporte la au monde des pieux. (*Damana*, IV, 157.)

La doctrine symbolique du temps permettait de dire où est cet autre monde. En effet d'où l'être vivant reçoit-il sa vie et ses aliments? N'est-ce pas de ce feu, qui a grandi dans ses parents et dans ses aïeux pendant leur vie terrestre, et qui a trois séjours, la terre, les nuages et le soleil? Mais le feu, chaque fois qu'il s'allume, est apporté d'en haut par l'épervier *Çyêna*; le nuage en est un des grands réservoirs, *samudra*; et le feu du nuage a lui-même une origine solaire et obéit à Indra. C'est donc au ciel d'*Indra* et de *Viṣṇu* que doit retourner l'âme, quand elle a quitté son vêtement de chair.

> Puissé-je arriver à cette demeure de *Viṣṇu*, où vivent dans le bonheur les hommes qui lui ont été dévoués.....
> Nous souhaitons que vous alliez tous dans ce séjour où paissent des vaches légères (les nuées), aux cornes merveilleusement allongées..... (*Dirġatamas*, I, 364.)

Cette demeure des pieux, c'est le paradis ou région lointaine, *paradêçá*, située au delà du grand courant de l'atmosphère, et qui est à proprement parler la province où commande le Roi-des-Cieux ; c'est le

Swargalôka ou *Indralôka*, qui a aussi pour maître *Yama*.

... Dans ces lieux où siège la lumière éternelle, la félicité, dans ces lieux d'immortelle durée, place-moi, ô pur.

Dans ces lieux où règne le fils de Vivaswat, où est le palais du lumineux, où sont les grandes eaux, donne-moi l'immortalité.

Dans ces lieux où s'ouvre à nos désirs la triple demeure, le triple ciel du lumineux, où brillent les mondes radieux, donne-moi l'immortalité.

Dans ces lieux où les désirs sont satisfaits, où repose la base de tout, où sont la *swa-â* et le plaisir, donne-moi l'immortalité.

Dans ces lieux où siège le bonheur, la joie, la félicité, la jouissance, où la satisfaction naît avec le désir, donne-moi l'immortalité.
(*Kaçyapa*, IV, 128.)

Si l'on prenait à la lettre beaucoup d'expressions employées dans les offices de l'Eglise, on pourrait bien se représenter à peu près ainsi notre *paradis* et notre *ciel*. Mais nous pensons que les versets des Hymnes étaient entendus sans métaphore, et par les assistants et par leurs auteurs, parce que le ciel des bienheureux, ainsi conçu comme une région céleste entre les nuages et le soleil, était d'accord avec la doctrine mystique du feu.

L'immortalité n'est du reste l'objet d'aucun doute dans le Vêda; elle y est affirmée un grand nombre de fois. Elle ne s'entend pas seulement de l'indestructibilité de la substance nue et universelle, qui évidemment n'a rien à démêler avec la disparition des figures et des existences passagères. L'immortalité appartient aussi à la personne, du moins dans une certaine mesure : c'est ce qui est énoncé d'une manière dubitative dans l'hymne de *Dîrġatamas*, qui fait déjà pressentir la doctrine des transmigrations, et d'une façon très-claire partout ailleurs. La croyance que l'âme après la mort conserve avec l'intelligence le sentiment et même la sensation, inspire des expressions touchantes à l'auteur de l'hymne funèbre cité plus haut (page 92). D'ailleurs, si la personne devait disparaître avec la forme corporelle où elle s'était incarnée, et si l'usure du vêtement devait détruire celui qui le porte, comment l'âme, comment l'homme pourrait-il demander pour lui-même d'être transporté au monde des bienheureux ? Et comment les poëtes eussent-ils pu être conduits à la doctrine des transmigrations, et dire :

> O Agni, fais-le redescendre ensuite parmi les pères; qu'il vienne au milieu des invocations et des offrandes; sous la figure de la vie qu'il prenne un vêtement; ô Jâtavêdas, qu'il s'unisse à un corps. *(Damana*, IV. 157.)

Du reste l'âme, détachée de son enveloppe mortelle, n'abandonnait pas entièrement tout corps : autrement elle serait rentrée et se serait perdue dans l'unité de la grande Ame du monde. Mais ce corps est glorieux, comme ceux des dieux, et procède lui-même d'Agni. Ce couple mystique d'un corps presque idéal et d'une âme qui est comme une étincelle ou un rayon du feu divin, est toujours là, prêt à s'unir de nouveau à une forme visible, quand la loi universelle du développement d'Agni ou de l'Etre suprême amènera son tour.

Jusque là, le paradis est la demeure des âmes et le grand trésor où elles sont pour ainsi dire mises en réserve. Il est intéressant, pour l'histoire de la morale, de constater qu'il n'y a dans le *Rig-Véda* ni enfer, ni purgatoire ; du moins ces lieux n'y sont pas décrits, non plus qu'une punition quelconque infligée par *Darma* aux pécheurs. En général, la doctrine morale est encore très-peu développée dans les Hymnes ; ce sont les questions métaphysiques qui préoccupent surtout les poëtes. La morale viendra à son tour et recevra dans le brâhmanisme d'abord, puis dans le buddhisme, le merveilleux développement que chacun connaît.

Il y a pour une âme trois manières de revenir du paradis céleste à la vie d'ici-bas. La manière ordinaire et naturelle est la génération, qui, en substituant un être vivant à un autre, se produit dans ce dernier pendant sa vie, de sorte qu'il n'y a jamais d'interruption dans l'incarnation continue de l'Ame. On sait quelle importance prit plus tard, dans l'Inde gangétique, la doctrine des incarnations, fondée sur la théorie de la génération contenue dans le Véda. La seconde manière de renaître est la résurrection, phénomène rare, extraordinaire, personnel, et qui peut s'opérer de deux façons, soit par un retour complet à la vie, soit par une simple reviviscence glorieuse et momentanée. La résurrection est déjà dans le Vêda : on y trouve quatre hymnes, qu'une légende donnée par le commentateur indien explique et rattache entre eux. Quatre frères, les Gôpâyanas étaient chapelains du prince Asamâti, fils d'Ixwâku, fils de Manu ; leur fonction ayant été donnée à d'autres, il en résulta une querelle et un combat, dans lequel l'un des Gôpâyanas, nommé *Subandu*, fut tué. Ses trois frères offrirent alors le sacrifice à Agni, source de la vie, et versèrent le sôma sur le feu, en l'accompagnant de louanges et de prières. Puis ils se rendirent là où était le corps inanimé de *Subandu* et prononcèrent devant lui ces paroles qui sont une formule de résurrection :

L'Ame.

Quand ton âme visite au loin la contrée de Yama, fils de Vivaswat, nous la rappelons ici, à ton habitation, à la vie.

Ton âme visite au loin le ciel et la terre ; nous la rappelons, etc.

Ton âme visite au loin la terre divisée en quatre parties ; nous, etc.

Ton âme visite au loin les quatre régions de l'air ; nous, etc.

Ton âme visite au loin le grand réservoir des nuages ; nous, etc.

Ton âme visite au loin les torrents lumineux ; nous, etc.

Ton âme visite au loin les ondes et les plantes ; nous, etc.

Ton âme visite au loin le Soleil et l'Aurore ; nous, etc.

Ton âme visite au loin les larges montagnes ; nous, etc.

Ton âme visite au loin tout ce monde ; nous, etc.

Ton âme visite au loin les extrémités de l'horizon ; nous, etc.
Ton âme visite au loin le passé et le futur, nous, etc.

(*Les Gôpâyanas*, IV, 265.)

Au milieu de la cérémonie sacrée, le dieu Agni apparut aux Gôpâyanas, et se tenant en face du cadavre de *Subandu*, il lui dit :

Voici ta mère, voici ton père, voici ta vie. Tu peux marcher, ô *Subandu*; viens, lève-toi.
Comme avec une corde on lie un joug pour le consolider, ainsi l'âme te soutient pour la vie, pour l'existence, pour un heureux développement.....
Je suis l'âme de *Subandu*, et je viens de la contrée de Yama, fils de Vivaswat, pour la vie, pour l'existence, pour un heureux développement.
C'est en bas que le Vent envoie son souffle, et le Soleil ses rayons; c'est en bas que coule le lait de l'Immortelle. Qu'en bas aussi tombe pour toi le mal.
Que ma main soit sainte et fortunée; qu'elle soit pleine de remèdes salutaires; qu'elle ne touche que pour le bonheur.

(IV, 268.)

Leur frère fut donc ressuscité, comme l'atteste encore l'hymne chanté par eux en cette circonstance et dont voici quelques versets :

Que cette existence nouvelle soit prolongée, et menée comme un char par un habile écuyer. Ainsi celui qui était tombé se relève; que *Nirriti* s'éloigne....
O! affermis en nous l'âme qui fait la vie... Assure nous la vue du Soleil!...
O toi qui conduis l'esprit, mets en nous l'œil; le souffle vital, le sentiment du plaisir. Que nous voyions longtemps le lever du Soleil!

Que la Terre, que le Ciel resplendissant, que l'Air nous rendent le souffle vital. Que Sôma nous rende un corps.

Que le Ciel et la Terre soient propices pour *Subandu !*.....

Il ne nous importe guère de savoir si *Subandu* fut véritablement rendu à la vie par la vertu du sacrifice et de la prière ; ni même de savoir, si ce nom, qui est une des épithètes d'Agni, et toute cette histoire, ne sont pas une simple figure pour exprimer la renaissance du feu sacré sur l'autel. Nous sommes très-portés à croire que c'est là en effet le sens mystique caché dans ces hymnes des Gôpâyanas. Mais il est incontestable que toute l'Inde ancienne a cru à la possibilité de la résurrection des morts ; qu'elle l'a plusieurs fois pratiquée ; que c'est en quelque sorte un article de foi, dans le buddhisme comme dans le brâhmanisme ; et par conséquent on ne doit pas s'étonner si l'on rencontre dans le Vêda les traces d'une croyance, qui s'accorde d'ailleurs avec la théorie générale de la vie et de son développement. Or ce seul fait que des poëtes aient pu représenter la naissance d'Agni, éteint et ranimé, sous la figure d'un jeune homme qui résuscite, nous semble prouver suffisamment que cette croyance existait à l'époque où ces hymnes furent composés. Nous engageons le lecteur à prendre connaissance du bel épisode, extrait du Mahâbhârata, qui a pour titre *Sâvitrî* et dont M. Pauthier a donné une traduction française. Il y verra quelle puissance surnaturelle l'Inde brâhmanique attribuait déjà à la prière, soutenue par l'amour et par la vertu ; il y verra de plus quels effets touchants et vraiment sublimes la poésie des bords du Gange a su tirer de ces trois choses réunies.

Nous ne devons pas nous enfoncer plus avant dans la philosophie védique, dont nous n'avons voulu exposer que le principe général et les premiers développements. Il appartiendrait à un ouvrage beaucoup plus long de l'étudier dans toutes ses parties et de rattacher par elle les uns aux autres les mythes, les symboles et les nombreux récits contenus dans le Vêda. Il appartiendrait à un autre ouvrage de montrer comment de ces doctrines, de ces essais primitifs, sont nées, par un développement régulier, les grandes théories du brâhmanisme, et d'éclairer celles-ci d'un jour qui leur manque et qui ne saurait leur venir que des Hymnes. Notre but a été uniquement d'indiquer combien de questions d'un ordre supérieur ont été soulevées par des poëtes qui étaient en même temps des prêtres ; qui, tout en se déclarant auteurs de leurs propres symboles, marchaient avec la tradition ; et qui, sans l'abandonner ni l'amoindrir, sans lui rien faire perdre de son autorité, osaient proposer des explications nouvelles et plus complètes, avancer dans l'ordre de la science et préparer l'avenir. Quand on aura pu faire une histoire suivie, véridique et impartiale, des doctrines indiennes depuis le Vêda jusqu'à nos jours ; quand on saura comment de cette source antique et presque inépuisable est né le brâhmanisme ; comment une école ou une tendance d'esprit dans le brâhmanisme a suscité le Buddha et sa doctrine ; comment, après l'expulsion du Buddhisme, les anciennes croyances ont repris vigueur ; lorsqu'enfin l'on aura la raison suivie de ces grandes transformations, nous sommes persuadé que l'Inde, bien loin de paraître immobile comme un navire à l'horizon de la mer, nous présentera le tableau du plus vaste et du plus régulier développement d'idées qu'ait encore produit une même suite de générations humaines.

CHAPITRE XVI

CE QUI N'EST PAS DANS LE VÊDA

Pour achever l'ensemble des idées qui composent ce livre, il nous reste à montrer quelles divergences principales séparent et pour ainsi dire isolent les Aryas védiques des peuples de races différentes. Par là nous entendons surtout les Sémites et, parmi ceux-ci, les Hébreux, les seuls de leur race qui possèdent un grand monument de leur antiquité et qui aient pu jouer un rôle véritablement important dans l'ancienne histoire religieuse des peuples blancs. Les raisons que nous avons données ci-dessus nous ont permis de reporter au moins vers le seizième siècle avant notre ère la période des Hymnes du Vêda. C'est pourquoi ceux des livres de la Bible qui se rapportent le plus directement à notre sujet sont ceux qui racontent les évènements antérieurs à l'époque des Rois, et particulièrement les livres de Moïse. Nous n'avons point à examiner l'authenticité de ces cinq ouvrages, ni à la mettre en doute; car, lors même que leur rédaction actuelle serait l'œuvre d'Esdras ou de son temps, il est du moins incontestable qu'elle aurait été faite sur des documents et avec des pièces fort antiques, dont il est inutile de suspecter l'origine et de contester la valeur. Et, si les quatre livres du Peutateuque où sont contenues les lois mosaïques étaient regardés comme un remaniement d'anciens écrits et de traditions de diverses époques, la Genèse du moins échapperait incontestablement à toute attaque ; car elle porte, dans ses récits, dans ses doctrines, dans son style même, tous les caractères d'une œuvre extrêmement antique et fort antérieure à David. Or, c'est la Genèse surtout que nous nous proposons de consulter pour le chapitre qu'on va lire.

Toutes les questions relatives à d'antiques relations des Sémites avec les Aryas du Vêda se résolvent par la négative. Il n'est fait des Sémites aucune mention dans le Recueil des Hymnes. Non-seulement les Hébreux ou quelqu'une de leurs familles n'y sont pas nommés ; mais il n'y est fait allusion à aucune tribu, à aucune branche de la race de Sem. Nous avons même vu plus haut que si l'origine des Aryas de l'Indus y est indiquée, c'est en termes très-vagues qui peuvent être entendus dans un sens allégorique et sans rapport à quelque fait ancien que ce puisse être. Les peuples âryens de l'Oxus et ceux qui ont habité à l'ouest du *Saptasindu* n'y sont pas signalés ; à moins que l'on ne voie dans les *Gandâras* des Hymnes la population du Kandahar, ce qui ne prouverait pas, au reste, qu'elle fût déjà descendue dans le pays qui porte aujourd'hui ce nom. La chaîne qui sépare les vallées de l'Indus de celles de l'ancienne Arie, et les monts du nord qui les séparent du bassin de l'Oxus, tenaient les Aryas des Hymnes dans une sorte d'isolement, par rapport à ceux de leur race dont les rameaux s'étendaient dans d'autres directions. Quant au sud, nous avons constaté que les auteurs des Hymnes ne parlent d'aucun pays situé au delà du désert de Marwar et qu'ainsi le cours inférieur de l'Indus leur était encore inconnu. La réunion des rivières en un bassin commun, appelé du nom de *Samudra*, est un fait plus de cent fois cité dans le Vêda : si la division de ce même *Samudra* en un grand nombre de courants, sur une étendue de plus de cent lieues, eût été connue des auteurs vèdiques ou seulement signalée par des navigateurs marchands, il serait bien surprenant qu'il n'y fût fait dans les Hymnes aucune allusion. Ils ne connaissaient donc pas le cours inférieur ni les bouches du grand fleuve. Nous avons aussi constaté que les Aryas, à la fin de la période des Hymnes, n'avaient pas encore dépassé vers le sud-est la *Sarayû*, que le Gange n'est nommé qu'une fois, non pas même comme un grand fleuve comparable à l'Indus, et qu'ainsi les limites de la conquête et des relations n'étaient pas fort avancées dans cette direction. Enfin, on ne peut douter, après la lecture des Hymnes, que les affluents méridionaux du Gange ne fussent alors entièrement inconnus des conquérants âryens. Ainsi, leur isolement au milieu des vallées de l'Indus était complet, et ancien ; ils allaient vers le sud-est, mais leur marche était lente, et ils étaient encore, de ce côté, à plus de trois cents lieues de la mer. Des montagnes au nord et à l'ouest, partout des indigènes nombreux et barbares, toujours en état d'hostilité, formaient autant de barrières qui retenaient les Aryas dans les vallées du *Saptasindu* et les privaient de toute communication avec le dehors.

Si maintenant nous prenons notre point de vue dans la Bible, nous voyons les Hébreux, et généralement les Sémites, établis dans les plaines de la Mésopotamie, sur les confins du grand désert arabique, séparés de l'Indus par une distance continentale de vingt-cinq degrés en longitude. C'est la plus courte distance entre les deux pays : la contrée qui s'étend de l'un à l'autre, entre la mer Caspienne et les mers du midi, est presque toute occupée par un désert et n'offre que deux passages : l'un est au nord, par une région montagneuse, habitée, au temps du Vêda et de Moïse, par des Aryens inconnus des poëtes vêdiques ; l'autre est au midi, à travers des peuples de races étrangères à la fois aux Sémites et aux Aryas, peuples dont la barbarie n'a jamais cessé. Il était bien difficile que quelque relation s'établît entre les populations sémitiques de l'Euphrate et les Aryas du *Saptasindu*.

Par le fait, dans les chapitres des livres hébreux où il est question des peuples d'Asie ou d'Afrique, de leurs migrations, de leur parenté et de leur situation géographique, le nom des Aryas ne se rencontre pas. C'était cependant le nom commun d'une très-grande famille humaine, de la plus grande peut-être, même au temps de Moïse; ce nom, elle se le donnait à elle-même, et elle se l'est donné partout, depuis l'Inde au delà du Gange jusqu'à l'Irlande. Pourquoi n'est-il pas dans la Genèse? Ce n'est pas que toutes les branches de cette famille fussent inconnues à l'auteur de ce livre; car il nomme Javan et Madaï, qui peuvent être reconnus pour les Ioniens et les Mèdes, peuples par conséquent dès lors séparés du berceau commun de leur race. Mais ce ne sont là que les rameaux les plus voisins du centre sémitique et les seuls sans doute qui eussent avec lui quelques relations. Après la vocation d'Abraham, les Hébreux, fixés dans la terre de Chanaan sur les rivages de la Méditerranée, n'eurent plus de rapports qu'avec la Mésopotamie d'où ils étaient venus, et avec l'Egypte qui les attirait par son voisinage et par sa civilisation. Mais il n'est question dans les livres de Moïse d'aucune tendance du peuple hébreu vers l'Orient, d'aucun voyage ayant dépassé l'Euphrate. Le séjour des fils de Jacob en Egypte acheva de briser les liens qui pouvaient les rattacher encore à l'Asie. La longue histoire de Joseph, tout ce qui dans le Pentateuque concerne l'Égypte prouve que les Hébreux n'avaient avec les Aryas de l'Asie centrale aucun point de contact et que ces deux peuples étaient entièrement inconnus l'un à l'autre.

Il n'est fait non plus dans les livres de Moïse aucune mention des peuples jaunes, de ceux par conséquent avec lesquels les Indiens se sont trouvés le plus en rapport. Nous avons tout lieu de penser que le sud de l'Asie orientale et tous les rivages de la mer des Indes étaient encore occupés par des populations noires, qui eussent séparé de l'occident asiatique les peuples Mongols, si cet occident avait pu les connaître. Mais ces noirs eux-mêmes sont-ils seulement indiqués dans le Pentateuque? Il est au moins permis d'en douter. Mais, ce qui n'est point douteux, c'est qu'après l'arrivée de Moïse au mont Nébo et l'établissement de son peuple dans la terre promise, les Hébreux passèrent encore beaucoup d'années avant de s'engager sur la mer. Il fallut, en effet, que les pays du sud, entre la Judée et la mer Rouge, fussent conquis, pour que David et Salomon pussent avoir des navires allant vers l'orient ou plutôt vers le sud; et encore ces navires furent-ils empruntés ou achetés des Phéniciens, peuples de la race de Cham, étranger aux croyances et aux traditions hébraïques. On ne se figure pas assez l'étendue de la mer Rouge et la largeur de l'Arabie au midi; ces deux rivages, qu'il fallait suivre, font à eux seuls un développement de côtes plus grand que toute la longueur de la Méditerranée, de Gibraltar à Beirout. Et quand on les avait parcourus, il fallait encore traverser l'embouchure du golfe Persique, qui est dangereuse, suivre la côte inhospitalière du moderne Balutchistan, et alors seulement on parvenait aux embouchures de l'Indus. Là on ne trouvait pas les peuples âryens, qui n'y sont descendus que beaucoup plus tard ; il fallait encore descendre les côtes de la grande presqu'île, et c'était au sud, vers l'île de Ceylan, que l'on pouvait échanger avec eux quelques produits.

Au temps de Salomon, il se faisait de tels voyages dans la mer des Indes ; car plusieurs objets d'origine indienne et portant des noms sanscrits se trouvent mentionnés au troisième livre des Rois. Ce fait, bien digne de remarque, prouve deux choses : qu'à cette époque il y avait un commerce de long cours des Indes au fond de la mer Rouge ; et, en second lieu, que les Aryas étaient établis dans les pays où les objets nommés par la Bible se produisaient. Or, ces noms et ces produits indiens n'apparaissent dans la Bible qu'au temps de Salomon, qui est venu plus de cinq cents ans après Moïse. D'autre part, la conquête du sud par Râma, roi d'*Ayôdyâ* (Oude), est de beaucoup postérieure aux derniers hymnes. Nous sommes ainsi amenés à conclure que les Hébreux au temps de Moïse et les Aryas au temps du Vêda ne pouvaient avoir entre eux aucun échange de produits ni d'idées, que cet échange n'a commencé qu'à l'époque des Rois, après l'expédition de Râma, et qu'enfin la date de Moïse et celle des auteurs des

Hymnes ne peuvent pas être fort éloignées l'une de l'autre.

L'isolement complet des Aryas et des premiers Hébreux se trouve confirmé par un fait de la plus haute importance : la langue du Pentateuque et celle du Vêda n'ont rien de commun. Les mots sont différents ; les formes sont différentes ; la manière de concevoir l'expression de l'idée n'est nullement la même ; la composition des mots suit des règles opposées ; il n'y a aucun nom propre commun aux deux livres ; les noms de nombre, qui sont l'expression d'idées abstraites et non figurées et qui sont les mêmes dans toute la race des Aryas, sont tout autres en hébreu. Enfin, les racines des mots sont différentes : s'il y a quelque ressemblance entre plusieurs d'entre elles, cette analogie s'explique d'elle-même quand on vient à observer que ces racines sont celles d'onomatopées, où un même son naturel doit nécessairement être imité de la même manière en tout pays. Or, il est bien difficile d'admettre que deux races d'un génie puissant, comme celles des Sémites et des Indiens, aient été en contact et en échange d'idées l'une avec l'autre dans un temps reculé, sans qu'il se soit glissé d'une langue dans l'autre quelques mots attestant ces antiques relations. Et s'il était vrai que primitivement ces deux races n'en eussent fait qu'une et eussent eu le même idiôme, on s'expliquerait bien difficilement qu'aux temps les plus anciens où nous reportent leurs monuments écrits, il ne fût plus resté aucune trace de cette unité primordiale : surtout lorsqu'on voit plus tard, environ mille ans avant J.-C., les mots passer tout faits d'une langue dans l'autre, aussitôt que l'histoire nous montre le premier contact établi.

Nous allons maintenant entrer plus au fond des choses et chercher s'il y a dans les doctrines essentielles de Moïse et du Vêda des éléments communs. Si plus tard on trouve dans l'Inde certains traits appartenant aux Sémites, on ne devra point s'en étonner, puisque nous voyons qu'au temps des Rois hébreux un échange d'idées a pu s'établir. Mais si avant que les Aryas eussent atteint les rivages de l'Inde et avant que les Hébreux se fussent embarqués sur la mer Rouge avec les Phéniciens, nous ne trouvons que des doctrines différentes et même opposées chez ces deux peuples, nous serons autorisés à penser qu'ils n'avaient rien emprunté l'un de l'autre.

La première phrase de la Genèse nous montre un Dieu créateur, auteur du ciel et de la terre et par conséquent séparé d'eux et antérieur à eux. Les versets suivants développent la même idée, et nous représentent Dieu créant des éléments nouveaux et ordonnant ceux qu'il a déjà créés. Je n'examine pas quel est le mot hébreu que l'on traduit par le mot *créer;* car, lors même qu'il aurait un sens indécis, il n'y a pas de doute sur le rôle de *créateur* attribué à Dieu par Moïse dans le reste de la Genèse. Ce Dieu est évidemment un être personnel, individuel, unique, absolument distinct des choses comme un homme est distinct d'un autre homme. Il n'y a point ici un chaos préexistant, sur lequel opère l'acte primordial de Dieu ; cet acte est le premier et c'est de lui que procèdent non-seulement l'ordre et la loi du monde, mais son existence même. A l'œuvre, le Dieu de Moïse se fait voir dans sa personnalité : dès le premier chapitre, il a un corps, une voix, une figure ; il fait l'homme à sa ressemblance. Plus loin, Moïse le montre se promenant dans le jardin de délices, sur l'heure de midi, quand souffle une brise légère ; Adam et Ève l'entendent, ils ont peur, ils se retirent de devant son visage. Plusieurs fois il converse personnellement avec Abraham ; et après le dialogue, il se retire. Ce dieu a toutes les passions des peuples sémitiques et une partie des imperfections humaines : il se repent (VI, 6), il est touché de douleur (VI, 6) ; il se venge, il établit la peine du talion (IX, 7) ; étant rentré dans son repos depuis qu'il a terminé son œuvre créatrice, il paraît ignorer une partie de ce qui se passe sur la terre; c'est ainsi que, le bruit des orgies de Sodome étant monté jusqu'à lui, il descend pour s'assurer que ces voix ne l'ont pas trompé (XVIII, 21) ; il se souvient, comme s'il avait perdu de vue (VIII, 1) ; dans la fameuse vision de Jacob, il se montre appuyé sur le haut de l'échelle. Partout, en un mot, Dieu intervient personnellement dans les choses terrestres, et toujours par une sorte de miracle, encore bien que ce miracle s'opère en mainte circonstance.

Plus tard, lorsque la notion mosaïque de Dieu s'épura, les imperfections s'effacèrent, du moins en partie ; mais la personnalité, distincte du monde, fut toujours un de ses attributs essentiels. La doctrine chrétienne, issue en grande partie du judaïsme, se fonda toute entière sur le dogme de l'unité personnelle de Dieu, de sa séparation substantielle du monde, de son indépendance absolue et de l'inutilité des choses par rapport à lui. Le monde fut proclamé, dans sa substance même, œuvre de Dieu ; le dogme chrétien le présenta comme produit par voie de création et non par voie de génération : et par là on entendit que le monde n'existait pas d'abord en Dieu comme un fils dans son père, de la substance duquel il ne se distingue pas tant qu'il est en lui, mais que, Dieu seul étant, la substance même du monde commença d'être par un acte spécial de Dieu et hors de la substance divine. La doctrine mahométane est, sur ce point, identique avec celle des chrétiens : Allah est créateur, il a fait toutes choses de rien ; il n'est pas dans le monde ; le monde n'est pas en lui ; séparés l'un de l'autre, ils sont irréductibles entre eux ; le monde n'est point consubstantiel avec Dieu ; mais son être dépend du Créateur.

Dans le Véda, la personnalité n'est attribuée d'abord à la divinité que d'une manière très-vague dans la conception des Asuras ; l'individualité qu'on leur donne est partagée ; il n'y a pas tout d'abord un dieu unique ni même un être réellement supérieur. Les symboles moins étendus qui prennent place au-dessous des Asuras dans cet antique panthéon, et qui sont asuras eux-mêmes, tels, par exemple, que Indra, les Açwins, les Maruts, ont des figures sensibles, humaines, personnelles, et se rapprochent en cela du Dieu de Moïse ; mais ils sont plusieurs ; ils forment une armée divine ; leur empire ne s'étend que sur un ordre déterminé de phénomènes ; ils ne sont eux-mêmes que des figures idéales, dont les poëtes se déclarent les inventeurs sans aucune arrière pensée. Si l'on voulait trouver quelque ressemblance entre ces déités et certaines conceptions sémitiques, c'est aux *anges,* et non à Dieu, qu'il les faudrait comparer. Mais les anges de Moïse sont les messagers, les envoyés, les interprètes de Dieu auprès des hommes, quelquefois les exécuteurs de ses ordres ; les dieux asuras ne remplissent point ce rôle, puisqu'il n'y a dans l'ancienne doctrine âryenne aucun être supérieur et unique auquel ils soient subordonnés. Enfin, il n'est dit nulle part dans les livres de Moïse que les anges soient des symboles créés par l'imagination des prêtres ; et les anges ont conservé toute leur réalité doctrinale chez les chrétiens et chez les musulmans.

Lorsque, dans la période même des Hymnes, les Asuras commencèrent à déchoir et que l'esprit philosophique des brâhmanes prit une tendance marquée vers l'unité, la personnalité divine s'effaça de plus en plus, tandis que, d'un autre côté, celle des dêvas se précisait davantage. On vit ainsi apparaître, non tout à coup, mais par degrés, l'Être unique avec ses attributs métaphysiques les plus essentiels. D'abord c'est une simple question timidement posée ; bientôt c'est une affirmation réelle, mais encore incertaine. Nulle part dans le Vêda, le dogme de l'unité absolue de Dieu n'est hardiment et définitivement posé ; mais, sur la fin de la période, il est sur le point de l'être. Or, cet Être suprême et universel n'est point une personne séparée du monde ; c'est Agni lui-même, transformé en une notion métaphysique quant à l'idée, mais existant dans le monde entier quant à sa réalité substantielle. On ne le cherche point hors des choses : mais scrutant les profondeurs des êtres vivants, de la conscience, de la matière même, on y trouve ce principe actif, insaisissable en lui-même, saisissable dans les formes de la vie, universel parce qu'il est en toutes choses, unique parce qu'il est partout le même et que la loi de son action est uniforme. La création n'existe point dans le Vêda ; il est fâcheux que l'on emploie ce mot français pour traduire des expressions vêdiques où la notion de créer n'est pas renfermée. Mais l'Agent universel est le *producteur* des formes, le *générateur* des êtres, et le *père* des vivants.

Plus tard, lorsque la notion de l'Être universel fut encore plus approfondie dans les écoles brâhmaniques, la puissance active, la vertu productrice parut une imperfection, que cet Être ne pouvait avoir. On chercha donc à concevoir, au-dessus du principe masculin suprême nommé *Purusa* ou *Brahmâ*, quelque chose de plus simple encore et de plus universel auquel on donna le nom de *Brahma*, nom neutre pour montrer qu'il est au-dessus des actes de la vie; nom souvent indéclinable pour montrer qu'il n'entre dans aucune relation, et qu'ainsi il est absolument unique, indivisible et incomparable. Ce dernier terme ne fut point atteint durant la période des Hymnes; mais le mouvement d'esprit qui devait y conduire les brâhmanes est déjà fortement marqué dans le Vêda, comme nous l'avons vu précédemment. L'idée de la création qui, à la rigueur, eût pu se faire jour dans certains esprits, fut de la sorte entièrement exclue de la théologie orthodoxe; et le panthéisme, c'est-à-dire, l'unité de la substance, fut la doctrine fondamentale de toute la civilisation religieuse de l'Orient indien.

Il est bien difficile de ramener l'une à l'autre la pensée de Moïse et celle des chantres védiques. En effet, il n'y a point au monde de doctrines plus opposées que le panthéisme et le dogme de la création. Celui-ci paraît dès l'origine chez les Hébreux; il y est proclamé, dans un temps où les Aryas de l'Indus, dans l'isolement de leurs vallées, s'efforçaient aussi vers l'unité, l'atteignaient par degrés et la concevaient d'une manière tout à fait différente. Il n'est pas plus aisé de concevoir l'unité panthéistique des Aryas procédant de l'unité personnelle du Dieu de Moïse, qu'il ne le serait de montrer cette dernière se produisant chez les Hébreux en vertu d'une influence âryenne. L'une et l'autre sont originales, puisqu'elles sont l'une à l'autre irréductibles.

Nous passons aux faits mentionnés dans les premiers chapitres de la Genèse. Dieu, ayant établi l'homme et la femme dans un jardin de délices, leur fit une défense qu'ils enfreignirent ; et pour cela la femme, qui avait désobéi la première, fut maudite ; Adam fut maudit pour l'avoir imitée ; tous deux, qui étaient immortels, furent condamnés à la douleur et à la mort ; la terre fut maudite à cause d'eux, et le serpent parce qu'il les avait tentés (III, 14). La description du jardin de délices est donnée dans la Genèse ainsi que sa situation au centre de l'Asie occidentale. La mort, à laquelle Adam et Ève sont condamnés après leur chute, n'est accompagnée dans le livre hébreu d'aucun adoucissement, d'aucune espérance. Si la promesse d'un rédempteur s'y trouve, ce qu'il nous a été impossible d'y découvrir, elle ne concerne pas Adam et Ève, ni leurs prochains descendants ; car il ne paraît pas y avoir dans la Genèse, non plus que dans les quatre autres livres du Pentateuque, aucune notion de la vie future. L'absence d'un si grand dogme a vivement frappé les exégètes modernes, et l'on sait qu'un savant théologien anglais, M. Warburton, s'est appuyé sur ce fait pour établir, par un raisonnement paradoxal, la divinité des livres de Moïse et de sa Loi. C'est assez dire qu'on ne rencontre non plus dans ces livres aucune conception qui ressemble au paradis des chrétiens ou à celui des musulmans. On n'y voit aucune notion métaphysique touchant la nature de l'âme; il est presque impossible de dire si, aux yeux de Moïse, elle était immatérielle et si elle ne se confondait pas soit avec le souffle, soit même avec le sang.

Nous avons vu au contraire que les auteurs des Hymnes ont sur ce point des notions vagues, il est vrai, mais qui ne sont point sans profondeur. La nature de l'âme, abstraction faite de l'être universel qui vit dans son intimité, la rapproche quelque peu de celle de cet Agni invisible, de cette sorte de feu métaphysique qui n'est jamais, comme dit Leibniz, sans quelque corps. Son immortalité est un dogme partout proclamé dans le Vêda; les lieux où elle va après la mort, sans être absolument déterminés, tendent néanmoins à se fixer entre les régions supérieures de l'éther et celle des nuages, c'est-à-dire dans le ciel; il y a déjà dans les Hymnes quelques notions sur ce paradis, qui fut dans la suite décrit par les brâhmanes théologiens avec une grande précision. Il est remarquable qu'il n'y a dans le Rig-Vêda ni enfer, ni purgatoire, comme si le mal entraînait la destruction entière de l'âme sous l'influence de cet être symbolique qu'on appelle *Nirriti*. Mais la notion d'un lieu de récompense pour les bons est si naturellement unie à celle d'un lieu de châtiment pour les méchants, qu'il n'est pas nécessaire de recourir à une influence étrangère pour s'expliquer l'apparition de ce dernier dans la doctrine brâhmanique après les temps du Vêda. Quant à la chute de l'homme, il n'y est fait aucune allusion dans les Hymnes âryens; les deux oiseaux jumeaux de *Dirĝatama*s, l'arbre et la figue, sont une métaphore comme il s'en rencontre beaucoup dans la poésie indienne. Il n'y a pas non plus de jardin de délices, soit réel et géographique comme dans la Bible, soit idéal et allégorique. D'ailleurs, si l'homme, dans son fond, n'est autre chose que l'être universel, on ne voit pas comment cette doctrine pourrait, au moins sous sa forme vêdique, s'accommoder avec celle de la défense divine, de la chute et de la malédiction. Sur tous ces points, le Vêda est en opposition formelle avec la Genèse; ou, pour mieux dire, ces deux livres n'ont rien emprunté l'un à l'autre.

Il en est de même du renouvellement du genre humain et du déluge. Je ne sais pourquoi l'on dit toujours que la tradition du déluge se trouve dans les plus anciens écrits de tous les peuples : car elle n'est point dans le Vêda. Elle n'est pas non plus dans ceux des *Brâhmanas* ou commentaires vêdiques qui ont été lus en Europe jusqu'à ce jour. Or, il est bien surprenant qu'un fait de ce genre, s'il a été connu des anciens Aryas de l'Oxus, n'ait laissé aucune trace dans la cosmogonie du Vêda, et soit même demeuré tout à fait oublié des Aryas tant qu'ils ont été confinés dans le *Saptasindu*. La tradition du déluge apparaît pour la première fois dans un épisode du *Mahâbârata* : cet épisode d'un poëme composé de morceaux de toutes les époques, est assez ancien et probablement antérieur au temps où la secte des *Visnuvites* était florissante. Car celui qui sauve Manu du naufrage, ce n'est point *Visnu* comme dans le *Purâna*, mais *Brahmâ* lui-même, sous la figure d'un poisson. Or, le nom de Brahmà prouve deux choses, premièrement que cet épisode est postérieur au Rig-Vêda, dans lequel ce dieu ne se rencontre pas comme personne divine; secondement qu'il est antérieur à la doctrine de l'incarnation de *Visnu* en poisson. Mais cette dernière conséquence ne mène pas fort loin, puisqu'il est incontestable que cette doctrine est très-moderne dans l'immense développement des idées brâhmaniques. On peut donc admettre que le récit dont nous parlons n'est pas très-récent; mais on est également forcé de conclure qu'il n'est pas très-ancien. Du reste, il se rapporte très-probablement à l'époque où la puissance âryenne avait pour centre le pays de *Bénarès* et d'*Ayôdyâ*; car le lieu où se passe l'évènement est placé par le récit même au nord des monts *Vindya*, et il est placé au sud de cette même chaîne dans le récit du *B'âgavata Purâna*, poëme qui selon toute apparence a été composé dans le Deccan.

Dans aucun des ouvrages sanscrits où il est fait mention du déluge, ce fait n'est localisé dans les vallées de l'Indus ; et il l'y eût été, si la tradition du déluge eût existé chez les Aryas vêdiques. Nous devons même ajouter que, dans ce cas, il n'eût jamais été localisé ailleurs que dans ces vallées ; car les traditions vêdiques étant sacrées ne pouvaient pas être transformées au gré d'auteurs plus modernes. On est ainsi conduit à penser que le déluge indien est une tradition venue du dehors. Cette opinion se change presque en certitude, si l'on vient à examiner les circonstances et la nature de ce cataclysme. En effet, il est non-seulement en dehors de la grande théorie brâhmanique des *Manwantaras* ou renouvellements périodiques du monde, mais sur beaucoup de points il lui est contraire. Et comme cette théorie fort antique a toujours été une partie essentielle de la cosmologie indienne, on ne saurait guère voir dans le déluge de la poésie épique qu'une tradition étrangère à l'Inde. C'est la remarque qu'a faite, il y a déjà longtemps, le judicieux *Çrîdara-Swâmin*, qui ne connaissait certainement pas le récit biblique. Quant au pays d'où est venu dans l'Inde cette tradition, il est plus que douteux que ce soit la Judée. Car les circonstances des deux récits sont presque entièrement différentes, et la transfiguration de *Brahmâ* ou de *Vis̓ṇu* en poisson rappelle bien plutôt le dieu-poisson *Oannès* du déluge assyrien de Xisuthros.

Dans le développement des doctrines mosaïques, la chute de l'homme n'eut pas seulement pour conséquences la dépravation des hommes, le repentir de Dieu, le déluge et la rénovation du genre humain. La promesse d'un rédempteur vint atténuer pour l'avenir ce que la condamnation des hommes avait de plus redoutable. Cette œuvre de la rédemption fut conçue comme un véritable rachât où, pour prix du mal commis, un sacrifice devait être fait par les hommes ou pour eux. Ce fut un sacrifice sanglant offert à Dieu, le sacrifice du fils de l'homme, qui fut en même temps le fils de Dieu. L'incarnation de la seconde personne divine dans le sein de Marie devint le moyen et comme la voie du sacrifice ; cette incarnation se fit par un miracle, c'est-à-dire par une intervention locale et surnaturelle de Dieu. On conçoit qu'un miracle pouvait seul réaliser la conception divine du Christ dans Marie, moins à cause de sa virginité, qu'à cause de la séparation absolue de Dieu et de l'homme. En effet la substance divine et la substance humaine sont irréductibles l'une à l'autre dans la doctrine de la création ; quelque rapprochement que la vertu puisse faire entre un homme et son créateur, ils forment toujours deux êtres séparés que rien ne saurait identifier. Quand on dit que Dieu s'incarne, il faut entendre qu'une âme humaine, une substance finie et personnelle anime le corps humain du Christ et qu'en cela il est un homme semblable à nous ; mais que dans ce même corps habite également, en vertu d'un miracle et d'un mystère incompréhensible, la substance de Dieu, la personne divine toute entière. Cette union des deux natures en Jésus-Christ échappe à l'ordre naturel. De plus la chute ayant été primordiale et ses conséquences ayant dû envelopper toute la descendance d'Adam et d'Eve, la rédemption est également unique et totale : Jésus ne s'est point immolé pour quelques-uns, mais pour tous; le sacrifice de l'autel, qui répète chaque jour sous des formes mystiques la passion et l'oblation réelles du Christ, est offert pour tous les hommes, et ainsi il est universel. L'incarnation est donc un miracle qui ne peut se produire qu'une seule fois pendant toute la durée du genre humain.

Cette doctrine existe aussi chez les Indiens : le point de vue seul est différent. Ici en effet l'incarnation n'est pas le résultat d'un fait initial, dont les conséquences se développant toujours ne pourraient être arrêtées que par un miracle. Il n'y a dans les théories indiennes ni chute de l'homme, ni dette contractée, ni rachàt; et comme il n'y a pas de création, il n'y a pas non plus de miracle au sens chrétien de ce mot. L'observation de la réalité est toujours ici le point de départ et le fondement de la théorie ; si les brâhmanes admettent une incarnation, c'est que les faits la leur ont montrée. Il y a des signes auxquels ils la reconnaissent : une grande science, une vertu extraordinaire, une action à la fois très-énergique et très-bienfaisante exercée sur l'humanité, sont pour eux les plus évidentes preuves de la présence d'un dieu. Mais entre ce personnage éminent et les autres hommes il n'y a qu'une différence du plus au moins. Car le même principe masculin suprême réside dans tous les vivants et est en eux tous l'âme qui sait, qui veut, qui agit, qui perçoit ; seulement ses manifestations humaines, ses épiphanies, sont plus ou moins complètes ; et lorsqu'il se rencontre avec toute sa vertu active dans un homme, il y a dès lors une raison sérieuse de reconnaître en lui l'Être supérieur incarné. La grande âme du monde prend du reste la forme qu'il lui plaît pour l'accomplissement de ses desseins ; il n'est nullement nécessaire qu'elle se revête d'une figure humaine, puisque la vie avec la pensée se rencontre dans tous les êtres aussi bien que dans l'homme, et peut s'exalter aussi en l'un d'eux au point d'en faire une véritable incarnation. La théorie des incarnations est une partie essentielle de la théologie indienne. Elle ne suppose ni la double nature, puisque la substance est une et universelle ; ni le miracle, puisque Dieu est toujours et partout dans les vivants ; ni un motif primordial et suprême, puisque c'est la loi du développement des êtres qui produit de temps en temps au milieu d'eux des incarnations. L'Être divin qui s'incarne ne rachète pas une ancienne dette ; il vient pour sauver les hommes du péché et du malheur, détruire le mal et faire prospérer la justice. Cette grande œuvre ne s'accomplit pas une seule fois, mais plusieurs, chaque fois même qu'elle est devenue nécessaire.

> « J'ai eu bien des naissances..... Quoique sans commencement et sans fin et chef des êtres vivants, quand la justice languit, quand l'injustice se relève, alors je me fais moi-même créature, et je nais d'âge en âge pour la défense des bons, pour la ruine des méchants, pour le rétablissement de la justice. »
>
> *(Bhagavad-gîtâ, IV.)*

Les brâhmanes reconnaissent généralement *Krisna* pour la dernière venue des incarnations ; mais aucun d'eux ne prétend qu'elle doive être absolument la dernière. Les buddhistes voient aussi dans Çâkyamuni l'Être supérieur tout entier, mais le point de vue n'est pas absolument le même que celui des brâhmanes, et il se rapproche davantage du point de vue chrétien. Il est même surprenant avec quelle facilité les buddhistes de certains pays, du Siam par exemple, en viennent à tolérer les idées chrétiennes, à les admettre en partie, à les apprécier et à les admirer ; dans ces derniers temps le christianisme a failli être solennellement reconnu et pratiqué par l'un des rois de ce pays. Mais quand on vient à examiner dans son fond la doctrine indienne des incarnations, et à en rechercher l'origine dans le Vêda où elle se trouve, on s'aperçoit qu'elle est presque de tout point en opposition avec celle des chrétiens qui procède des livres hébraïques.

Un dernier trait de divergence entre les Aryas et les Sémites doit appeler notre attention. La science ne se fait pas de la même manière chez les uns et chez les autres. Dans la doctrine hébraïque de la création, Dieu, qui est l'auteur de l'homme ne lui donne d'intelligence et de science que ce qu'il lui plaît, sans que l'homme puisse ou doive s'enquérir au delà des limites qui lui sont assignées. La recherche libre, figurée sous l'emblème de la tentation et du serpent, est formellement condamnée dès le commencement de la Genèse. Avancez : Dieu, qui a, selon son libre arbitre, organisé le monde et posé à l'homme sa première loi, vient encore, soit directement et de sa propre bouche, soit par la voix de ses anges et de quelques hommes choisis expressément pour cela, en promulger les formules. Quand il s'agit pour l'homme de connaître Dieu, qui est le premier objet de la science, c'est encore Dieu qui se dévoile lui-même et qui énonce en quelques mots sa propre nature par une sorte d'enseignement miraculeux et suprême. Ces paroles divines deviennent le fondement de la théologie, sur lequel toute science doit être édifiée. L'effort personnel et libre en dehors de cet enchaînement divin, est impie et condamné. Ainsi la science a pour principes les notions révélées; elle a pour point de départ le miracle. Cette manière de concevoir la science est tellement sémitique, que, proclamée dans tout le Pentateuque et reproduite partout dans la Bible, soit par des apparitions divines, soit par des songes, soit par des prophéties, elle a passé toute entière dans le christianisme et toute entière encore dans la théologie musulmane. Il en est résulté, chez les nations chrétiennes de l'Occident, que la science fondée sur la révélation, science que le moyen-âge a si largement développée, a vu naître a côté d'elle une science libre, laïque ou, comme on dit, sécularisée ; cette science nouvelle, même quand elle est d'accord avec la science orthodoxe, est cependant sa rivale et même son ennemie, par cela seul qu'elle ne reconnaît point pour principe la révélation et qu'elle a la prétention d'être entièrement humaine. Nous constatons cet antagonisme sans le juger, notre opinion personnelle n'ayant ici aucune valeur.

Mais nous sommes portés à croire que la renaissance des sciences, c'est-à-dire leur affranchissement, n'est autre chose qu'un réveil de l'esprit âryen et un de ces effets mystérieusement préparés au fond de la conscience des races humaines. Les chantres védiques et les brâhmanes indiens, qui ont été les Aryas par excellence et chez qui l'esprit âryen s'est développé le plus libre de toute influence étrangère, n'ont jamais admis la révélation locale et miraculeuse comme fondement de la science. Dans le Véda ne voyons-nous pas les prêtres, indépendants de toute doctrine antérieure, ne chercher dans l'enseignement paternel et dans leurs conférences sacerdotales que des indications et des connaissances discutables, uniquement propres à les mettre sur la voie de la vérité? Proclament-ils souverainement eux-mêmes une seule formule? S'appuient-ils sur quelque révélation antique? Nullement. C'est librement qu'ils posent les questions; c'est timidement qu'ils proposent leurs propres idées; c'est avec la joie tremblante de l'homme qui entrevoit la vérité pour la première fois, qu'ils énoncent leurs grandes théories. Dès le Vêda, ces recherches libres portent sur le fond même des choses et sur ce qu'il y a de plus élevé en théologie : il ne s'agit pas, pour ces sages, d'un développement à donner à quelque principe proclamé de haut et admis par un acte de foi ; c'est le principe même qui est remis en question dans maint passage des Hymnes et qui le sera longtemps encore dans les écoles brâhmaniques. Les hommes supérieurs, en qui s'incarne la divinité, font plus que les autres pour l'avancement de la science : mais ils n'ont pourtant pas une autorité absolue et ne s'imposent pas d'office au théologien ni au savant. La plus haute expression de ce rôle des hommes extraordinaires me semble être dans la *B'agavad-gítá*, là où *Krishna* dit de lui-même :

« Cette doctrine éternelle, je l'ai enseignée d'abord à Vivaswat; Vivaswat l'a enseignée à Manu; Manu l'a redite à Ixwâku, et reçue de mains en mains, les Sages royaux l'ont connue; mais dans la longue durée des temps, cette doctrine s'est perdue... Je viens te l'exposer aujourd'hui. »

Il ne s'agit point ici d'une révélation, au sens

sémitique ; car le dieu incarné qui parle ainsi dit plus loin à son interlocuteur : « Je suis toi-même, Arjuna ; » et ailleurs : « Je suis la théologie, et je suis le théologien. » Et donnant à son disciple la méthode pour arriver à la connaissance de Dieu, il lui propose la conversation avec les sages et la méditation personnelle et solitaire, où l'homme s'interroge sur la nature des êtres et sur la nature du premier principe des choses.

Il n'y a par conséquent dans le Vêda ni révélation initiale, ni apparitions de Dieu face à face, ni science formulée par Dieu et enseignée avec une autorité souveraine, ni anges enfin, ni prophéties. Tout y est humain en matière de science ; chaque homme renferme dans son cœur ce *Jâtavêdas*, cette flamme vive de l'intelligence, qui en se déployant éclaire tous les problèmes et dévoile toutes les vérités. Il est résulté de cette manière toute âryenne d'envisager la science, son origine et sa méthode, qu'elle a conservé dans l'Inde une indépendance dont l'Europe chrétienne et l'Asie musulmane ne nous offrent point d'exemples. Quand viendra le jour où les doctrines sémitiques et chrétiennes, fondées sur la Bible et l'Evangile, entreront en lutte avec les doctrines indiennes fondées sur le Vêda, les apôtres chrétiens seront surpris de la liberté d'esprit avec laquelle les brâhmanes aborderont toutes les questions. Et comme eux-mêmes se trouveront enchaînés dans les formules immuables de la théologie, leur effort sera beaucoup plus pénible pour attaquer que celui des Indiens pour se défendre. S'ils font des concessions, ce sera le renversement de la théologie chrétienne et le triomphe de l'esprit âryen ; s'ils n'en font aucune et que les savants orientaux acceptent le christianisme, ce sera la plus grande victoire que l'esprit sémitique aura remportée. Nous ignorons comment s'engagera cette lutte suprême. Mais, comme il est incontestable qu'elle s'engagera tôt ou tard et probablement bientôt, ceux qui aspirent au succès des doctrines évangéliques doivent prévoir la situation où ils seront placés : or l'esprit scientifique des races âryennes aura dressé contre eux cette grande forteresse des sciences modernes où des armées de savants entassent chaque jour des armes nouvelles ; d'autre part ils rencontreront en Orient ce même esprit âryen, exercé depuis l'origine du Vêda dans le maniement des armes théologiques, fort de son indépendance, soutenu par tout ce qu'il a accumulé de matériaux depuis trois ou quatre mille ans, et qui enfin se représentera à toutes les étapes, dans l'Inde, au Thibet, dans l'Indo-Chine, dans la Chine, sous les mille formes que le génie de peuples divers lui a données.

Quoi qu'il en puisse être, nous croyons pouvoir tirer de ce chapitre les conclusions suivantes. Premièrement le Vêda marque une période très-antique, quoique non primordiale, de l'une des grandes races humaines, des Aryens. Secondement ce livre est original et ne contient aucune des traditions fondamentales ni des doctrines essentielles de la race sémitique ou, plus particulièrement, des Hébreux. Troisièmement, les doctrines védiques sont nées d'elles-mêmes : produites et développées dans la méditation et l'enseignement brâhmanique, elles ont un caractère tout humain, et ne s'appuient sur aucune révélation primordiale. Quatrièmement leur tendance est panthéistique et en opposition avec le monothéisme sémitique fondé sur le dogme de la création. Nous savons que cette tendance a existé de même chez les autres peuples âryens, mais que chez eux elle s'en est tenue longtemps à ses premiers essais, et que dans la suite elle y a été plus ou moins complètement arrêtée par des influences étrangères. L'Inde seule, à cause de son isolement au milieu de races inférieures, a donné à l'esprit panthéistique des races âryennes son entier développement philosophique et religieux. Une seule chose lui a manqué jusqu'à ce jour : c'est d'appuyer ses doctrines sur des faits méthodiquement observés, et de produire ainsi le panthéisme scientifique. Ce sera là peut-être, à côté du christianisme, l'œuvre réservée aux générations futures dans la race indo-européenne revenue à son unité.

FIN.

TABLE ANALYTIQUE DES MATIÈRES

CHAPITRE I.

NOTIONS GÉNÉRALES...................... 1

Historique. Principales périodes de l'histoire de l'Inde : l'état actuel; le buddhisme, son caractère, époque du Buddha; le brâhmanisme ancien et la langue sanscrite; épopées, moyen âge indien; la période vèdique; les périodes primitives.

CHAPITRE II.

DES PRINCIPALES QUESTIONS QUE SOULÈVE LE VÊDA.. 15

Le Vêda et les Aryas de l'Indus; la langue du Vêda. Les peuples âryens dans leur rapport avec le Vêda. Le Vêda et les cultes primitifs; la mythologie comparée. Le Vêda et la société primitive; origines comparées de la civilisation. Le Vêda et les origines de la métaphysique. Les Hymnes du Vêda et la critique littéraire.

CHAPITRE III.

LA LANGUE DU VÊDA ET LA PHILOLOGIE COMPARÉE.. 33

Historique de la philologie comparée. Leibniz; les langues

du Midi et les langues du Nord; problème de leur unité. OEuvre du dix-huitième siècle : l'Asie signalée comme le berceau des langues européennes; erreur relative à l'hébreu; Volney entrevoit la solution. Découverte du sanscrit; erreur relative à cette langue et à l'Inde. Découverte du zend et de la langue védique. Méthode de la philologie comparée; certitude de ses résultats; ses principales applications à l'étude des langues et des anciens écrits, à l'ethnologie, à la science des religions.

CHAPITRE IV.

DE LA POÉSIE DU VÊDA................... . 69

I. Dans son fond : elle est descriptive. Elle est idéale ou symbolique. Rapports du symbole et de la poésie; caractères poétiques des divinités du Vêda; clarté de leur signification; leur analogie avec celles de la Grèce. Tendance métaphysique de la poésie du Vêda. Elle est peu moraliste, quoique mêlée à la vie réelle.

II. Dans sa forme : elle est littéraire; définition de ce mot. Elle forme contraste avec la poésie sémitique. Les chants du Vêda sont des Hymnes; formation de l'Hymne, ses conditions, ses dimensions. Variété des Hymnes védiques. Fécondité de ce genre littéraire. Puissance de l'Hymne.

CHAPITRE V.

LES LIEUX ET LES RACES 117

I. LES LIEUX. Le pays où furent composés les Hymnes est indiqué par les faits d'histoire naturelle et de géographie; il est nommé *Saptasindu*; c'est le bassin moyen de l'Indus. Limites de la contrée védique.

II. LES RACES. Les Aryas de l'Indus; leur origine étrangère; leur mouvement vers le sud-est. Les Dasyus ou races indigènes. Les Aryas védiques sont des conquérants.

CHAPITRE VI.

LES AUTEURS. LES ÉPOPÉES.................. 147

I. Authenticité du Vêda; ses preuves tirées des traditions et de l'histoire religieuse et littéraire de l'Inde.

II. Période des Hymnes; leur répartition entre les auteurs : auteurs réels, auteurs fictifs.

III. Période antérieure aux Hymnes du Vêda. Trois époques : la découverte du feu et l'institution du sacrifice; la réforme du sacrifice; le siècle des miracles.

CHAPITRE VII.

DE LA FAMILLE. 183

I. ORIGINE ET CONSTITUTION DE LA FAMILLE. Les Ancêtres; leur culte; fondement religieux de la famille. Les noms de parenté et la famille primordiale; rôle de ses membres. Le mariage; hymne nuptial.

II. CHANGEMENTS SURVENUS DANS LA FAMILLE. Avant les temps du Vêda. La famille védique. Monogamie; cas de polygamie.

CHAPITRE VIII.

DE LA SOCIÉTÉ CIVILE ET POLITIQUE............ 217

Définition des castes; éléments essentiels de ce système. Les castes ne sont pas constituées dans le Vêda. Tous les éléments du système s'y trouvent, mais non coordonnés. Brâhmanes, râjas, væcyas; leurs fonctions, leurs occupations. Féodalité.

CHAPITRE IX.

ORIGINE DES CASTES 247

Les *purôhitas* ou chapelains des seigneurs féodaux. Abaissement des prêtres; leur vénalité. Lutte du temporel et du spirituel, ou des *rájas* et des *bráhmanes* : récits. Etablissement des castes.

CHAPITRE X.

NATURE DU CULTE. ORGANISATION ET POUVOIR SPIRITUEL DU SACERDOCE 271

I. Le culte était public; preuves.
II. Point d'église; indépendance mutuelle des prêtres; leur liberté de penser. Unité du dogme; comment elle s'établit et se perpétua.
III. Pouvoir spirituel du père de famille. Rôle mystique du prêtre.

CHAPITRE XI.

DES CÉRÉMONIES DU CULTE 297

L'office divin. L'enceinte sacrée, l'autel, le gazon, etc. Le feu, la liqueur sacrée ou *sôma*, l'offrande; les prêtres; l'hymne. Présence réelle des dieux. Les trois *savanas*. Le sacrifice du cheval.

CHAPITRE XII.

DES ASURAS OU PRINCIPES DE VIE 319

Date de cette théorie. Spectacle de la vie et de ses conditions; recherche de son principe. Les corps glorieux des *Asuras*; leur intelligence Partage de l'idée d'*Asura* : les dieux ; origine de leurs noms; dieux de la Grèce. Anthropomorphisme. Origine des dieux. Origine du culte.

CHAPITRE XIII.

LES SYMBOLES. I. AGNI, SYMBOLIQUE DU FEU. 349

I. Qu'est-ce que *Agni* ? Le feu, son développement; ses noms. Le feu des liquides, des nuages, du bois; ses noms.

II. Le feu du beurre sacré; le feu plastique, *Twaṣṭri*. Le feu de la vie ; sa propagation ; le principe mâle, *Puruśa*. Le feu, auteur de la pensée, *Jâtavêdas*.

III. Rôle d'*Agni* dans le Sacrifice. Le feu, messager de l'offrande, purificateur, cheval symbolique, pontife, chef de l'assemblée et du foyer domestique. *Agni*, être moral.

CHAPITRE XIV.

LES SYMBOLES. II. SURYA, SYMBOLIQUE DU SOLEIL. 379

I. Aditi ou la nature indivise. Les *Adityas* : *Varuṇa, Aryaman, Mitra,* etc.

II. surya. Le Soleil, auteur de la lumière; ses noms. Le Voyageur céleste, *Viṣṇu;* légende du Nain. Le Producteur des formes, *Savitri*. Le Nourricier, *Púṣan; Vivaswat*. Le Père des hommes : Manu, Yama, etc. Le cheval symbolique ; le sôma; le caillé.

III. indra, énergie météorique du Soleil. Royauté d'*Indra;* sa marche, son cortége. Les *Açwins* ou Cavaliers célestes et l'*Aurore;* les *Maruts* ou les Vents; *Mâtali, Mâtariçwan*. Lutte d'Indra et du Nuage : *Ahi, Vritra,* etc. *Parjanya,* ou le génie l'orage. Les *Apsarâs,* ou nymphes célestes.

CHAPITRE XV.

MÉTAPHYSIQUE DU VÉDA 409

I. Polythéisme primitif de la théorie des Asuras. Tendance vers l'unité. Décadence des Asuras; leur antagonisme avec les dieux. Unité naturelle des Feux; tous les dieux sont identifiés dans Agni. Découverte de l'unité du Principe suprême; unité de la substance, proposée mais non affirmée.

II. Eléments des êtres finis : la forme corporelle et l'âme. Le corps glorieux; l'autre monde ou le ciel d'Indra. L'immortalité de l'âme et des corps glorieux. La résurrection.

CHAPITRE XVI.

CE QUI N'EST PAS DANS LE VÉDA 441

Les Aryas et les Hébreux. Isolement des Aryas de l'Indus au temps des Hymnes. Relations des Hébreux au temps de Moïse; leurs relations maritimes avec les Aryas au temps de Salomon.

Contraste du Dieu Créateur, dans la Genèse, et du Principe suprême, dans le Véda. Irréductibilité de ces deux doctrines.

La chute de l'homme, le paradis terrestre, le déluge, ne sont pas dans le Véda. La Rédemption n'y est pas non plus; opposition dogmatique de l'Incarnation chrétienne et des incarnations indiennes.

Contraste de la doctrine mosaïque et de la doctrine védique touchant le fondement et l'origine de la science.

Conclusion.

FIN DE LA TABLE.

Nancy, imprimerie de veuve Raybois, rue du faub. Stanislas, 3.

www.ingramcontent.com/pod-product-compliance
Lightning Source LLC
Chambersburg PA
CBHW050251230426
43664CB00012B/1909